MW01635020

UN MONDE DE RELIGIONS

Tome 2

Les traditions juive, chrétienne et musulmane

UN MONDE DE RELIGION
Sous la direction de Mathieu Boisvert

Tome 1 – **Les traditions de l'Inde**
Préface de Nalini Balbir
1996, 202 pages

Tome 3 – **Les traditions de l'Asie de l'Est, de l'Afrique et des Amériques**
Préface de Julia Ching
2000, 248 pages

Presses de l'Université du Québec
Le Delta I, 2875, boulevard Laurier, bureau 450, Québec (Québec) G1V 2M2
Téléphone : 418 657-4399 – Télécopieur : 418 657-2096
Courriel : puq@puq.ca – Internet : www.puq.ca

Diffusion/Distribution :

Canada et autres pays : Prologue inc., 1650, boulevard Lionel-Bertrand, Boisbriand (Québec) J7H 1N7 – Tél. : 450 434-0306 / 1 800 363-2864

France : Sodis, 128, av. du Maréchal de Lattre de Tassigny, 77403 Lagny, France – Tél. : 01 60 07 82 99

Afrique : Action pédagogique pour l'éducation et la formation, Angle des rues Jilali Taj Eddine et El Ghadfa, Maârif 20100, Casablanca, Maroc – Tél. : 212 (0) 22-23-12-22

Belgique : Patrimoine SPRL, 168, rue du Noyer, 1030 Bruxelles, Belgique – Tél. : 02 7366847

Suisse : Servidis SA, Chemin des Chalets, 1279 Chavannes-de-Bogis, Suisse – Tél. : 022 960.95.32

UN MONDE DE RELIGIONS

Tome 2

Les traditions juive, chrétienne et musulmane

Sous la direction de Mathieu Boisvert

2011

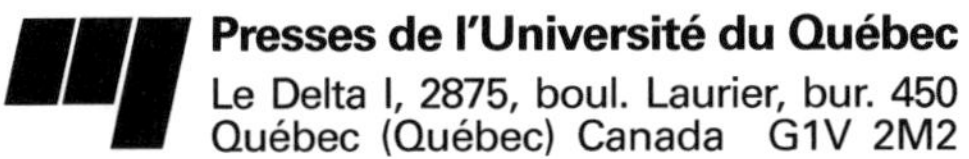
Presses de l'Université du Québec
Le Delta I, 2875, boul. Laurier, bur. 450
Québec (Québec) Canada G1V 2M2

Catalogage avant publication de Bibliothèque et Archives Canada

Vedette principale au titre:

Un monde de religions

L'ouvrage complet comprend 3 v.
Comprend des réf. bibliogr.
t. 1. Les traditions de l'Inde. – t. 3. Les traditions de l'Asie de l'Est, de l'Afrique et des Amériques.

ISBN 2-7605-0933-8 (v. 1) – ISBN 2-7605-0934-6 (v. 2)

1. Religions. 2. Religions – Histoire. 3. Inde – Religion. 4. Asie – Religion. 5. Judaïsme. 6. Christianisme. 7. Islamisme. I. Boisvert, Mathieu, 1963- .

BL74.M66 1996 291 C96-941386-6

Nous reconnaissons l'aide financière du gouvernement du Canada
par l'entremise du Programme d'aide au développement
de l'industrie de l'édition (PADIE) pour nos activités d'édition.

Révision linguistique: Le Graphe enr.

Mise en pages: Caractéra production graphique inc.

Conception graphique de la couverture: Caron & Gosselin

1 2 3 4 5 6 7 8 9 PUQ 2011 9 8 7 6 **5** 4 3 2 1

Dépôt légal – 2e trimestre 1999
Bibliothèque nationale du Québec / Bibliothèque nationale du Canada
Imprimé au Canada

Préface

Michel Despland

Dans ce livre sur le judaïsme, le christianisme et l'Islam, les auteurs abordent des sujets que tous les lecteurs connaissent et pour lesquels ils ont développé des modèles, des évidences. En effet, dès les origines, les chrétiens connaissent le judaïsme (ou croient le connaître) puisqu'ils s'en différencient et commencent à parler d'Ancien et de Nouveau Testament. Cette connaissance devient vite une caricature. (Pour contrer cette tendance, certains proposent de parler de Premier et de Second Testament.) De plus, les contacts entre musulmans et chrétiens, amicaux au départ, se transforment en rencontres armées.

Au Moyen Âge, les savants commencent à distinguer trois lois différentes. Cette distinction offre l'avantage d'indiquer que l'on fait face à trois disciplines de vie, à trois civilisations. Elle permet de visualiser trois routes, trois itinéraires différents pour atteindre le même but, mais peut aussi amener à penser qu'une seule voie est la bonne. Aujourd'hui encore il n'existe aucune option entre l'exclusivisme qui prône la vérité de l'une au détriment des autres et l'indifférence facile qui proclame qu'au fond toutes les trois se valent.

Cette confrontation est stérile. Elle ne fait le jeu que des ignorances et des fanatismes.

Pour sortir de l'impasse, on peut d'abord recourir aux travaux des historiens. Jusqu'à aujourd'hui, l'histoire des trois religions est enchevêtrée. Les moments de proximité et de coopération ont vu naître des chefs-d'œuvre, les œuvres de Dante et de Cervantès, par exemple, ou encouragé les progrès scientifiques comme l'évolution de la médecine en témoigne. Mais les croyants se sont aussi colletés dans des épisodes ou de longues histoires de haines et de crimes, où les combats étaient souvent inégaux, et les victimes à la merci de leurs bourreaux. Connaître ce qui a été réussi lors des siècles passés nous encourage à apprendre les uns des autres ; comprendre les noirceurs permettra peut-être de ne pas les répéter.

On peut aussi se servir de la comparaison et des études thématiques. La notion de la bonté de Dieu, la place de la loi dans la vie religieuse, la quête de la justice dans la cité, la pratique de la bienfaisance, de la charité ou de l'aumône, ainsi que l'expérience mystique, voilà cinq thèmes qui permettent de différencier les traditions des trois religions. Mais avec l'expertise, on découvre, à l'intérieur même d'une seule tradition, un tel éventail de positions, une telle variété dans la pensée et la pratique, qu'on ne tardera pas à trouver quelques chrétiens, qui, sur un point précis, ressemblent plus à certains musulmans qu'à certains autres chrétiens – et ainsi de suite.

Enfin, on peut évoquer les avances faites grâce aux mouvements connus sous l'étiquette d'Enfants d'Abraham. Les objectifs ici sont pratiques et relèvent souvent de la citoyenneté. Des membres des trois traditions se rencontrent pour bâtir des ponts, ou aider leurs co-religionnaires à éviter les écueils. On retrouve alors des éléments communs dans les héritages distincts pour faire face ensemble aux problèmes contemporains, par exemple, venir au secours de réfugiés qui sont victimes de conflits où les différences religieuses entrent dans la fabrication des haines. Dans ce cas, c'est surtout pour un avenir commun que l'on travaille.

Voilà donc trois manières de sortir des vieilles impasses. Chacune exige l'accroissement de connaissances (et parfois leur révision). Nous avons ici la chance de profiter des travaux de quatre guides, compétents et expérimentés. Ils connaissent les textes dans leurs langues et ont l'habitude des contacts avec des personnes venant d'autres cultures et d'autres religions. Pour profiter de leur savoir, il faudra apprendre à manier un minimum de technicité. Comme il est difficile de voyager en d'autres pays sans se familiariser un tant soi peu avec quelques symboles culturels, il nous faudra se préparer à torah, à sharia…

Michel Despland, Th.D., M.S.R.C
Université Concordia
Membre de la Société royale du Canada

Table des matières

Introduction

Mathieu Boisvert

Dans l'introduction du premier tome d'*Un monde de religions*, nous suggérions comme définition fonctionnelle de la religion que celle-ci est minimalement constituée de deux éléments : la théodicée et la sotériologie. Nous avions redéfini celles-ci, respectivement, comme l'ensemble des croyances expliquant les vicissitudes de la vie quotidienne et comme la méthode prônée par la tradition pour atteindre l'objectif religieux que propose la théodicée. Cependant, nous avons également remarqué dans *Les traditions de l'Inde* que la théodicée et la sotériologie d'une même tradition se transforment au fil des siècles. Cette transformation constante est inhérente à toute structure sociale, à toute culture. Le religion, s'enracinant elle-même dans une culture et devenant à son tour culture, n'échappe pas à ce dynamisme.

La notion de culture est difficile à cerner. Les textes indiens, par exemple, jonglent constamment avec l'opposition nature–culture (*prakṛta* – *saṁskṛta*) ; d'une part, nous retrouvons tout ce qui est « naturel », non façonné par l'humain (*prakṛta*) ; d'autre part, nous constatons également une influence certaine du milieu qui « cultive », qui transforme ce qui y séjourne (*saṁskṛta*). Alors qu'une baie sauvage de l'Outaouais est considérée comme naturelle, la framboise de serre, elle, est cultivée, donc culturelle. L'interminable débat en psychologie moderne sur l'importance attribuée à l'inné et à l'acquis pourrait-il être perçu comme la réactualisation de l'ancienne controverse indienne, à moins que ce ne soit la simple répétition d'un paradoxe archétypal ? Toutefois, la nuance entre ces deux pôles n'est pas aussi claire qu'elle peut paraître, car la baie sauvage est également assujettie à une culture, bien qu'elle soit très différente de celle de la framboise, qui contribuera à sa maturation et déterminera les formes que cette dernière prendra. Nous décrirons donc la culture, non pas par son opposition à la nature, mais plutôt par son double caractère, passif et actif.

La culture active serait celle qui transforme, cultive. Ainsi, la levure pour le pain et la bactérie *acidophilus* utilisée pour faire le yaourt sont des cultures actives. La culture passive, quant à elle, serait le résultat de la culture active, donc le pain ou le yaourt. Ce qui est intéressant avec ces deux catégories, c'est qu'aucune d'elles n'est hermétique : la culture passive peut à n'importe quel moment devenir active, selon le milieu où elle se trouve : nous utilisons une culture active (*acidophilus*) pour créer une culture passive (yaourt) ; ce même yaourt peut à son tour devenir une culture active si les conditions sont propices. Mais quel est alors le lien avec un ouvrage sur les traditions religieuses ?

La sotériologie et la théodicée, comme nous l'avons énoncé, sont des facteurs incontournables de toute religion. Cependant, ces facteurs n'ont aucune puissance s'ils ne sont pas eux-mêmes insérés au sein d'une culture. Le bouddhisme n'aurait jamais pu devenir la tradition qu'il est devenu si Siddhārtha Gautama s'était « ostracisé » dans la rupture sociale totale qu'est le *parinirvāṇa,* d'où l'importance de notre discussion sur la culture. Lorsque nous parlons de *religion* dans ce livre, nous faisons référence à une doctrine et à une pratique qui se sont insérées plus ou moins graduellement dans une société et qui, par la suite, ont contribué à son façonnement ; la religion est donc indissociable d'une *culture religieuse*, active et passive. Les aspects actifs et passifs de la culture religieuse deviendront plus apparents à la lecture du présent tome, mais laissez-nous tout de même vous mettre déjà sur quelques pistes.

Le fondateur du christianisme apparaît à une époque particulière ; la culture juive à laquelle le Christ appartient attend incessamment un messie. Le Christ grandit dans cet environnement et en vient à contester certaines pratiques, certains points de vue. Il y a rupture avec la tradition originale de l'individu, car celui-ci remet en question la culture religieuse ambiante, tout en ayant été conditionné, formé, par celle-ci. Le christianisme, à ses origines, était donc une secte dans le sens étymologique du terme [*secare*, couper]. Le Christ était juif et a décidé de rompre avec la tradition (ou, tout au moins, d'interpréter de façon hétérodoxe ce qu'était la tradition). Le rameau du christianisme ainsi coupé de l'arbre du judaïsme tomba sur le sol. À peine quelques siècles plus tard, ce rameau, qui avait été créé à l'origine par un mouvement sectaire, était déjà devenu arbre... Le christianisme, comme toute tradition religieuse, est le résultat d'un heureux mariage entre les cultures passive et active. Sans la culture passive, *i.e.* l'environnement social et religieux qu'était le judaïsme, le christianisme n'aurait jamais pu apparaître. De manière similaire, sans la culture active, sans l'expérience unique du fondateur, une telle tradition n'aurait jamais pris d'ampleur. Mais la secte qu'était à l'origine le christianisme devint rapidement une religion institutionnalisée, ne pouvant plus se percevoir comme secte, puisqu'elle-même était devenue arbre aux multiples branches et trop indissociable de la société dans laquelle elle s'était développée. De cet arbre sont nées de nouvelles cultures religieuses, instaurées par de nouvelles cultures actives s'opposant à la culture passive dominante ; pensons à Luther, à l'intérieur de la tradition chrétienne, ou à Mahomet qui, intégrant les prophètes de l'Ancien Testament ainsi que le Christ, met en branle ce qui deviendra l'islam. Comme on peut le remarquer, la culture religieuse n'est jamais stagnante, elle se métamorphose à chaque instant de l'histoire, tout comme la langue que nous parlons.

Dans cette série sur les religions du monde, nous avons effectué un découpage des grandes traditions pour pouvoir vous les présenter de façon claire et concise. Les trois catégories choisies (Traditions de l'Inde, Traditions juive, chrétienne et musulmane ainsi que Traditions confucéenne, taoïste, shintoïste, africaine et amérindienne) sont, nous en convenons, aléatoires. Pourtant, dans le cas des deux premières catégories, nous retrouvons une culture générale pour chacune d'elles ; un lien incontournable réunit les traditions indiennes, alors qu'un univers commun tout aussi fort unit le judaïsme, le christianisme et l'islam. Pour les traditions indiennes, qu'elles soient hindoues, jaïnes, bouddhistes ou sikhes, les notions de *saṁsāra* [cet interminable cycle de naissances et de renaissances], de *nirvāṇa* [cette libération du *saṁsāra*], de *karma* [cette inévitable loi de cause à effet] sont essentielles, puisqu'elles sont inscrites au plus profond de la culture religieuse à la base même de ces quatre traditions. Les religions qualifiées de monothéistes, quant à elles, partagent également une culture commune : le fait que le christianisme intègre l'Ancien Testament dans son canon et que, plus tard, l'islam reconnaisse l'autorité des prophètes de l'Ancien Testament ainsi que celle du Christ (en tant que prophète, et non de fils de Dieu) souligne ce lien.

Nonobstant, une distinction importante vient marquer le développement de ces deux groupes. Les traditions indiennes ont évolué, si l'on peut dire, en circuit fermé, dans un écosystème religieux. À part le bouddhisme qui a migré hors des frontières indiennes, le sikhisme, l'hindouisme et le jaïnisme demeurent en grande partie sur le sous-continent sud-asiatique. Les traditions juive, chrétienne et musulmane, quant à elles, se sont vite implantées dans des systèmes très différents de ceux qui les ont fait naître. Pour des raisons de survie (pensons à la diaspora juive), de prosélytisme ou autres, ces trois religions se sont constamment implantées dans de nouvelles contrées, de nouvelles cultures. Comme si la secte (culture active), une fois devenue religion (culture passive), ne pouvait se satisfaire de cet état oisif et devait nécessairement s'insérer dans un autre environnement culturel afin que sa propre bactérie s'y propage. Ainsi en est-il de la grande variété de la manifestation religieuse au sein même du judaïsme, du christianisme et de l'islam : la religion est toujours un syncrétisme entre la culture d'accueil (passive) et les orientations religieuses qui viennent s'y implanter (active). Nous remarquons une différence substantielle entre le christianisme québécois, romain et brésilien, tout comme entre l'islam indonésien et maghrébin. Alors que les traditions indiennes ont évolué dans ce que l'on pourrait qualifier de proximité incestueuse, le judaïsme, le christianisme et l'islam, quant à eux, se sont développés dans des cultures tout à fait extérieures à la leur, un genre de *cross-fertilization*. Cela dit, il importe de noter que les traditions indiennes furent également influencées par des traditions provenant de l'extérieur de l'Inde (certains indologues suggèrent l'influence de la tradition chrétienne sur le mouvement dévotionnel hindou [*bhakti*]) ; alors que les trois traditions abordées dans le présent ouvrage se sont également influencées mutuellement, pensons particulièrement à l'influence de l'islam sur la théologie chrétienne du Moyen Âge. Comme la culture religieuse, les catégories que nous utilisons ne sont pas closes et fixes ; elles seraient probablement mieux décrites comme d'utiles fictions pouvant nous permettre d'éclairer le vaste univers religieux.

Le judaïsme

Jack Lightstone

Jack Lightstone

Rouleau de la Torah, utilisé au cours de lectures liturgiques communautaires. Ce rouleau est un manuscrit rédigé sur parchemin. Le boîtier est d'un style utilisé dans les communautés juives du Moyen-Orient et de l'Afrique du Nord. Le rouleau provient de la Congrégation espagnole et portugaise de Montréal (She'erit Yisrael).

Traduction de l'anglais par Louis Chauvin, Département de l'étude de la religion à l'Université Concordia, Montréal (Québec) et Ève Paquette, étudiante au doctorat au Département des sciences religieuses de l'Université du Québec à Montréal.

PROBLÉMATIQUE GÉNÉRALE

Les humains habitent des « mondes » qui sont, en grande partie, le résultat de constructions sociales. Cela implique que le déroulement de nos vies en communauté ainsi que la façon dont nous percevons, classons et donnons un certain sens à ce qui nous entoure sont à la fois des créations et des résultats de croyances et de perceptions partagées de « ce qu'est la réalité », c'est-à-dire de règles partagées pour faciliter l'interaction sociale. Les éléments suivants créent, caractérisent et soutiennent en grande partie une communauté, société ou culture : a) des perceptions communes du monde ; b) des valeurs partagées ; des normes communes s'appliquant au comportement et aux relations sociales structurées ; c) la capacité de donner à ces perceptions, valeurs et normes une apparence de réalité, d'évidence et d'autorité ; d) l'habileté à transmettre ces éléments partagés aux générations futures ; e) la capacité d'adapter ces éléments communs à de nouvelles circonstances, sans pour autant amoindrir leur portée.

Dans pratiquement toutes les communautés humaines sur lesquelles nous détenions quelque information jusqu'à l'époque moderne, la religion a joué un rôle prépondérant dans la formation et le maintien de ces « mondes » que se construisent les sociétés humaines. Cela est dû au fait que les religions sont des systèmes comprenant : des récits sacrés (mythes) servant à définir la réalité et à former les identités ; des rituels qui contribuent à rappeler et à faire revivre les éléments centraux de ces histoires ; des enseignements et des lois sanctionnés par ces récits et ces mythes. Ensemble, ces contes sacrés, rituels, enseignements et lois fournissent des perceptions de la structure du monde et de la place de la communauté au sein de celui-ci, de même que des valeurs et des normes communes qui régissent les rôles sociaux et structurent l'interaction sociale. Ainsi, les religions ont été des composantes majeures des cultures et des sociétés humaines.

Le judaïsme est un exemple frappant de ces phénomènes. Et le fait d'admettre que les « mondes humains » sont des constructions sociales nous aide à comprendre le judaïsme.

Le judaïsme est la culture religieuse associée au peuple juif. De prime abord, cette définition peut sembler tautologique et vide de sens ; on ne semble rien apprendre du judaïsme d'une telle affirmation. Il paraîtrait beaucoup plus substantiel de dire, par exemple, que le christianisme voit dans la vie, la mort et la croyance en la résurrection de Jésus-Christ les éléments essentiels à la compréhension de la condition humaine. Cependant, notre définition apparemment circulaire du judaïsme met en lumière quelques difficultés conceptuelles propres à l'étude du caractère et de l'histoire du judaïsme. D'une certaine façon, le judaïsme est l'expression d'une culture religieuse « nationale » comparable au christianisme des Russes et des Arméniens orthodoxes. Pourtant, pendant près de deux millénaires, la majorité des Juifs n'ont pas habité un territoire national, comme ce fut le cas pour les Russes ou les Arméniens. En fait, au cours des deux derniers millénaires, un plus grand nombre de Juifs ont vécu dans des communautés hors des frontières de la Terre d'Israël, qu'ils reconnaissent et vénèrent en tant que patrie d'origine et territoire national. Après une révolte écrasée par les Romains, l'an 70 de l'ère chrétienne vit s'éteindre les derniers vestiges de l'administration juive en Terre d'Israël. Ce sont donc les récits sacrés (mythes), rituels, lois et coutumes de la culture religieuse juive qui ont inculqué et renforcé, chez les générations ultérieures, la perception d'une réalité nommée « peuple juif ». Cette réalité comporte le sentiment d'une origine commune et partagée, ainsi que la conscience de constituer une seule et même communauté dont la structure socio-religieuse perdure, selon ces perceptions, depuis environ 3500 ans.

Le judaïsme a cependant changé de façon significative au cours de ces trois millénaires. Aussi est-il inutile de tenter de déceler, dans le changement et le développement de l'histoire de cette culture religieuse, une religion unitaire et singulière. Il ne serait pas non plus pertinent de comparer les changements qui surviennent au sein d'une culture religieuse, sur une période de milliers d'années, à l'évolution d'un individu au cours de sa vie. Par exemple, Ethan Cohen demeure Ethan Cohen à l'âge de 5 ans, 20 ans, 40 ans, 60 ans et ainsi de suite ; au cours de la vie d'Ethan Cohen, aucune autre personne ne pourrait prétendre être lui (même si elle portait le même nom). À vrai dire, les cultures religieuses qui ont une longue histoire n'évoluent pas du tout comme cela, même si les membres d'un « monde » façonné par la religion peuvent percevoir la « vie » de leur culture religieuse (c'est-à-dire son histoire) tout comme nous percevons la vie d'Ethan Cohen. Pourquoi cette analogie est-elle trompeuse ? En fait, le côté gauche de M. Cohen ne peut pas dire à son côté droit : « Je ne suis pas d'accord avec toi et je vais là-bas pour vivre ma vie comme je crois que la vie d'Ethan Cohen doit être vécue ; je serai désormais le vrai Ethan Cohen et toi, tu le ne seras plus. » Cependant, c'est là une pratique répandue parmi les groupes religieux, chacun prétendant être la version ou la lignée légitime de cette tradition religieuse. Laquelle est légitime ? Qui le sait vraiment ? Selon quels critères pourrions-nous porter un jugement académique ? Il est plus important de reconnaître que le groupe qui survit, quelles qu'en soient les raisons, transmet ses propres perceptions, histoires, enseignements, etc. Les points de vue des autres groupes tendent à s'estomper. Ainsi, le fait de voir une religion comme étant singulière et toujours normative (même en développement) relève des perceptions qui sont inculquées et renforcées par la forme dominante de toute religion. Le judaïsme ne fait pas exception. En réalité et à l'image de ce qui s'est produit dans l'histoire du christianisme, les diverses périodes de l'histoire du judaïsme ont vu différents groupes, ayant des perceptions contradictoires du judaïsme, rivaliser pour la domination de la culture.

Ainsi ne peut-on parler, ni historiquement ni sociologiquement, d'un unique ou « authentique » judaïsme qui aurait défini un « monde socialement construit » valable pour tous les adeptes de toute l'histoire du judaïsme. Il faut plutôt parler de plusieurs judaïsmes, reliés historiquement, d'une part, et ayant, d'autre part, chacun leur histoire. Toutefois, à certaines époques au cours des 3500 dernières années, il est arrivé qu'une forme ou une autre du judaïsme devienne si populaire que les propositions alternatives de la religion juive ont cessé alors d'être une option viable pour la majorité des communautés. En de pareilles occasions, les documents des factions « défaites » ne sont plus transmis, laissant place aux écrits et aux autres formes d'expression (art, architecture, etc.) des « vainqueurs ». Il est probable que tout parti rival ultérieur partage les racines de ces vainqueurs. De ces nouveaux compétiteurs, un autre « vainqueur » peut émerger, de sorte que le processus se répète au fil des ans.

Au moins deux « moments » historiques ont vu une forme particulière du judaïsme atteindre un succès tel que peu ou pas de traces des rivaux ont survécu et que ce type de judaïsme est devenu la base de tout schisme ultérieur. Ces deux judaïsmes sont : la religion de l'État cité-Temple de Jérusalem et de Judée des Ve et IVe siècles avant notre ère, puis le judaïsme du mouvement rabbinique de la Terre d'Israël et de la plaine babylo-mésopotamienne du IIIe au VIIe, VIIIe ou IXe siècle de l'ère chrétienne. Ce n'est que très exceptionnellement, par pur hasard, que nous avons découvert des caches de documents reliés à certains groupes judaïques qui n'ont pas survécu pour nous transmettre leur littérature à travers les générations. Les Manuscrits de la mer Morte, découverts au cours de la décennie 1940 dans des cavernes surplombant les ruines de Khirbet Qumrān, constituent une telle trouvaille. Habituellement, nous devons étudier l'information transmise par les « vainqueurs », pour y déceler des indices utiles se rapportant à leurs rivaux contemporains ou aux prédécesseurs par rapport auxquels s'est définie leur culture religieuse. Cette démarche est l'un des principaux objectifs de l'étude savante des livres de la Bible et de la littérature rabbinique. Ce travail de détection historique et anthropologique nous permet de mieux comprendre l'histoire du judaïsme, en retrouvant la diversité « cachée » par les vainqueurs. Il nous aide aussi à mieux comprendre les vainqueurs, en les situant dans un contexte qui est historiquement plus complet que celui qu'ils ont eux-mêmes perçu et transmis.

Comment cela affecte-t-il notre présentation du judaïsme ? Premièrement, cela signifie que toute introduction sera nécessairement sélective. Elle ne pourra rendre justice à tout le « judaïsme ». Les contraintes de temps et d'espace – un chapitre plutôt qu'un livre ou un traitement en dix volumes – ne permettent pas une étude exhaustive du sujet. De plus, comme nous l'avons vu, la nature même de l'information qui nous parvient restreint les possibilités.

Deuxièmement, nous devons nous défaire de l'idée qu'un unique ou authentique judaïsme s'est développé sur une période de 3500 ans, tout comme un Ethan Cohen se développerait de la naissance à la vieillesse.

Troisièmement, et c'est peut-être là notre plus grand défi, nous devons comprendre que les « histoires » que nous laissent les « vainqueurs » servent, au sein de leurs communautés, à créer des identités et à authentifier des « mondes ». Croire en l'inverse serait singulièrement trompeur. Qu'est-ce que cela signifie ? Permettez-moi d'offrir quelques exemples. La communauté religieuse de l'État cité-Temple de Jérusalem et de Judée des Ve et IVe siècles avant notre ère prétend qu'Abraham, Isaac, Jacob et Moïse – c'était une société patriarcale – ont établi leurs valeurs, leurs normes et leur ordre social au milieu et au début du second millénaire avant notre ère. D'une certaine façon, ce peut être vrai. D'une autre façon, beaucoup plus significative, on pourrait dire qu'un parti associé au leadership d'Esdras et de Néhémie, allié à un groupe de prêtres, a fondé cette culture religieuse au Ve siècle avant notre ère. Quel que soit le grain de vérité historique contenu dans les revendications de ce parti au sujet du rôle fondateur d'Abraham,

Isaac, Jacob et Moïse, il est improbable que ces quatre aient été responsables de la définition précise des valeurs, des normes et de l'ordre social prônés par le parti Esdras-Néhémie. De la même façon, la majorité des Églises protestantes présenteront Jésus et ses apôtres comme fondateurs de leur Église particulière. Même si, dans une acception plutôt obscure du terme « fonder », ce peut être le cas, cette revendication camoufle le fait que, de façon beaucoup plus significative, le fondateur de ces Églises soit Martin Luther, John Knox ou John Calvin, selon le cas. Qu'est-ce qui se passe donc ? Les revendications au sujet d'Abraham, de Moïse et de Jésus sont des histoires créant des identités et authentifiant des « mondes ». Elles doivent être étudiées comme telles. C'est ce que veulent dire les experts en religion lorsqu'ils identifient une histoire comme un mythe. En langage de tous les jours, un mythe signifie quelque chose d'illusoire. Nous, qui étudions la religion, utilisons le mot *mythe* pour désigner ces histoires qui authentifient des « mondes » ; les mythes ont une fonction sociale spéciale et importante au sein des sociétés définies religieusement. Ainsi, non seulement le fait de percevoir ces récits comme des énoncés historiques ne leur rend pas justice, mais encore il minera notre capacité de reconstruire l'histoire de la culture religieuse. On ne peut nier cependant que cette vision puisse être révoltante, voire blessante pour plusieurs juifs ou chrétiens religieux. Je ne peux mettre en avant, pour justifier ma démarche, que mon désir de mieux comprendre comment les humains créent et soutiennent leurs « mondes » en tant que créations sociales, de mieux comprendre, enfin, ce que c'est que d'être humain. Cela m'amène au dernier point.

Quatrièmement, le judaïsme, comme toute autre religion, n'est pas simplement un ensemble de croyances et de célébrations rituelles qu'on peut étudier sans tenir compte de ses relations avec la culture et l'organisation sociale. Comme le discours qui précède le laisse apparaître, la culture et la société juives, surtout avant l'ère moderne, furent largement créées et soutenues par les histoires sacrées, les rituels, les valeurs, les attitudes et les normes sociales de tous les judaïsmes de l'histoire. Nous tenterons d'incorporer, à notre compte rendu des judaïsmes les plus influents de l'histoire, cette dimension sociale et culturelle de la religion. En d'autres mots, la question qui sous-tend ce qui suit est : « Quelle construction du monde sera perçue et vécue comme "vraie" par une communauté adhérant à tel ou tel mode de judaïsme ? »

C'est dans cette perspective que le présent chapitre tente de tracer le portrait de trois judaïsmes historiques : a) le judaïsme présenté dans les écritures bibliques juives, produites par les prêtres qui dominaient l'État cité-Temple de Jérusalem et de Judée (la demie méridionale de la Terre d'Israël) à partir du Ve siècle et se continuant pendant plusieurs siècles avant notre ère ; b) le judaïsme qui a pris forme au cours des 500 à 800 années après la chute de la cité-Temple en l'an 70 de l'ère chrétienne, et que les auteurs modernes ont nommé « judaïsme rabbinique » d'après le titre honorifique de *rabbin* (signifiant « mon maître ») porté par les autorités de ce judaïsme ; c) les judaïsmes de la deuxième moitié de notre XXe siècle qui prétendent gagner l'allégeance d'une grande majorité des juifs contemporains. On compte les deux premiers parmi les principaux « vainqueurs » au cours de l'histoire du judaïsme. Ainsi, le judaïsme rabbinique prend racine dans le judaïsme biblique ; toutes les principales formes de judaïsme de la fin du XXe siècle sont basées sur des formes de judaïsme rabbinique datant du Moyen Âge et du début de l'ère moderne.

Il faut toujours se souvenir qu'aucune de ces formes ne peut prétendre être « la » forme authentique, pure et originale du judaïsme. Les judaïsmes biblique et rabbinique ont tous deux atteint leur apogée à la suite de luttes ardues avec des judaïsmes rivaux. Tous deux ont atteint et maintenu leur position, entre autres moyens, en conservant des éléments « populaires » de leurs prédécesseurs aussi bien que de leurs rivaux. De plus, ils ont tous été le produit du paysage social, culturel et politique de leur temps. Le judaïsme biblique est une religion du Temple d'un État-cité du Proche-Orient du début de l'ère perse, fondée sur les bases d'une religion israélite préexistante qui était, de bien des façons, une religion typiquement levantine, sémite et tribale. Le judaïsme rabbinique comporte pour sa part plusieurs des caractéristiques propres à la religion et à la culture gréco-romaines tardives. Ces traits caractéristiques ont été reçus en héritage puis adaptés au Proche-Orient romain, en Mésopotamie et en Babylonie, au terme de l'Empire perse et au début de l'ère musulmane. Enfin, on peut considérer que le moteur derrière l'apparition des formes de judaïsme de la fin du XXe siècle se trouve dans les réalités sociale, culturelle, politique et économique des États-nations occidentaux ou occidentalisés, en particulier dans la « sécularisation » (l'autonomie croissante des sphères légale, politique et économique par rapport à l'influence religieuse) et, en Occident, dans le « pluralisme » (l'acceptation au sein d'un État de multiples religions et idéologies).

Voilà donc le plan conceptuel qui guidera notre traitement, nécessairement sélectif, de l'histoire et du caractère du judaïsme.

POINT DE DÉPART : LE JUDAÏSME RABBINIQUE TRADITIONNEL CONTEMPORAIN (« ORTHODOXE »)

La discussion précédente démontre qu'aucun endroit ou temps spécifique de l'histoire du judaïsme ne peut être qualifié de point d'origine réel. N'importe quel point ou moment historique occupe une double position : on peut dire qu'il se situe directement dans le « rayonnement » des points qui le précèdent, mais qu'il les « dépasse » aussi en quelque sorte. Il est à noter que, souvent, les moments historiques précédant notre point d'étude sont trop loin derrière pour que nous puissions les définir précisément. Par analogie avec un cours d'eau, j'ai choisi comme point de départ l'extrémité du flot au XXe siècle, pour ensuite réintégrer le courant aux Ve et IVe siècles avant notre ère et le suivre jusqu'à notre époque.

Je débute donc par le judaïsme rabbinique traditionnel (« orthodoxe ») de notre siècle. Mon compte rendu se base plus précisément sur l'orthodoxie en Amérique du Nord, puisque le caractère du judaïsme rabbinique de la fin du XXe siècle, en certains endroits comme la Grande-Bretagne, et surtout la France et l'Israël, est beaucoup plus complexe en raison des lois de ces pays concernant le statut légal des religions.

Tout d'abord, il est important de répéter que d'un point de vue historique ou sociologique, même si certaines formes de judaïsme ont connu plus de succès que d'autres à certaines époques, aucune d'elles ne peut être considérée comme « plus authentique » que les autres. En cette fin du XXe siècle, nous retrouvons plusieurs formes florissantes de judaïsme rabbinique. On ne peut savoir si, au cours des siècles à venir, une forme saura prospérer au point de déloger ses rivales. Ce n'est que pour des raisons pratiques que nous débutons par le judaïsme orthodoxe de la fin du XXe siècle et que nous le traitons comme une entité homogène possédant une cohérence interne. Il est en fait impossible de considérer l'orthodoxie juive comme un seul mouvement unifié. Il s'agit plutôt d'une alliance assez flexible de judaïsmes modernes qui, en s'adaptant aux sociétés occidentales séculières et pluralistes, ont conservé une plus grande partie du mythe, du rituel et du style de vie du judaïsme rabbinique – tel qu'on le retrouvait à l'aube de la modernité – que leurs formes rivales contemporaines. Ces dernières, prospères sur un plan démographique en Amérique du Nord, sont représentées par les mouvements plus rigoureusement organisés des conservateurs, des réformistes et des reconstructionistes.

Le fait de commencer par l'orthodoxie du XXe siècle nous offre donc certains avantages : premièrement, cette forme de judaïsme est vécue de nos jours ; deuxièmement, par voie de conséquence, ses sources nous sont presque entièrement connues, ce qui ne sera jamais le cas du judaïsme biblique ou du judaïsme rabbinique « classique » de la fin de l'ère romaine ; troisièmement, puisque l'orthodoxie prétend être une reproduction consciente du judaïsme rabbinique de l'aube de la modernité et qu'elle est reconnue comme telle par ses rivaux, ceux-ci (les mouvements conservateurs, réformistes et reconstructionistes) tendent à se définir – et à se défendre – par rapport à elle, même si, en bout de ligne, elle n'est aucunement plus ancienne qu'eux.

Le mythe créateur d'identité du judaïsme traditionnel contemporain

Il est impossible de trouver un seul et unique texte sacré où l'histoire créatrice d'identité, dans laquelle le judaïsme traditionnel orthodoxe s'enracine, se trouverait sous forme complète. En fait, l'histoire prend forme dans une collection reconnue et sélective de récits sacrés et de revendications que l'on retrouve dans plusieurs textes. Les éléments les plus anciens nous proviennent de la Bible juive, cette collection de textes bibliques adoptée par les rabbins du IIe siècle de l'ère chrétienne et qui est semblable, mais sous aucun prétexte identique à ce que les chrétiens (protestants) nomment l'Ancien Testament. De cette collection de textes bibliques, plus particulièrement des textes édités vers le Ve siècle avant notre ère, l'orthodoxie moderne retient les éléments suivants :

- un seul et unique Dieu créa l'univers et l'humanité,
- il fit alliance avec Abraham d'Ur en Chaldée pour que lui et son épouse Sarah aient une descendance qui aurait, d'entre tous les humains, la mission spéciale d'obéir à la volonté de Dieu telle que Dieu la lui révélera, afin d'amener la loi et l'ordre de Dieu à une société humaine ;
- en retour de la loyauté et de l'obéissance d'Abraham et de sa progéniture, Dieu leur donnera la Terre de Canaan en héritage et assurera la paix et la prospérité de ce peuple en cette terre ; si le peuple n'assume pas sa part des exigences de l'alliance, il s'attirera la conséquence opposée, incluant l'éventuelle perte de la terre promise ;

- Isaac, fils d'Abraham et de Sarah, de même que Jacob (rebaptisé Israël), fils d'Isaac et de Rebecca, deviennent les héritiers et les gardiens de l'alliance ;
- Israël et les enfants qu'il a eus de Léa et de Rachel, de même que leurs concubines respectives, doivent s'enfuir vers l'Égypte à la suite d'une famine ; ils y deviendront les esclaves des pharaons pendant 400 ans ;
- Dieu choisit Moïse et son frère Aaron de la tribu israélite de Lévi pour libérer le peuple d'Israël du joug égyptien ;
- après la fuite d'Égypte, c'est au mont Şinaï, dans le désert, que Dieu révèle au peuple sa Torah (son « enseignement ») par l'entremise de Moïse, et renouvelle ainsi son alliance avec lui ; la Torah de Dieu est totalement et entièrement révélée à Moïse, et nulle révélation ultérieure de Dieu à quelque prophète que ce soit ne pourra suppléer ou supplanter ce qui a été transmis à Moïse.

À ce point dans le mythe central, l'orthodoxie se tourne vers les débuts de la littérature rabbinique, plus précisément les tracts Aboth de la Mishnah (début du IIIe siècle de l'ère chrétienne) et Aboth de Rabbin Nathan (probablement du IVe siècle de l'ère chrétienne) ainsi que le Talmud babylonien (moitié du VIe siècle de l'ère chrétienne). Par ces sources, le judaïsme traditionnel complète le mythe comme suit :

- la Torah, que Dieu a révélée à Moïse au Sinaï, comportait essentiellement deux parties : la Torah « écrite », identifiée au Pentateuque, qui comprend les cinq premiers livres de la Bible juive (Genèse, Exode, Lévitique, Nombres, Deutéronome), et la Torah « orale », transmise par une suite d'autorités depuis Moïse jusqu'aux premiers rabbins des Ier et IIe siècles, et ensuite aux générations suivantes de rabbins ;
- à chaque génération, les rabbins ont continuellement mis par écrit leur compréhension de cette Torah « orale » ; les principales (et premières) de ces écritures sont la Mishnah (« ce qui est répété ou enseigné »), éditée en Galilée dans le nord d'Israël au début du IIIe siècle, et le Talmud babylonien, édité au milieu du VIe siècle en Babylonie sassanide-perse.

De sa position avantageuse en cette fin du XXe siècle, l'orthodoxie, en jetant un regard rétrospectif sur le milieu du VIe siècle, ajouterait par consensus à son mythe :

- parmi les transcriptions ultérieures de la Torah « orale », celles qui font le plus autorité sont : a) la *Mishneh Torah* (« la Torah répétée », un code de loi rabbinique) de Rabbin Moïse Maïmonide (décédé au début du

XIIIe siècle) ; b) l'*Arbah Turim* (« les quatre tables », un code de loi rabbinique) de Rabbin Jacob ben Asher (décédé vers le milieu du XIVe siècle) ; c) le *Bet Yosef* (une œuvre légale fondée sur l'Arbah Turim) de Rabbin Yosef Karo (décédé à la deuxième moitié du XVIe siècle) et d) le *Shulkan Aruk* (« la table établie », un code de loi rabbinique), également de Karo ; e) la *Mishnah Berurah* (« l'enseignement clair », un commentaire du Shulkan Aruk) de Rabbin Israël Mayer Hacohen Kagan (décédé au début du XXe siècle) ; f) *Igrot Mosheh* (les « épîtres de Moïse », *responsa* légale), un recueil de lettres à teneur généralement légale écrites par Rabbin Moïse Feinstein (décédé à la fin du XXe siècle) en réponse à des questions qui lui furent posées.

Le mythe décrit ci-dessus ne se retrouve en totalité dans aucun credo ou catéchisme officiel, mais il demeure quand même important pour la formation des perceptions du monde et des perceptions des autorités qui gouvernent ce monde. Bref, le mythe rabbinique orthodoxe rend légitimes les enseignements et l'autorité des rabbins orthodoxes. Ceux-ci se perçoivent et sont perçus comme étant de la lignée directe des élèves de Moïse. Le contenu de la littérature rabbinique, des enseignements et des jugements est *torah* (orale), c'est-à-dire qu'il s'agit d'enseignements révélés, même si aucun rabbin ne peut se prétendre prophète. Il est donc curieux d'utiliser le terme Torah « orale » : ainsi que nous l'avons mentionné, la Torah orale serait principalement contenue dans un corpus d'œuvres écrites faisant autorité, composées par des générations de rabbins. Un examen plus minutieux démontre cependant que le concept de la Torah orale a pour fonction de relier ces écrits rabbiniques récents à l'autorité de Moïse, bien établie dans les premiers textes bibliques et, surtout, dans les versions éditées aux Ve et IVe siècles avant notre ère par le parti Esdras-Néhémie.

*Normes de conduite et rituel sous l'autorité de l'*halakah *du judaïsme rabbinique orthodoxe contemporain*

Si l'on demandait à un juif orthodoxe contemporain ce qui le distingue des autres juifs, il ferait sûrement référence à sa fidélité envers l'*halakah* et à son observance des principes qu'elle contient. La signification littérale de halakah est « la voie » et sa racine provient du terme marcher (*halak*). Tel qu'il est utilisé dans le judaïsme rabbinique traditionnel contemporain, le terme provient de la littérature rabbinique du IIIe au VIe siècle. Il fait référence à tout rituel et à toute « loi » sociale prescrits par des rabbins ayant la compétence requise pour analyser, interpréter et (lorsque c'est nécessaire) élargir les préceptes et enseignements des œuvres de la Torah orale, dont nous avons nommé les principaux textes écrits à la section précédente.

L'halakah s'intéresse à la fois aux « lois » sociale et rituelle ; en d'autres mots, l'halakah ritualise toute la législation et toutes les normes de conduite, qu'elles soient de nature sociale ou religieuse selon notre perspective moderne séculière. En effet, que l'on accomplisse un procès de divorce ou des prières du matin selon les préceptes de l'halakah, on s'engage toujours dans un modèle de conduite que l'on croit être en accord avec le scénario prescrit par la Torah. Ainsi, cette conduite même a une valeur intrinsèque et symbolique qui va au-delà de toute considération instrumentale dans la poursuite d'une fin pratique.

Cette relation entre halakah et Torah, qui doit être perçue comme entière et complète, permet de saisir pourquoi l'halakah comprend non seulement la loi sociale et les cérémonies religieuses, mais aussi des situations purement utopiques ainsi que des scénarios courants des démocraties occidentales, pluralistes et séculières de la fin du XXe siècle. Qu'entend-on ici par situations utopiques ? Le mot « utopie » signifiant à l'origine « nulle part », il s'agit d'une situation ou d'un contexte qui n'existe nulle part aujourd'hui. Le système religieux, social et gouvernemental du judaïsme de la Bible juive était celui d'un État cité-Temple situé à Jérusalem. Dans ce temple, le culte du Dieu d'Israël demandait le sacrifice, par la caste sacerdotale, d'animaux, de céréales et de fruits. On attachait une grande importance à la purification de toute chose et de toute personne qui allaient devoir entrer en contact avec ce système sacrificiel. Le Temple était également le siège des gouvernements législatif et judiciaire. En l'an 70 de notre ère, ce temple et toutes les institutions y étant associées furent détruits lors d'une guerre entre Rome et certains révolutionnaires juifs ; celles-ci ne furent jamais rétablies. Cependant, l'halakah comprend une législation qui peut tout autant s'appliquer à des contextes contemporains qu'à un système sacrificiel et à un gouvernement du Temple depuis longtemps disparus, n'ayant plus aucune pertinence même pour l'État moderne d'Israël. Halakah, tout comme Torah, doit prétendre à l'exhaustivité et être perçue comme telle. Les œuvres de l'halakah fournissent des procédures pour l'offrande d'un sacrifice pour les péchés dans un temple utopique, aussi bien que des procédures pour l'offrande de prières dans une synagogue (un « lieu de rencontre » servant au culte de la congrégation) en Amérique du Nord au XXe siècle.

De ce qui précède, il ne faut pas comprendre que les rabbins contemporains sont tenus de se prononcer sur les prescriptions de sacrifices d'animaux de l'halakah. J'ai insisté à dessein pour bien faire saisir l'importance de cette perception de totalité reliée à l'halakah. La *Mishneh Torah* de Rabbin Moïse Maïmonide (mentionnée plus haut) fut la dernière œuvre majeure de l'halakah à inclure des lois se rapportant au rituel du Temple, et ce, environ mille ans après la destruction de celui-ci en l'an 70. Lorsque l'auteur de l'*Arbah Turim*, plusieurs siècles plus tard, décida de ne pas inclure cette portion de l'halakah dans son œuvre, ce fut pour lui une modification radicale de la pratique rabbinique. Tous les principaux codes d'halakah ultérieurs ont perpétué ce choix déterminant, d'abord jugé douteux. Pourquoi douteux ? Parce que ces codes risquaient d'être mal perçus et interprétés : on ne voulait pas laisser entendre que l'halakah avait cessé d'inclure la loi sacrificielle du Temple, car l'halakah demeurait tout de même complètement englobante.

Quelles sont les répercussions pratiques de l'halakah sur la vie d'un juif orthodoxe contemporain dans une société occidentale, pluraliste et séculière ?

Les lois alimentaires

L'halakah prône un bon nombre de lois alimentaires que doivent respecter les juifs orthodoxes. Selon la loi biblique, seuls certains animaux sont « propres » (*kascher*) à être consommés : les animaux domestiques qui ruminent et ont le sabot fendu ; la volaille domestique qui n'est pas carnivore (poule, dinde, canard) ; les poissons qui ont des nageoires et des écailles (excluant ainsi les crustacés, requins, mammifères marins, etc.). Toujours selon la loi biblique, sauf pour certaines espèces de locustes, sauterelles et criquets, aucun insecte ne doit être mangé. Cependant, comme la plupart de leurs contemporains du XXe siècle, les juifs orthodoxes n'ont pas l'habitude de manger des locustes, sauterelles ou criquets.

L'halakah décrit la façon précise d'abattre et d'apprêter pour la cuisson les animaux et la volaille permis, afin qu'ils soient « propres » à la consommation. L'halakah dénombre aussi les maladies qui rendent une carcasse abattue impropre à être consommée.

La loi biblique défend par ailleurs de « bouillir un chevreau dans le lait de sa mère ». Cette prohibition biblique est interprétée par l'halakah comme signifiant que les viandes (y compris la volaille) ne doivent pas être mélangées aux produits laitiers : ils ne peuvent être mangés ensemble ; les plats et ustensiles servant à cuire ou à servir les unes ne doivent pas être utilisés pour la préparation, le service ou la consommation des autres.

Une des caractéristiques propres aux juifs orthodoxes se trouve dans leur indéfectible loyauté envers l'observance des lois alimentaires (*kashrut*). Cette attitude amène de profondes conséquences sociales. En effet, les juifs orthodoxes ne peuvent manger que chez d'autres juifs orthodoxes, dans des restaurants certifiés *kascher* par les autorités rabbiniques locales ou, enfin, dans des établissements ou lors d'occasions pour lesquelles les traiteurs sont ainsi certifiés. En dehors de ces contextes et de sa propre demeure, le juif orthodoxe fait face à de sérieuses restrictions alimentaires. Les répercussions sociales des *kashrut* font de l'observance alimentaire de l'halakah une donnée importante dans la formation et le maintien de l'orthodoxie juive, les juifs orthodoxes formant un groupe distinct et bien défini dans notre société contemporaine.

Les jours de fête

Les cinq premiers livres de la Bible juive, reconnus comme la Torah écrite de Moïse par le judaïsme rabbinique, contiennent plusieurs calendriers de fêtes et de jours sacrés. Avant la destruction du Temple de Jérusalem en l'an 70, ces fêtes et ces jours sacrés comprenaient, en plus des offrandes quotidiennes, l'offrande de sacrifices spéciaux à Yahvé (le Dieu d'Israël). La loi biblique interdisait différents types de travaux en ces jours de fête, selon le statut spécifique de chaque jour. Dans ce contexte, la notion de travail touchait non seulement des activités comme le battage du grain, les semences, les tâches de forgeron, etc., mais aussi des activités domestiques comme l'allumage du feu et son utilisation, de même que le transport d'objets (à l'extérieur de la sphère privée).

Après le succès du parti Esdras-Néhémie aux Ve et IVe siècles avant notre ère, le Temple de Jérusalem a été défini par les dévots de Yahvé comme le seul endroit où les offrandes à Yahvé pouvaient être faites ; cette règle constituait le principal élément de la politique du parti. Avant même la destruction du Temple en l'an 70, on voyait des gens, vivant loin de Jérusalem, trouver des solutions alternatives à l'offrande de sacrifices au Temple de Jérusalem pour l'observance des fêtes et des jours sacrés. Après la destruction du Temple, le judaïsme rabbinique qui a pris forme entre le IIe et le VIe siècle, et jusqu'au IXe siècle, a hérité de ces stratégies alternatives et les a améliorées. Suivant l'apparition de nouvelles situations et de nouveaux contextes, l'halakah rabbinique a continuellement élargi les prohibitions et les définitions reliées au travail pour les jours de fête. Enfin, le rabbinisme a ajouté quelques jours « quasi sacrés » au calendrier du Pentateuque, tout en distinguant clairement le niveau de sacré de ces derniers de celui des jours de fête prescrits par le Pentateuque lui-même.

Les caractéristiques suivantes sont propres à l'observance, selon les définitions orthodoxes de l'halakah, de presque toutes les fêtes et tous les jours sacrés :

- l'interdiction de travailler, tel que ce terme est défini par l'halakah, et, aux jours de jeûne, l'interdiction de boire et de manger, de s'adonner à des activités sexuelles et de porter des chaussures à semelle de cuir (ce sont là des signes de deuil ou de pénitence) ;
- des prières et des rituels domestiques ayant trait, principalement, aux repas des fêtes (évidemment, les jours de jeûne sont exclus) ; ils incluent l'allumage rituel de chandelles pour marquer le début du jour de fête (nul « nouveau » feu ne peut être allumé après celui-ci) ainsi que l'inauguration du repas de fête par la bénédiction appropriée à ce jour sacré (prononcée au-dessus d'une coupe de vin) ;
- trois offices de prières communautaires quotidiens en un « lieu d'assemblée » (signification littérale de « synagogue ») ; lors des jours de fête, les offices de prières communautaires quotidiens (aussi tenus trois fois par jour) sont variés et accrus ; un service de prières ne comprend pas seulement la récitation d'hymnes et de prières, mais aussi la récitation d'une sélection du Pentateuque (les cinq premiers livres de la Bible juive), des Prophètes (la deuxième partie de la Bible juive) et, certains jours de fête, des Saintes Écritures (la troisième subdivision principale de la Bible juive). Dans une synagogue ou un domicile orthodoxe, les prières et lectures sont faites presque exclusivement en hébreu.

Comme il a été indiqué plus tôt, le calendrier rabbinique orthodoxe des fêtes et des jours sacrés est basé sur celui du Pentateuque, dont la version finale fut éditée aux Ve et IVe siècles avant notre ère par le parti Esdras-Néhémie. Les dates des jours de fête sont fixées à partir d'un calendrier lunaire (corrigé plusieurs fois sur un cycle de 19 ans par l'ajout d'un treizième mois, Adar II, afin de synchroniser le calendrier lunaire avec l'année solaire et les saisons naturelles). Les jours de fête, qui débutent tous au coucher du soleil de la soirée précédente, célèbrent, en général, les principaux indicateurs astronomiques et saisonniers du déroulement de l'année et reflètent les préoccupations agricoles de ceux qui les ont établis. On retrace généralement l'origine de ces fêtes bien avant l'édition de la version actuelle du Pentateuque.

Les jours de fête rabbiniques orthodoxes basés sur le Pentateuque sont les suivants :

- le *sabbat* (une journée, hebdomadaire) – selon le Pentateuque, le sabbat rappelle le récit biblique des six jours de la création et du septième jour où Yahvé se reposa de son labeur créateur ; certains versets du Pentateuque associent aussi le sabbat au souvenir de l'exode du peuple d'Israël, fuyant l'Égypte et l'esclavage ;
- la nouvelle lune (un ou deux jours selon que le mois a 29 ou 30 jours) – ce jour semi-sacré marque le début d'un mois du calendrier lunaire ;
- *Pessah* (la pâque, sept jours en Israël ; huit à l'extérieur d'Israël ; premier et dernier jours sacrés en Israël ; deux premiers et deux derniers sacrés ailleurs) – célébrée au début du printemps, la pâque est associée par le Pentateuque au début du mûrissement et de la moisson des premières récoltes de grain de l'année agricole au Proche-Orient, de même qu'aux événements de la fuite d'Égypte et de l'esclavage ; la première nuit (les deux premières à l'extérieur d'Israël), un repas domestique rituel est préparé pour célébrer les événements de l'Exode ; on signale aussi la pâque par la consommation d'aliments particuliers ne contenant ni levure ni produits à base de levure ; on évite la levure pour commémorer la fuite hâtive d'Égypte, alors qu'on n'avait pas le temps de laisser lever le pain, ainsi que pour marquer la fin de la consommation du grain de l'année précédente (pour lequel il n'y a plus de levain) et le début du grain de l'année courante (pour lequel il n'y a pas encore de levain) ;
- *Shavuot* (la Pentecôte, un jour en Israël, deux jours ailleurs) – célébrée tard au printemps. Le Pentateuque associe Shavuot à la récolte des premiers fruits de la saison, alors que le rabbinisme la rattache à la révélation de la Torah de Dieu à Moïse sur le Sinaï, dans le désert, après la fuite d'Égypte ;
- *Sukkot* (les Tentes ou les Huttes, sept jours, premier jour sacré en Israël, les deux premiers ailleurs) et *Shemini Atzeret-Simhat Torah* (« Huit jours de réunion de réjouissance pour la Torah », un jour en Israël, deux jours ailleurs) – au début de l'automne, ces fêtes célèbrent la moisson d'automne et l'attente de la saison des pluies au Proche-Orient ; le Pentateuque associe Sukkot à la prise en charge providentielle du peuple d'Israël dans le désert après la fuite d'Égypte ; dans la liturgie rabbinique de l'halakah, au cours du cycle annuel de sabbats, le Pentateuque est lu dans son entièreté lors de la liturgie communautaire ; *Simhat*

Torah (célébrée lors du Shemini Atzeret en Israël et au deuxième jour de celui-ci ailleurs) marque la fin et le début de ce cycle de lectures ;

– *Rosh haShanah* (Nouvelle Année, deux jours) – à la fin de l'été. La signification de cette fête est quelque peu obscure dans le Pentateuque ; pour le rabbinisme, c'est la célébration de la réintronisation annuelle de Yahvé sur le trône de roi (et juge) de l'univers ; ainsi *Rosh haShanah* a été associée au repentir et au renouvellement personnel ;

– *Yom Kippour* (Jour d'Expiation, une journée) – *Yom Kippour* a lieu dix jours après le commencement de Rosh haShanah ; dans le Pentateuque, c'était le jour de purification du temple ; pour le rabbinisme, *Yom Kippour* devient le jour de purification personnelle, par le repentir des fautes commises à l'encontre des préceptes de l'halakah ; c'est une journée de prière et de jeûne communautaires.

Cette liste démontre clairement que plusieurs des jours de fête du calendrier rabbinique orthodoxe, ayant leur origine dans le Pentateuque, commémorent à la fois les cycles de l'année astronomique et agricole « naturelle » et des éléments du mythe créateur d'identité du peuple d'Israël : la création ; l'Exode ; la révélation de la Torah à Moïse ; l'errance du peuple dans le désert durant la carrière de Moïse avant l'accession à la terre de Canaan, promise à Abraham et à sa descendance selon les termes de l'alliance avec Yahvé. Ainsi, chaque cycle annuel de jours de fête permet, grâce à des événements rituels, de se réapproprier systématiquement et de revivre les événements du mythe. Ce faisant, le calendrier juif des jours sacrés est vécu comme partie intégrante de l'année cyclique naturelle et considéré comme tout aussi « vrai » qu'elle.

Comme pour les lois alimentaires de l'halakah, l'observance fidèle des jours de fête du Pentateuque a de profondes répercussions sociales pour le juif orthodoxe contemporain. De prime abord, ces jours de fête fournissent l'occasion de se réunir en famille et en communauté, créant et affirmant un sentiment particulier d'appartenance au peuple. Aussi empiètent-ils sur la participation aux rythmes de l'année séculière (à détermination toutefois largement chrétienne) et limitent-ils la relation à la composante non juive de cette société moderne, occidentale : un juif orthodoxe ne peut traiter des affaires le jour du sabbat ni lors des jours de fête, même si ceux-ci sont des jours de travail normaux pour les autres ; ces jours-là, il ne peut prendre l'automobile pour aller magasiner ni s'adonner à des activités récréatives. Ici aussi, la « réalité » d'être un peuple distinct est construite et maintenue.

Les fêtes et les jours sacrés du Pentateuque sont les jours les « plus sacrés » du calendrier juif. Plusieurs autres fêtes et journées commémoratives de moindre importance ont été ajoutées au calendrier du judaïsme rabbinique. Certaines sont l'héritage de communautés juives formées après l'édition du Pentateuque des Ve et IVe siècles avant notre ère, mais présentes avant les origines du rabbinisme au IIe siècle de l'ère chrétienne. Je ne mentionnerai que les plus importantes. Les huit jours d'*Hanukah* (ayant lieu vers le solstice d'hiver) rappellent la victoire de la famille hasmonéenne de prêtres-guerriers à l'encontre des prêtres hellénisants et de leurs alliés syriens hellénistiques, dont la principale conséquence fut la prise de contrôle du Temple de Jérusalem au détriment des hellénisants. La fête de *Purîm* (Lots) commémore la délivrance racontée dans le livre d'Esther (dans les Saintes Écritures, la troisième subdivision de la Bible juive). Ce récit relate un complot raté par un courtisan du roi perse, nommé Ahasverosh (probablement une traduction du Moyen-Orient du nom perse hellénisé Artaxerxès), en vue du génocide de tous les Juifs de l'Empire perse. Purîm est une fête d'une journée, célébrée un mois avant la pâque. Plusieurs jeûnes d'une journée (jeûnes du 10e jour de Tevet [hiver], du 17e jour de Tammuz [début de l'été], du 9e jour d'Av [mi-été]) pleurent les événements ayant mené à la destruction de Jérusalem et du Temple, d'abord par les Babyloniens en 586 avant notre ère (le Temple a été reconstruit au même siècle avec la permission de Cyrus I de l'Empire perse-médique), et ensuite par les Romains en l'an 70 de notre ère (et le Temple n'a jamais été reconstruit). Aucun de ces jours festifs ou commémoratifs ne requiert l'observance des mêmes interdits concernant le travail et l'utilisation du feu que les jours de fête du Pentateuque.

Statut personnel, rôles sociaux et cycle de vie

Afin de comprendre le rôle de l'halakah dans la détermination, pour un juif orthodoxe contemporain, du statut personnel et des rôles sociaux au cours d'une vie, nous devons d'abord nous écarter quelque peu du sujet et regarder quelle « place » nos sociétés occidentales modernes font à la religion dans la détermination de ces statuts et rôles.

Tout système socioculturel doit clairement et précisément établir qui joue quel rôle et dans quels contextes il ou elle le fait. C'est une exigence fondamentale de l'ordre social. Si quelqu'un devait assumer un rôle que la communauté ne lui reconnaît pas ou, pis encore, si la société ne définissait pas clairement qui a le droit et la responsabilité de remplir telle ou telle fonction, on verrait l'anéantissement total de toute vie commune ordonnée. Prenons pour exemple les institutions législatives, judiciaires et policières de notre société occidentale. Le tout repose sur des définitions partagées de qui a l'autorité requise pour faire quoi, en quelles circonstances. Comme nous l'avons dit au début de ce chapitre, dans les sociétés qui ne sont pas du tout ou qui n'étaient pas encore hautement sécularisées, plusieurs de ces rôles étaient définis par des préceptes religieux et légitimés par des mythes et des rituels de toutes sortes.

Nous admettons que, dans nos sociétés occidentales en grande partie séculières, les institutions gouvernementales, judiciaires, etc., ne relèvent ni officiellement ni légalement de la sphère religieuse. Cependant, notre système social et légal laïque laisse certaines sphères sociales ouvertes à la détermination religieuse. Dans ces sphères, les religions continuent à définir des rôles et à les assigner à des gens. Pour des raisons évidentes, on comprend dans ces domaines la détermination des rôles suivants : qui a l'autorité pour établir les enseignements officiels de la religion ; qui peut accomplir quels rituels religieux pour soi-même et, de façon plus importante encore, pour autrui ; quelle liturgie et quels rituels sont appropriés à telle ou telle occasion ; qui est membre à part entière du groupe religieux en cause.

L'influence des religions se fait sentir en bien d'autres domaines. Celles-ci continuent à définir des rôles sociaux tels que les relations familiales ; les normes maritales ; l'éducation ; les relations sociales permises au sein de la communauté mais au-delà de la famille immédiate ; les relations sociales permises avec les personnes et institutions situées à l'extérieur de la communauté religieuse. Les religions peuvent continuer à définir ces rôles sociaux pour autant que nos systèmes légaux, sociaux et économiques laissent une « place vide » dans la définition de ces choses. Par exemple, les lois américaines et canadiennes ne permettent pas d'avoir deux conjoints à la fois. Elles exigent le divorce d'un conjoint avant de se dégager de certaines responsabilités ou de pouvoir épouser quelqu'un d'autre. De plus, c'est depuis peu de temps que les relations sexuelles entre personnes du même sexe ne sont plus illégales. Ces actes ont été décriminalisés. Les enfants doivent se rendre à l'école jusqu'à un certain âge et, dans plusieurs États et provinces, une grande part de ce qu'ils doivent apprendre est régie par des commissions scolaires ou le ministère de l'Éducation. Cependant, au sein de ce cadre légal, on laisse encore, même dans notre société laïque, une grande marge de manœuvre aux préceptes religieux dans la définition de la légitimité des modèles et des rôles sociaux. Les Églises peuvent prescrire, par exemple : que les membres d'une communauté religieuse n'épousent que des membres du même groupe ; que les enfants fréquentent les écoles administrées par la communauté et étudient certaines matières en plus de celles qui sont requises par la loi ; en ce qui a trait à ces matières additionnelles, que le programme pour les garçons diffère de celui des filles ; que les filles et les garçons aient des écoles séparées ; que les relations sexuelles entre personnes du même sexe soient défendues même si elles sont légales ; que le mariage et le divorce civils soient insuffisants pour être reconnus comme mariage et divorce au sein de la communauté ; que le contrôle des naissances utilisant des moyens cliniques et les avortements soient défendus à moins d'être nécessaires pour le maintien d'une bonne santé ; que les hommes et femmes qui ne sont pas (encore) mariés s'abstiennent de tout contact physique ; que certains codes vestimentaires, tels que la dissimulation des cheveux, des jambes et des épaules nues, soient suivis. Il y a donc, à l'intérieur des cadres légaux et économiques établis par la société, un nombre important de règles sociales imposées par les Églises à leurs membres. Dans notre société, les groupes religieux ne possèdent pas de force policière pour faire appliquer leur ordre social, ni de prisons dans lesquelles incarcérer les plus dangereux contrevenants ; c'est défendu par nos lois. Ils peuvent cependant les punir d'autres façons, soit en les ignorant, soit en les excluant pendant un certain temps de différentes facettes de la vie communautaire ou en les expulsant radicalement de la communauté.

L'halakah orthodoxe, même dans un contexte moderne, occidental, séculier et pluraliste, demeure « saturée » de définition sociale. Sur deux millénaires, l'halakah rabbinique a évolué dans des contextes où les systèmes judiciaires et sociaux n'offraient que des consignes légales très générales pour les juifs, laissant à ceux-ci une grande liberté dans la définition et la gestion de leur mode de vie. Tel était le cas parce que, pour de grandes périodes de temps et dans bien des régions, les juifs ont été en grande partie exclus de la société non juive. En conséquence de cette exclusion légale et sociale, non seulement les juifs ont-ils eu le loisir de créer leur propre ordre social, mais ils y ont été contraints ; l'halakah rabbinique s'en est chargée. Aujourd'hui, alors que nos sociétés modernes, laïques et pluralistes n'excluent systématiquement aucun groupe pour des raisons religieuses ou ethniques, les juifs ont l'occasion de participer à la vie de la société non juive et choisissent de le faire, mais ils doivent également le faire de façon plus prononcée que jamais auparavant. Cependant, l'halakah conserve toujours son « épaisseur » et sa densité en ce qui a trait à l'ordre social et à la culture, afin de remplir tout vide potentiel qui y serait laissé par notre système de lois séculier.

Les définitions de statut social les plus fondamentales dont l'halakah se préoccupe sont les suivantes :

a) Qui est juif ?

b) Qui peut épouser qui ?

c) Qui peut remplir les obligations liturgiques du groupe pour le groupe ?

d) Qui peut être déclaré un adulte pleinement compétent en ce qui a trait au témoignage ou à la validation de documents, de même qu'à d'autres processus qui modifient ou confirment le statut personnel selon les préceptes de l'halakah ?

e) Qui peut interpréter l'halakah ou prolonger son application à de nouvelles circonstances ?

L'halakah orthodoxe définit comme juif quiconque est né d'une mère juive et ne s'est pas converti à une autre religion, ou quiconque s'est converti au judaïsme et dont la conversion a été effectuée par une cour rabbinique dûment établie (composée de trois rabbins). La conversion se fait en trois étapes : l'étude des enseignements principaux et de la vie rituelle exigée par l'halakah ainsi que l'entrée dans le mode de vie requis par l'halakah ; la circoncision (pour les hommes) et l'élimination des impuretés par l'immersion dans un bassin rituel (on reverra ce concept plus tard dans ce chapitre) ; un examen par une cour rabbinique pour vérifier les connaissances acquises sur le judaïsme, les motifs de la conversion et le sérieux du dévouement au judaïsme. Il est strictement défendu par l'halakah de faire une distinction, pour quelque motif que ce soit, entre quelqu'un qui est né juif et quelqu'un qui s'est converti au judaïsme.

On retrouve dans le judaïsme rabbinique des vestiges du système de castes, fondé sur le culte, qui apparaît dans la Bible juive. Dans la Bible juive, seuls les descendants d'Aaron (le frère de Moïse) pouvaient accomplir les rites sacrificiels dans le Temple. De plus, seuls les descendants de Lévi, un des fils de Jacob, pouvaient assister les prêtres dans leurs fonctions cultuelles. Au regard du culte, tous les autres n'étaient que des israélites « ordinaires ». Le statut de prêtre (*cohen* ou *lévi*) est transmis de père en fils (descendance patrilinéaire), et plusieurs juifs conservent la tradition familiale qui les situe dans les castes sacerdotales de *cohen* ou *lévi*. Lors des offices de prières communautaires, les hommes qui se réclament du statut *cohen* ou *lévi* conservent des droits acquis sur certains honneurs résiduels dans l'accomplissement du rituel liturgique. Ils n'ont en fait aucune autorité religieuse au sein du rabbinisme, mais certaines restrictions maritales fondées sur la loi du Pentateuque sont liées au *cohanim* : un mâle *cohen* ne peut épouser une divorcée. S'ils sont mariés, leur mariage est valide, mais leurs descendants ne sont plus *cohanim*. Tous les convertis sont des israélites « ordinaires ».

Il est donc évident que l'endogamie (le mariage selon certaines contraintes sociales) constitue une préoccupation majeure de la loi du Pentateuque. L'halakah rabbinique a conservé cette préoccupation. L'halakah ne permet pas le mariage d'un juif à un non-juif (qui n'est ni de naissance juive ni converti au judaïsme). Lorsqu'un tel mariage a lieu, il n'est pas reconnu par la loi juive. Selon l'halakah, le mariage se fait en deux étapes : la « sanctification » (*kidushin*), où les futurs époux sont « réservés » l'un pour l'autre et le mariage proprement dit (*nisu'in*). L'halakah rabbinique exige l'élaboration d'un contrat de mariage (*ketubah*). Le texte du contrat est standardisé et demeure pratiquement inchangé depuis environ mille ans. Le contrat stipule, entre autres, les obligations mutuelles et réciproques des époux. Au cours de la cérémonie du mariage, une succession de bénédictions identifie le nouveau couple au premier couple humain de la Bible, Adam et Ève en Éden. Ainsi, tout mariage rabbinique est une commémoration rituelle du premier mariage, accompli par Dieu ; chaque couple est le premier couple. On reconnaît trois fonctions au mariage rabbinique : « créer une famille au sein du peuple d'Israël », faisant du couple le point central pour la pratique de l'halakah et la poursuite d'autres valeurs rabbiniques qui perpétuent le judaïsme et la communauté juive, en y contribuant fortement ; fournir un contexte de soutien mutuel dans lequel chacun des membres du couple contribue au bonheur et au bien-être de l'autre ; procréer, afin d'assurer la nouvelle génération. Les relations sexuelles au sein du mariage sont un élément important pour remplir non seulement la dernière fonction mais aussi la deuxième, c'est-à-dire l'accroissement du bonheur et le resserrement des liens du couple. De cette façon, si la fonction de procréation a été remplie (si le couple a eu des enfants), ou si le couple ne peut avoir d'enfants, les relations sexuelles demeurent une obligation de l'halakah pour le plaisir réciproque et l'union du couple.

Une forte tendance communautaire et fraternelle ressort de l'halakah. La prière collective est reconnue comme étant préférable à la prière privée ou individuelle. Cette préférence est associée non seulement aux offices de prières quotidiens et festifs, mais aussi aux événements liturgiques à teneur plus domestique et intime. La bénédiction lors du partage du pain, au début de tout repas, est souvent prononcée par un seul individu au nom de tous ceux qui sont présents. Lors de repas auxquels ont participé un quorum minimal de trois hommes majeurs, il est préférable que les bénédictions d'action de grâce soient prononcées par tous, ensemble, sous la direction de l'un d'entre eux. Cette préférence pour la fraternité dans le groupe plutôt que pour les prières individuelles signifie qu'une personne conduit ou accomplit les obligations rituelles au nom des autres participants. Un individu devient « l'agent » des personnes présentes. Ainsi, la définition d'une personne qui a la « compétence légale » pour servir d'agent, en accomplissant les obligations des membres du groupe, reflète une préoccupation de l'halakah. Comme nous le verrons, c'est là une source croissante de débats pour les juifs orthodoxes et non orthodoxes de notre société occidentale contemporaine. Si de tels débats ont lieu, c'est que l'halakah rabbinique traditionnelle impose des obligations différentes pour les hommes et pour les femmes selon les circonstances. Il est obligatoire pour les hommes de participer aux prières communautaires quotidiennes. Les femmes doivent également prier, mais elles ne sont pas tenues de le faire dans le contexte de la congrégation. Cependant, elles peuvent – et elles choisissent habituellement cette option – participer aux offices de prières communautaires du sabbat et des jours de fête ; il n'est pas habituel pour les femmes orthodoxes d'assister aux prières collectives quotidiennes. Selon le Talmud babylonien, on n'exige pas des femmes qu'elles prient dans un contexte communautaire, car elles sont exemptes d'obligations qui nécessitent l'accomplissement de devoirs à des moments particuliers. Implicitement, cela signifie que les femmes ont d'autres devoirs, plus particulièrement celui d'élever les enfants, qui comportent des contraintes temporelles imprévisibles.

Il est donc sous-entendu, dans les jugements de l'halakah, que seul celui qui a les mêmes obligations que ses pairs est légalement capable d'agir comme leur agent pour l'accomplissement de leurs obligations. De fait, cette règle a éliminé les femmes des rôles de « leadership » dans l'accomplissement des obligations de l'halakah d'un groupe, surtout en ce qui a trait à la liturgie. Ainsi, on ne considère pas la présence des femmes dans le quorum minimal de dix adultes requis pour la tenue d'un service communautaire, ni dans celui de trois adultes requis pour le chant de la bénédiction d'action de grâce après les repas. Pour des raisons similaires, les femmes ne peuvent pas faire figure de témoin pour les contrats de mariage ni les décrets de divorce. N'étant pas reconnues légalement compétentes par l'halakah rabbinique traditionnelle, elles ne peuvent être rabbins, puisque le rabbin accomplit traditionnellement un grand nombre de ces tâches, et tout particulièrement celle de siéger à la cour légale d'halakah.

L'âge d'un individu est souvent un déterminant de son statut personnel et des rôles qu'il doit assumer en vertu de ce statut. Les changements de statut, au cours de la vie d'une personne, sont définis par l'halakah et signalés par des rituels. Comme je l'ai indiqué plus tôt, le mariage fait de deux individus autonomes un couple dépendant et réciproquement responsable. Il existe des rituels pour signaler une naissance, l'atteinte de la majorité, le mariage (ainsi que nous l'avons vu), de même que la mort d'un proche. Puisque les rôles sont tout autant fonction du sexe que de l'âge dans le judaïsme rabbinique orthodoxe, les cérémonies sont elles aussi souvent reliées au genre sexuel. Les nouveau-nés mâles sont circoncis (*milah*) le huitième jour après la naissance, et on leur donne leur nom à cette occasion ; les filles, pour leur part, recevront leur nom à l'occasion du prochain office de prières communautaires régulier au cours duquel la Torah sera lue.

La différence la plus marquée entre les rituels de changement de statut pour les filles et les garçons réside sûrement dans le rituel de l'halakah qui indique le passage à l'âge adulte. Le rituel se produit à la puberté, soit à treize ans pour les garçons (qui, à cet âge, deviennent *bar mitzvah*, c'est-à-dire « sujets aux commandements » de l'halakah), et à douze ans pour les filles (qui deviennent *bat mitzvah*). J'ai expliqué l'importance du concept d'agent dans le contexte d'un groupe remplissant ses obligations, le plus souvent dans un contexte liturgique. L'atteinte de l'âge adulte légal (*bar* ou *bat mitzvah*) offre au jeune adulte l'occasion d'agir, pour la première fois, comme agent d'un groupe d'adultes. Ainsi, pour marquer le passage, un garçon assumera le rôle d'agent de la congrégation lors d'un service de prières communautaires. Il prononcera, à tout le moins, la bénédiction précédant la lecture d'une partie de la Torah, ou encore psalmodiera une ou plusieurs parties de la lecture du jour provenant de la Torah ou des Prophètes. Certains garçons dirigeront une grande partie de l'office de prières communautaires de cette journée. Un repas de célébration suivra le service, signalant la première occasion pour le jeune adulte de se charger de ces fonctions, pour lui-même et pour les autres.

Comme il a été mentionné précédemment, l'orthodoxie juive n'est pas un mouvement singulier et unifié, mais bien une alliance plutôt flexible de plusieurs judaïsmes modernes qui se sont adaptés aux sociétés occidentales pluralistes et sécularisées. Ce faisant, ces judaïsmes ont conservé une plus grande part du mythe, des rituels et du mode de vie du judaïsme de l'aube de la modernité que d'autres formes de judaïsme. Ces formes concurrentes issues du judaïsme contemporain (elles ont connu beaucoup de succès, sur le plan démographique, en Amérique du Nord) sont identifiées aux mouvements conservateurs, réformistes et reconstructionistes. Puisque, dans le judaïsme orthodoxe, les jeunes femmes atteignant l'âge du *bat mitzvah* ne sont pas « légalement compétentes » dans les mêmes domaines que les jeunes hommes, on ne leur a pas permis de signaler leur changement de statut de la même façon. L'orthodoxie moderne a vu la naissance et l'évolution de plusieurs versions de la célébration du *bat mitzvah*, sans pour autant adopter un modèle particulier. Dans les milieux orthodoxes plus libéraux, les rites du *bat mitzvah* se sont graduellement rapprochés de ceux du *bar mitzvah*, en respectant toujours les limites spécifiées par l'halakah en ce qui a trait à la possibilité, pour les femmes, d'officier comme agents.

Enfin, les rituels de deuil et d'inhumation signalent la fin du cycle de vie. D'une certaine façon, ils contribuent aussi à mettre en évidence les modifications dans les structures relationnelles de la famille et du foyer après le décès d'un parent.

La présentation précédente des concepts de statut personnel, de « compétence » et de rituels de cycles de vie est forcément incomplète. Un dernier volet mérite encore notre attention. Il s'agit du statut personnel, du rôle et des obligations liés à l'étude de la Torah. L'étude de la Torah, en tant qu'activité plus sacrée que la prière même, a constitué un trait caractéristique du rabbinisme depuis son apparition au IIe siècle. Pour le rabbinisme, il n'existe pas de meilleure façon de louer et de glorifier Dieu que le dévouement à l'étude de sa volonté révélée. Les juifs rabbiniques n'étudient pas seulement le Pentateuque (la Torah écrite) et tout le reste de la Bible juive, mais aussi et surtout les œuvres de la Torah « orale » dont nous avons parlé plus tôt. Lorsque les enfants commencent l'étude de la Torah, on signale habituellement l'événement par un modeste rituel de célébration. Mais, de manière plus importante encore, l'étude continue de la Torah tout au long de la vie est, en soi, un rite tout aussi sacré, sinon plus, que la prière quotidienne. Dans ce domaine aussi, les obligations des hommes et des femmes ont été définies de façon différente par le rabbinisme orthodoxe traditionnel – en ce qui a trait aux exigences de l'étude autant qu'à son contenu. Ici aussi – en fait, ici beaucoup plus radicalement qu'ailleurs –, cette différenciation entre hommes et femmes s'est estompée au cours des trente dernières années, et cela même au sein des groupes les plus conservateurs.

La maîtrise de la Torah, et plus particulièrement de la Torah orale, est l'exigence première pour l'ordination (le terme hébreu est *semikah*, ou « l'imposition des mains ») du rabbin. À mesure que de plus en plus de femmes atteignent ce niveau de maîtrise, sans pour autant que leur soit reconnu par les rabbins (toujours uniquement mâles) le statut leur permettant d'agir comme agentes au nom des hommes aussi bien que des femmes, l'impasse de l'ordination des femmes demeure dans le judaïsme orthodoxe. Pour leur part, tous les groupes juifs non orthodoxes ont déjà trouvé une solution à cette impasse.

Au cours des quinze dernières années, le statut des femmes et leur « compétence légale » selon l'halakah ont été un sujet de débat et de tension au sein de l'orthodoxie. Ce fut également le cas chez les groupes juifs non orthodoxes contemporains, qui ont vécu des changements dramatiques à cet égard au cours des vingt-cinq dernières années. Nous verrons ces changements plus tard, quand nous nous attarderons plus en détail aux réponses variées des Juifs à la modernité. À ce propos, il est important de se souvenir que le rabbinisme orthodoxe que je vous décris est en quelque sorte fictif ; en quelque sorte, j'ai décrit comme statique et immuable une réalité qui présente des variations importantes d'un groupe orthodoxe à l'autre, d'une communauté à l'autre et d'une personne à l'autre, qui a fait face à la réalité sociale, économique et technologique de notre société moderne occidentale et s'y est adaptée.

Costumes et ornementation

Dans bien des religions, la légitimation religieuse des normes de conduite et des normes sociales s'applique au code vestimentaire. Ce dernier sert souvent à exprimer et à renforcer certaines normes sociales, à indiquer le statut personnel ou à illustrer l'appartenance. En Amérique, nous voyons par exemple la tenue vestimentaire des Amish, ou encore celle des membres de certaines sectes juives hassidiques (« piétistes ») qui ne représentent qu'une minime partie des juifs orthodoxes. De plus, la plupart des religions exigent un habillement particulier ou l'utilisation d'autres ornements à certains moments et dans certains contextes. Ainsi, un prêtre de l'Église catholique romaine doit arborer des vêtements spéciaux, incluant l'étole, pour l'eucharistie. De même, alors que n'importe quelle coupe ordinaire suffirait, l'utilisation d'un calice ornementé intensifie et rehausse souvent le rituel de l'eucharistie, contribuant à l'élever au-delà du quotidien. On retrouve aussi ce genre de pratiques dans le judaïsme orthodoxe.

Les hommes orthodoxes se couvrent toujours la tête, sauf pour dormir. Il y a beaucoup de débats au sujet de la signification et du statut de ce geste dans l'halakah, indiquant un manque de clarté quant à ses origines et à sa signification. Mais c'est une tradition qui date de si longtemps, c'est-à-dire au moins de l'ère romaine, que la pratique est devenue un emblème fondamental de l'identité des hommes juifs orthodoxes.

Un autre signe distinctif des hommes orthodoxes est le port du *Talit Katan* (« petit vêtement »). Celui-ci est composé d'une pièce de tissu carrée avec un trou au centre pour passer la tête, à la manière d'un poncho, et il est porté sous la chemise. Ce sous-vêtement sert tout simplement à fournir une pièce d'étoffe carrée, aux quatre coins de laquelle peuvent être fixées des « franges » en laine (*tzitzit*). Ces franges, d'une longueur d'environ 20 à 25 centimètres, apparaîtront directement au-dessus de la taille des pantalons sur chaque hanche ; elles peuvent être laissées tombantes, ou encore être enfouies dans les poches pour devenir moins apparentes. On retrace l'origine de la fixation de ces franges à un vêtement dans plusieurs versets du Pentateuque, qui enjoignent d'attacher des « franges » à ses vêtements. Le Deutéronome, cinquième livre du Pentateuque, en explique le but : les franges serviront à se rappeler la promesse d'obéissance aux commandements de Dieu, surtout en des moments où l'on est tenté de transgresser. De plus, aux prières du matin et lors de plusieurs autres occasions liturgiques, les hommes mariés portent le *talit gadol* ou, plus simplement, *talit* (« grand vêtement »). Ces grands châles de laine, mesurant environ un mètre et demi carré, ont les franges requises (*tzitzit*) aux quatre coins et sont parfois richement décorés, surtout sur la bordure qui longe le cou et descend sur le devant. La coutume exige que la femme offre un *talit gadol* à son fiancé le jour de leur mariage. Ce *talit* est parfois maintenu au-dessus de la tête des époux pendant la cérémonie du mariage, au lieu du dais nuptial habituel.

Un des ornements liturgiques de l'homme orthodoxe est le phylactère (*tephillim*). Le mot français phylactère provient du grec parlé par certains Juifs de la période romaine et signifie « amulette ». Cela pourrait indiquer que les Juifs de langue grecque du monde romain croyaient que le *tephillim* repoussait les démons, une préoccupation omniprésente des premiers chrétiens et des autres habitants du monde romain. L'origine du terme hébreu *tephillim* est plus obscure et peut provenir d'un mot signifiant « pendre » ou d'un autre signifiant « prier », mais elle n'est aucunement rattachée au terme hébreu pour amulette. Les *tephillim* sont des cubes noirs creux, dont les côtés mesurent environ cinq à sept centimètres, auxquels sont attachées des bandes de cuir. Ils sont portés par les hommes de plus de 13 ans (*bar mitzvah*) pendant les prières matinales quotidiennes. Une des boîtes est attachée au front comme un bandeau. L'autre est fixée à la partie intérieure du biceps gauche (si l'on est droitier), en enroulant le reste de la bande de cuir de manière particulière autour de l'avant-bras et de la main gauches. Comme le *talit gadol*, ce sont des supports à la prière qui indiquent que le temps de la prière est spécial et qu'il exige une attention particulière. Le *tephillim*, comme le *tzitzit*, est une tentative de se conformer aux exigences du Pentateuque qui demande d'attacher les mots de l'alliance de Yahvé sur sa main et à son front, entre les yeux, « comme signe ». Les cubes contiennent des parchemins manuscrits arborant certains versets du Pentateuque, plus particulièrement ceux où l'on fait référence à Yahvé comme au seul et unique Dieu du peuple d'Israël, dont les paroles et la volonté doivent être contemplées et glorifiées. C'est là l'obligation d'Israël selon les termes de son alliance avec Yahvé.

On devrait aussi mentionner un autre article ornemental de l'homme orthodoxe. Le jour de ses noces, le marié porte pour la première fois ce qui sera son linceul (*kittel*). C'est un vêtement qui ressemble à un kimono de lin ou de coton blanc, sans aucune décoration. Du jour de son mariage au jour de sa mort, l'homme orthodoxe portera son *kittel* deux fois par année : comme vêtement d'extérieur (sur lequel on pose le *talit gadol*) à l'office de prières du Jour d'Expiation (Yom Kippour), et au foyer lors du repas cérémonial de soirée marquant le premier jour sacré de la pâque (le *Seder* de la pâque). Il est important de noter, à cet égard, que la coutume orthodoxe demande aux époux de jeûner le jour de leur mariage (jusqu'à la fin de la cérémonie nuptiale) et de réciter des prières habituellement récitées au Jour d'Expiation. Toutes ces occasions, c'est-à-dire la pâque, le mariage et le décès, sont des jours de transformation, de passage radical d'un état à un autre, bref, elles représentent un genre de renaissance. La cérémonie pascale recrée l'histoire biblique de la fuite d'Égypte, la transformation des esclaves en individus autonomes (et donc responsables) dans le contexte d'un peuple ; le mariage crée un couple dont les deux membres ont des responsabilités l'un envers l'autre, envers leurs enfants à venir et envers le peuple ; dans presque toute culture, la mort est vue comme une transformation individuelle et une transition inouïes.

À plusieurs reprises dans le texte qui précède, nous avons noté les différences de rôle et de statut rattachées au sexe de l'individu. Cela est aussi observable dans le code vestimentaire. Là où les hommes ont une ornementation particulière, les femmes en ont peu ou même pas du tout. Pour leur part, les exigences vestimentaires concernant les femmes mettent l'accent sur les valeurs de pudeur et de modestie (*tzni'ut*) ; une femme orthodoxe doit donc éviter le port de tout vêtement qui pourrait la rendre désirable aux yeux d'un autre homme que son mari. Les vêtements peuvent être à la mode, sans toutefois être révélateurs. Plusieurs femmes orthodoxes ne porteront que la jupe et la robe plutôt que le pantalon, qui est considéré comme un brouillage des normes et des définitions de genre. Cette confusion des genres est dénoncée dans le Pentateuque.

Puisque la culture du Proche-Orient ancien (et contemporain) a perçu la chevelure féminine comme étant sexuellement stimulante, surtout lorsqu'elle est portée longue et sans attaches, les femmes orthodoxes mariées se couvrent la tête en public. Elles peuvent porter un chapeau, un foulard ou une perruque par-dessus leurs cheveux naturels. L'habit des religieuses catholiques romaines joue essentiellement le même rôle. Depuis que nombre de femmes juives orthodoxes ont commencé à travailler à l'extérieur du foyer, la pratique traditionnelle concernant la dissimulation des cheveux s'est quelque peu relâchée. On justifie cette tendance en évoquant le fait que dans notre société occidentale contemporaine la chevelure féminine n'est plus considérée comme particulièrement provocatrice. Cependant, même les femmes qui ne se couvrent pas la tête en public le feront lors de la participation aux offices de prières communautaires.

La pureté familiale

La culture religieuse du Pentateuque, au centre de laquelle on retrouvait le Temple de Yahvé – aujourd'hui disparu depuis longtemps – avec son culte sacrificiel et sa caste sacerdotale, était grandement préoccupée par le maintien de la « pureté » ou de la « propreté » de ce système. On ne peut, dans ce chapitre, entreprendre une analyse et une description de la nature des codes de purification dans les religions en général, ni même dans le judaïsme ancien en particulier. Qu'il suffise de dire que l'on croyait alors qu'un grand nombre de choses et d'événements de ce monde étaient producteurs d'impureté, comme d'une sorte de « gelée » invisible et contaminante. On considérait l'impureté comme une force maléfique, opposée au pouvoir divin qui créait et soutenait l'univers, pouvant être transmise par contact direct et indirect. Les cadavres, le sang des blessures, le pus des infections ainsi que certains types de maladies cutanées (comme la lèpre) étaient considérés comme sources de souillure et de contamination. On y incluait le sang menstruel des femmes et les résidus organiques associés à la naissance. Afin de conserver le Temple de Yahvé vierge de toute impureté, les contaminés devaient se soumettre à des rites de purification avant de pouvoir y pénétrer. Ceux-ci comprenaient une période d'attente d'environ sept jours sans contact avec le Temple, des ablutions et, enfin, l'offrande d'un sacrifice purificateur. La loi du Pentateuque requérait l'abstinence sexuelle pendant et immédiatement après les menstruations de l'épouse, par crainte de transmettre l'impureté au mari et de l'empêcher lui aussi de se rendre au Temple de Yahvé.

Les juifs rabbiniques orthodoxes sont toujours soumis aux vestiges des lois de l'halakah concernant l'impureté, plus particulièrement celles qui sont reliées à l'abstinence sexuelle pendant et immédiatement après les menstruations, de même qu'à la reprise de l'activité sexuelle moyennant un bain purificateur dans un bassin rituel (*mikveh*). L'observance loyale de ces rites de pureté menstruelle différencie les juifs orthodoxes de cette fin du XXe siècle des autres groupes de juifs non orthodoxes. De plus, afin de démontrer l'importance de cette caractéristique distinctive, les juifs orthodoxes ont donné un nouveau nom à cet ensemble de pratiques purificatrices: *Taharat Mishpahah* (« pureté familiale »). Le choix du terme est intéressant, car le contexte des anciennes lois sur lesquelles le *Taharat Mishpahah* se fonde n'a rien à voir avec le maintien de la « pureté » familiale ni avec les relations sexuelles, mais bien avec le maintien de la pureté du Temple de Yahvé. Par sa définition de la pureté familiale, le judaïsme orthodoxe contemporain substitue le noyau familial au temple disparu. Il s'agit d'une puissante transformation symbolique et perceptuelle.

Sanctification et rédemption

Quels sont les objectifs de la vie rabbinique orthodoxe vécue en accord avec l'halakah ? D'abord et avant tout, vivre en accord avec l'halakah est une fin en soi. Selon le mythe créateur d'identité, le peuple d'Israël a conclu avec Yahvé une alliance exclusive, dans laquelle les gens ont accepté de se soumettre à sa volonté telle qu'elle est exprimée dans l'halakah. Deuxièmement, puisque dans ce mythe Yahvé est le créateur de l'univers, l'ordre de l'univers et une vie ordonnée selon les prescriptions de l'halakah sont perçus comme étant en harmonie complète. Le rabbinisme reconnaît cependant que les non-juifs ne sont pas liés par l'halakah et qu'ils peuvent tout de même vivre une bonne vie morale aux yeux de Yahvé, leur créateur. C'est cette rationalisation qui porte le rabbinisme à éviter le prosélytisme. Une personne convertie au judaïsme est égale à toute autre personne qui est née au sein du peuple d'Israël. Toutefois, on tente activement de décourager ceux qui veulent se convertir, en expliquant qu'il ne leur est pas nécessaire d'assumer les responsabilités additionnelles de la vie sous l'halakah.

Comment donc le rabbinisme classique ou orthodoxe voit-il le rôle du peuple d'Israël, assujetti à l'halakah ? La première réponse, souvent exprimée mais rarement développée, est fondée sur le concept du Pentateuque stipulant que le peuple d'Israël doit être un royaume de prêtres et un peuple sacré parmi les nations de la terre, et que la descendance d'Abraham constitue la bénédiction de Yahvé pour les peuples de la terre. Ainsi, en visant la sanctification par la loyauté à l'halakah, le peuple d'Israël est, pour les nations de la terre, ce que la caste sacerdotale juive était pour le peuple d'Israël quand le Temple était toujours en fonction.

Un deuxième concept important pour les juifs orthodoxes est celui de la rédemption. Selon la Bible juive et les textes rabbiniques classiques, l'histoire humaine se dirige vers un but, c'est-à-dire la rédemption. Pour le peuple d'Israël, la rédemption signifie en partie le rétablissement de la condition du peuple à ce qu'elle était à son ère de gloire mythique : la restauration de la patrie ; la reconstruction du Temple et la restitution de son ancien culte ; la réintronisation du monarque légitime descendant du roi David, l'oint de Yahvé (*mashiah*, ou messie selon la francisation de l'hébreu). La rédemption affecte non seulement la condition du peuple d'Israël, mais aussi celle de toutes les nations. L'ère messianique sera une ère de paix pour l'humanité entière, alors que tous les peuples reconnaîtront la souveraineté de Yahvé. L'avènement de l'ère messianique et la venue du messie pour toutes les nations seront le résultat des efforts faits par les juifs pour vivre en étant fidèles à l'halakah.

Le concept rabbinique de la résurrection des morts au début de l'ère messianique est étroitement lié aux concepts de rédemption que l'on vient de décrire. Si l'humanité récolte la « récompense » de vivre à l'ère messianique, grâce à la loyauté du peuple d'Israël envers la volonté de Yahvé, qu'advient-il des fidèles du peuple ou même des bonnes gens non juives qui meurent avant la venue du messie ? Héritant d'idées issues des derniers textes bibliques et des mouvements religieux de la période hellénistique, le rabbinisme adopta la notion d'une résurrection générale des morts, permettant à ceux qui seront jugés loyaux et moraux, parmi les juifs comme les non-juifs, de vivre dans le monde messianique à venir. C'est la seule notion bien définie de la vie après la mort dans le rabbinisme classique.

Institutions

Va'ad, Bet Din et le grand rabbinat

On retrouve un certain nombre d'institutions au centre du judaïsme rabbinique orthodoxe. La plupart des centres urbains nord-américains ayant une population juive assez grande auront leur « cour rabbinique » (*Bet Din*), souvent contenue dans un organisme administratif-bureaucratique appelé « conseil communautaire » (*Va'ad ha'Ir*) ou « conseil rabbinique » (*Va'ad haRabbanim*). Ce dernier type d'organisme a pour fonctions primaires : la gestion de l'abattage kascher des animaux et des volailles ; l'inspection régulière et la certification des institutions à caractère kascher, tels les boucheries, boulangeries et pâtisseries, restaurants, traiteurs et cuisines de synagogues ; les procédures de la conversion au judaïsme ; les procédures de divorce rabbinique ; la certification du statut judaïque ou du statut matrimonial (selon l'halakah rabbinique) pour ceux qui auraient besoin, pour quelque raison, d'une attestation de leur statut dans une autre ville. Les membres de la cour rabbinique, un minimum de trois rabbins ayant *semikah* orthodoxe, sont convoqués par un « chef » plus ou moins permanent de cette cour, assumant souvent le titre de « grand rabbin » de la ville. Ce dernier agit comme chef de la direction du *Va'ad* et convoque la cour rabbinique lorsque les circonstances l'exigent, généralement pour procéder à des divorces ou des conversions.

Il n'existe aucune procédure formelle ou normative, en Amérique du Nord, pour l'établissement d'un *Va'ad*, d'un *Bet Din* ou d'un grand rabbinat (y compris la nomination du grand rabbin) dans une ville. Là où elles existent, ces institutions sont généralement apparues de façon spontanée lorsque le besoin s'en est fait sentir, pour ensuite se perpétuer d'elles-mêmes. Elles continuent d'exister : le « grand rabbin » assume et maintient sa position grâce à une combinaison de consensus et de tolérance de la part de la population orthodoxe juive locale, et surtout des rabbins orthodoxes locaux. Il est important de saisir, à cet égard, que ni l'halakah ni la longue tradition rabbinique n'admettent quelque hiérarchie que ce soit dans la société judaïque. L'halakah ne reconnaît ni pape, ni cardinaux, ni évêques, pas plus qu'elle n'admet de conseil ecclésiastique officiel. Toute personne instruite en halakah, reconnue comme telle (par la tradition seulement) après avoir reçu le semikah rabbinique de quelqu'un l'ayant lui-même reçu, est considérée comme ayant la même autorité que toute autre. N'importe quel groupe composé de trois de ces personnes, qui sont de surcroît reconnues comme des adultes pleinement et légalement compétents (ainsi qu'il a été discuté plus haut), peut former une cour rabbinique légitime. En effet, cela se produit souvent afin de remplir une fonction particulière, de sorte que le *Va'ad* local, son *Bet Din* et le grand rabbin ne peuvent légitimement l'empêcher et qu'ils ne protestent habituellement pas ; ainsi, selon la loi rabbinique, l'autorité du *Va'ad*, de son *Bet Din* et de son « grand rabbin » ne dépasse en rien toute autre convocation *ad hoc* de trois personnes ayant la connaissance de l'halakah et la compétence légale requises et reconnues.

À l'extérieur de l'Amérique du Nord, notamment en Grande-Bretagne, en France et en Israël, les *Va'adot* (pluriel de *Va'ad*) *haRabbanim* locaux, les *Batei* (pluriel) *Din* et les grands rabbins possèdent un statut officiel et sont constitués selon des procédures spécifiques, normatives. Cette situation existe non pas à cause de l'halakah, mais bien en raison du statut légal et constitutionnel de la religion et des institutions religieuses selon les lois de ces pays. Ainsi, le grand rabbin de la Grande-Bretagne est nommé par le gouvernement britannique, il prend le titre de lord, siège à la Chambre des Lords avec l'archevêque de Canterbury, etc. En France, c'est un autre système qui a cours, c'est-à-dire celui des consistoires religieux datant de l'époque napoléonienne, alors que les Juifs français reçurent la citoyenneté française.

Écoles et yeshivot

L'effet du système d'éducation – aux niveaux primaire, secondaire et supérieur – sur la vie quotidienne (hors du foyer) des juifs orthodoxes traditionnels en Amérique du Nord est sûrement égal, sinon supérieur, à celui de la synagogue, que nous verrons plus tard. Au sein des communautés orthodoxes, l'importance de maintenir des écoles paroissiales aux niveaux primaire et secondaire provient du besoin : a) d'instruire garçons et filles dans les matières judaïques aussi bien que dans les matières requises par l'État ; b) de garder garçons et filles dans un environnement où l'halakah est la norme, où les jours sacrés juifs, les lois alimentaires et les autres normes de conduite orthodoxes personnelles et interpersonnelles, surtout celles qui concernent les contacts sociaux entre les sexes, sont observés. Comme nous l'avons mentionné, des écoles séparées sont maintenues pour garçons et filles là où la population et les moyens financiers le permettent. Les classes mixtes ne sont acceptées sous aucun prétexte. La culture et les valeurs véhiculées par les enseignants et les administrateurs scolaires expriment clairement l'idée selon laquelle les matières judaïques sont plus importantes que les matières séculières ; ces dernières doivent être maîtrisées, alors que les premières méritent un dévouement personnel sans équivoque. Comme nous l'avons fait remarquer, l'étude de la Torah révélée de Yahvé (écrite et surtout « orale ») demeure l'acte le plus sacré, façonnant de lui-même une personne sainte. Cette activité, plus que toute autre, montre la dévotion d'une personne envers Yahvé, puisqu'elle constitue une imitation de la relation paradigmatique entre Dieu et un être humain : Yahvé et Moïse, les premiers maître et étudiant de la Torah.

Au-delà du niveau scolaire secondaire, les communautés plus importantes sur le plan démographique maintiennent des académies d'études supérieures de la Torah, communément appelées *yeshivot*, le pluriel de *yeshiva* (littéralement, « où l'on s'assied » pour apprendre). On n'y propose en général aucune matière laïque ; les jeunes hommes orthodoxes poursuivent habituellement leurs études supérieures séculières dans des universités laïques avant, pendant ou après leurs études à la *yeshiva*. Jusqu'à tout récemment, il n'existait pas d'académies d'études supérieures de la Torah pour les femmes au sein des communautés orthodoxes ; de telles institutions deviennent maintenant de plus en plus populaires, mais on ne les appelle toujours pas *yeshivot*.

Les professeurs des *yeshivot*, tous des rabbins, sont considérés comme l'élite tant par les autres rabbins orthodoxes que par la communauté orthodoxe juive en général. Leur statut et leur autorité sont supérieurs à ceux de tous les autres, y compris les grands rabbins en Amérique du Nord. C'est à la *yeshiva* que la prochaine génération de rabbins à *semikah* est produite.

Synagogues

Ce n'est pas par hasard que nous considérons les synagogues à la fin de cette section sur les institutions orthodoxes. Nous avons déjà précisé que la prière quotidienne en commun (avec le quorum requis de dix hommes adultes) était une norme centrale du judaïsme rabbinique orthodoxe. Les exigences concrètes pour la tenue de cet événement sont minimes : un espace suffisamment grand ; quelques rouleaux de parchemins manuscrits du Pentateuque (la Torah écrite) ; une armoire très simple surnommée « l'arche sacrée » (*Aron haQodesh*) qui renferme les parchemins ; une table, derrière laquelle une personne agissant comme « agent de la congrégation » dirigera les prières et sur laquelle seront déposés les rouleaux de parchemins pour être déroulés et lus. Puisque les femmes qui assistent aux offices de prières communautaires (habituellement le jour du sabbat et les jours de fête) doivent être séparées des hommes, on divise généralement la salle pour la prière régulière par un écran ou un rideau, afin de délimiter et de cacher partiellement la section des femmes. Il devrait maintenant être clair que la présence d'un rabbin n'est pas nécessaire au déroulement de l'office de prières communautaires.

Ces exigences minimales n'appellent nullement la construction de grands édifices ni l'établissement d'institutions majeures avec un bureau de direction, un comité exécutif, des frais d'adhésion, etc. De plus, vu la position centrale des écoles et surtout des *yeshivot* dans les communautés rabbiniques orthodoxes, on réserve et on meuble habituellement une pièce de l'école pour les prières communautaires régulières à l'usage des professeurs, des élèves, de leurs familles et de tous les autres juifs orthodoxes de la région. La fusion du « lieu de réunion » (synagogue) et de l'école (avec sa bibliothèque d'œuvres de la Torah), pour les prières de groupe, a permis aux juifs orthodoxes qui ne sont ni étudiants ni professeurs dans les académies de poursuivre leur étude de la Torah et de pratiquer ainsi la plus haute forme de dévotion à Yahvé. Certains des participants assidus au service de prière restent encore dans la salle quelque temps après l'office, de manière à étudier ensemble une partie donnée de la littérature rabbinique classique. À cet effet, la salle pour la prière commune est aussi aménagée en petite « salle d'étude » (*Bet Midrash*).

Malgré cette habitude plutôt répandue qui consiste, chez les juifs orthodoxes, à incorporer les centres de prières communautaires aux établissements scolaires, plusieurs communautés juives orthodoxes construisent et entretiennent des synagogues (parfois très grandes). On y compte une population desservie qui peut varier de quelques centaines à quelques milliers de familles. Ces synagogues comprennent souvent un grand sanctuaire pour les prières du sabbat et des jours de fête, une petite chapelle pour la prière commune quotidienne ainsi qu'une ou plusieurs salles de banquet pour les noces et autres célébrations pouvant comporter des repas. Ces synagogues ont, la plupart du temps, une bibliothèque qui contient des textes rabbiniques classiques de base, permettant l'existence d'une *Bet Midrash* ; souvent, on combine la chapelle et la *Bet Midrash*.

Les plus grandes synagogues exigent une administration bien organisée, y compris une bonne gestion financière. Elles sont donc constituées en sociétés à but non lucratif, afin de faciliter leur gestion. La synagogue s'appuie sur les frais d'adhésion et les dons charitables pour assurer sa survie financière. Dans les synagogues de grande et de moyenne taille, un personnel professionnel s'occupe de la bonne marche de la synagogue et de ses fonctions principales. À la tête de ce personnel se trouve habituellement un rabbin qui agit comme « autorité » rabbinique de la congrégation.

Celui-ci officie aux mariages et autres cérémonies. Il sera la personne de référence pour tout ce qui concerne les exigences de l'halakah, pour la synagogue et même souvent pour ses membres. Il sera pasteur et conseiller, en plus d'accomplir les tâches de chef de la direction de l'organisme. Certaines synagogues retiennent aussi les services d'un chantre (*hazan*), de formation musicale et judaïque, qui servira d'agent de qualité professionnelle pour la congrégation le jour du sabbat et les jours de fête. Les synagogues plus importantes peuvent aussi avoir recours à un adjoint au chantre.

Il semble important de conclure cet exposé du judaïsme rabbinique orthodoxe de la fin du XXe siècle par un retour à notre point de départ. L'orthodoxie n'est pas une entité homogène cohérente. Nous pouvons parler, au mieux, d'une alliance flexible entre quelques judaïsmes modernes. Au cours de leur adaptation aux sociétés pluralistes et sécularisées de l'Occident, ces judaïsmes ont retenu une plus grande partie du mythe, des rituels et du mode de vie du judaïsme rabbinique, tel qu'il existait à l'aube de la modernité, que d'autres formes rivales de judaïsme contemporain. Certains groupes juifs orthodoxes plus « libéraux », en Amérique du Nord, ont choisi d'ajouter d'autres niveaux aux institutions décrites plus haut : une affiliation ou une association de synagogues ; une association formelle de rabbins. On a emprunté ces types d'organisation au modèle organisationnel du judaïsme réformiste nord-américain. Le caractère et la signification d'une telle structure deviendront apparents lorsque nous aborderons les judaïsmes non orthodoxes des XIXe et XXe siècles.

J'aimerais aussi rappeler que les Juifs adoptant le mode de vie orthodoxe représentent moins du quart des Juifs qui, en Amérique du Nord, s'identifient à une forme ou à une autre de judaïsme. En fait, ce pourcentage n'est pas plus élevé en Europe, ou en Israël. Les judaïsmes plus formellement structurés que sont les groupements conservateurs, réformistes et reconstructionistes représentent environ les trois quarts des Juifs d'affiliation religieuse ; ceux qui sont associés au mouvement conservateur forment à eux seuls près de la moitié du total. Comment ces autres formes du judaïsme ont-elles défini le rabbinisme et les exigences de l'halakah ?

LES JUDAÏSMES RÉFORMISTE, CONSERVATEUR ET RECONSTRUCTIONISTE

Dans le texte qui précède, nous avons signalé les répercussions sociales importantes qui découlent du fait de vivre selon l'halakah, telle que définie par le rabbinisme orthodoxe. Nous avons considéré les injonctions de l'halakah et des modèles culturels plus généraux qui déterminent, par exemple : ce qu'il est permis de faire le jour du sabbat et les jours de fête ; les lois alimentaires ; le dévouement du temps libre à l'étude de la Torah ; la prière quotidienne (commune, pour les hommes) ; les exigences de l'humilité sexuelle (*tzni'ut*), dans l'optique de laquelle la culture occidentale laïque semble déborder de représentations sexuelles explicites et stimulantes ; la ségrégation des sexes de façon plus générale. Tous ces éléments constituent des obstacles sérieux à une participation plus prononcée des juifs orthodoxes à la vie sociale et culturelle de la société occidentale en général.

En fait, le message implicite véhiculé par le style de vie selon l'halakah demande de classer les choses de ce monde, de bien délimiter les frontières entre ces choses, de contrôler les transgressions de ces frontières et de détester tout ce qui constitue un mélange des catégories. Ainsi, les animaux sont aptes à être consommés ou non, on tient éloignés la viande et les produits laitiers, les jours de fête sont bien distingués des autres jours, les hommes et les femmes sont tenus séparés sauf dans le contexte bien contrôlé du mariage rabbinique légitime, les études laïques sont bien distinguées des études de la Torah, et ainsi de suite. Tout cela engendre une dichotomie des plus généralisées : la communauté des gens fidèles à l'halakah (telle que définie par la communauté orthodoxe elle-même) est distincte et séparée des communautés qui ne sont pas fidèles à l'halakah, qu'elles soient juives ou non.

L'orthodoxie n'a fait qu'une seule concession évidente, importante et logique à cette tendance à maintenir et à estimer différemment les sphères d'existence. Il s'agit du monde économique. Pour survivre, la communauté se voit obligée de participer activement à la vie économique de la société en général. Les individus doivent obtenir une certaine expertise qui exige parfois de suivre des cours dans des établissements d'études supérieures non juifs. Aussi les dernières décennies ont-elles vu l'orthodoxie accepter la présence de femmes orthodoxes dans des milieux de travail séculiers, côtoyant des hommes et des non-juifs.

Depuis plus d'un siècle maintenant, la majorité des Juifs vivant dans des sociétés pluralistes, occidentales, « ouvertes » ou libérales ont accepté cette « offre de pleine participation » à la société. Ils ont lutté pour maximiser leur potentiel et les chances de participation, tout en conservant d'une certaine façon une identité juive (c'est-à-dire laïque) ou judaïque (c'est-à-dire religieuse). Le désir d'être acceptés pleinement par les non-Juifs avec qui ils cohabitent fait partie intégrante du désir de participer de façon optimale à la vie de la société en général. Les Juifs ont prétendu que la réduction des différences perçues entre eux et leurs concitoyens non juifs réduirait l'antisémitisme. (Les événements des 150 dernières années démontrent de façon tragique que cette supposition est beaucoup trop simpliste.)

Ainsi, la majorité des Juifs de l'ère moderne ont vu dans le caractère et le statut de l'halakah rabbinique traditionnelle, tels que définis à l'aube de la modernité, le plus grand obstacle à leur participation et à leur acceptation dans la société moderne occidentale. Ils ont, du même coup, reconnu que le mode de vie de l'halakah représentait la meilleure garantie de la survie de l'identité judaïque. Tous les groupes judaïques rabbiniques non orthodoxes du monde occidental contemporain ont donc tenté de redéfinir le statut et le caractère de l'halakah plutôt que de l'éliminer complètement. En outre, ces mouvements judaïques non orthodoxes ont eu à élaborer des idéologies religieuses alternatives, leur permettant de redéfinir librement l'halakah tout en la conservant comme catégorie.

Le judaïsme réformiste

Le judaïsme réformiste (ou libéral), originaire de l'Europe centrale du XIXe siècle, est celui qui s'est le plus radicalement distancié de l'orthodoxie. Il perçoit l'halakah, qu'elle provienne du Pentateuque ou des textes rabbiniques, comme étant une création humaine, une entité historiquement et culturellement définie. À ses yeux, l'halakah issue d'un temps et d'un lieu particuliers exprime simplement une tentative humaine de structurer la société juive, d'une part, et, d'autre part, de représenter les valeurs morales et les vérités religieuses judaïques fondamentales (le monothéisme et l'éthique qui est fondée sur ce concept). Ce sont ces dernières qui sont comprises comme étant l'essence éternelle, immuable et divinement révélée du judaïsme. Cette théologie et cette idéologie religieuse justifient des modifications radicales à l'halakah dans le judaïsme réformiste. En Europe et en Amérique, à la fin du XIXe siècle, le judaïsme réformiste avait : éliminé les lois alimentaires ; annulé un grand nombre des interdictions reliées au sabbat et aux jours de fête ; radicalement transformé le service de prière à la synagogue en éliminant presque tout l'hébreu, en réécrivant le contenu de la liturgie et en refaçonnant la liturgie sur le modèle des Églises protestantes. De fait, les rabbins réformistes ont redéfini leur rôle, se basant sur le modèle du clergé protestant. Ils ont également créé des séminaires théologiques pour la formation des rabbins selon un modèle protestant. Fondé à la fin du XIXe siècle, le Hebrew Union College, avec son campus principal à Cincinnati, dans l'Ohio, est le chef de file mondial de telles institutions réformistes. Les premiers membres de sa faculté, de même que plusieurs générations ultérieures de professeurs jusqu'à la fin de la Deuxième Guerre mondiale, provenaient de l'Europe centrale et y avaient reçu leur éducation.

De pair avec cette redéfinition radicale de la nature et du contenu de la révélation de Yahvé au peuple d'Israël, où l'on ne voit plus qu'une éthique monothéiste produisant des changements conséquents dans le statut de l'halakah, les réformistes ont aussi grandement modifié les notions rabbiniques traditionnelles de sanctification et de rédemption. Selon la vision particulière du judaïsme réformiste, le rôle du peuple d'Israël devait être celui de messager, pour transmettre aux nations le message révélé et universellement valable du « monothéisme éthique ». Le corollaire immédiat d'une telle conception s'est donc situé dans le rejet de cette halakah « particularisante », transitoire, historiquement et culturellement définie, comme moyen de sanctification ou de rédemption. En effet, on s'opposa de plus en plus aux concepts de sanctification et de rédemption qui exprimaient ou rehaussaient le statut particulier du peuple d'Israël, et qui en faisaient un peuple à part. Ainsi, les réformistes commencèrent à considérer le judaïsme comme une religion et les juifs, comme ceux qui adoptent cette religion. Ils rejetèrent graduellement la notion de « peuple juif » et les aspects nationalistes ethniques, caractéristiques du judaïsme rabbinique traditionnel. Toute idée de rédemption comprenant le rétablissement d'une nation juive dans un territoire national demeura anathème durant la première moitié du XXe siècle.

En Amérique du Nord, « siège » du judaïsme réformiste du monde occidental depuis le milieu du XXe siècle, le réformisme a été soutenu par trois institutions majeures. Celles-ci, d'une part, sont radicalement différentes des institutions décrites précédemment comme étant centrales au judaïsme rabbinique orthodoxe. D'autre part, elles servent de modèles aux mouvements tant conservateur que reconstructioniste. Ce sont : le Hebrew Union College (rebaptisé, plus récemment, le Hebrew Union College – The Jewish Institute of Religion) ; l'union des congrégations hébraïques (Union of American Hebrew Congregations) ; et l'union des rabbins réformistes (Central Conference of American Rabbis). Comme nous l'avons déjà dit, le rôle primordial de la première institution est la formation des rabbins réformistes qui, soit dit en passant, sont maintenant perçus comme poursuivant des carrières professionnelles ecclésiastiques dans le cadre des synagogues réformistes. La dernière institution fournit une structure organisationnelle qui permet aux rabbins réformistes de prendre des décisions communes faisant autorité (quoique non contraignantes) pour tous les rabbins réformistes membres de l'association. L'association est aussi devenue un genre d'association professionnelle, établissant les standards pour ses membres, leur imposant des règles au besoin et défendant leurs droits et leurs intérêts auprès des synagogues qui les emploient. Les synagogues qui désirent s'associer au judaïsme réformiste le font en se joignant à l'union des congrégations hébraïques. La direction de cet organisme n'est pas ecclésiastique. En fait, le regroupement fournit un contexte institutionnel qui permet aux représentants laïques d'élaborer des politiques et de prendre des décisions communes. Représentant les membres de toutes les synagogues réformistes associées, l'union des congrégations hébraïques (et non l'union des rabbins) est considérée comme la force et l'autorité dominantes du judaïsme réformiste nord-américain. Cet aspect du réformisme ressemble aussi à l'idéologie du protestantisme chrétien, surtout si l'on pense aux mouvements protestants nord-américains où l'autorité formelle est entre les mains des membres laïques et de la « communauté de croyants », plutôt que chez le clergé.

Le rejet des aspects nationalistes et particularistes du judaïsme a amené les réformistes à s'opposer fortement à toute forme de nationalisme juif et notamment au sionisme, ce mouvement politique du début du XIXe siècle qui luttait pour la création d'une patrie juive politiquement autonome. Ce rejet du sionisme par le réformisme, uni à son désaveu d'un lien entre les juifs ou le judaïsme et la notion de peuple, est devenu, depuis la Deuxième Guerre mondiale, de moins en moins acceptable pour la plupart des Juifs nord-américains. La vaste majorité de ceux-ci, au milieu du XXe siècle, étaient issus des familles d'immigrants de l'Europe de l'Est, et non des familles de l'Europe centrale qui avaient fondé et soutenu le judaïsme réformiste en Amérique. C'est ainsi qu'au milieu du XXe siècle les réformistes revinrent sur leur position originale en ce qui a trait à ces questions. Dans la même ligne de pensée, au cours des 20 ou 25 dernières années, le réformisme a revu sa position au sujet du rejet de l'halakah, de même qu'il a grandement modifié son office de prières communautaires en réintroduisant l'hébreu dans sa liturgie. En cette fin du XXe siècle, l'aile traditionnelle ou « révisionniste » du mouvement réformiste en Amérique du Nord tend à ressembler, de plus en plus, aux factions plus radicales (ou moins conservatrices) du judaïsme conservateur et du mouvement reconstructioniste.

Les judaïsmes conservateur et reconstructioniste, et le mouvement pour un judaïsme traditionnel

L'appui principal au judaïsme réformiste, d'abord en Europe centrale au milieu du XIXe siècle et ensuite en Amérique du Nord à la fin du XIXe et au début du XXe siècle, provenait de Juifs d'origine germano-autrichienne. Le réformisme devait être, à l'origine, une réponse au climat social, culturel et politique de l'Europe centrale du XIXe siècle. L'Europe de l'Est (particulièrement l'Empire russe des tsars), l'Afrique du Nord et le Moyen-Orient offraient cependant des environnements très différents de ceux de l'Europe centrale ou occidentale. Après la Révolution française, ces derniers milieux ont subi de rapides processus de démocratisation, inspirés par des idées et des mouvements libéraux, éclairés et républicains. Lorsque la société traditionnelle a commencé à s'effriter en Europe de l'Est, vers la fin du XIXe et le début du XXe siècle, les conditions sociales, politiques et économiques naissantes se sont révélées très différentes de celles qu'avaient connues les Juifs « émancipés » d'Europe centrale et occidentale, plus d'un demi-siècle auparavant. Les conditions régnant en Europe de l'Est – sans parler de l'Afrique du Nord et du Moyen-Orient –, en ce début de l'ère moderne, n'étaient pas propices aux espoirs de pleine participation et d'acceptation qui avaient présidé à l'émergence du réformisme judaïque. Au contraire, les Juifs d'Europe de l'Est vivant la désintégration de la société traditionnelle, à la fin du XIXe siècle, puis les Juifs de l'Afrique du Nord et du Moyen-Orient connaissant la même expérience, à la première moitié du XXe siècle, acquirent la conviction qu'ils devaient fuir, ce qu'ils firent en très grand nombre.

Les Juifs d'Europe de l'Est ont immigré en grand nombre en Amérique du Nord à la fin du XIXe et au premier quart du XXe siècle. Le réformisme judaïque en attira très peu, vu les perceptions du monde et les expériences sociales différentes des nouveaux immigrants. Ce n'est qu'une fois en Amérique du Nord que ces Juifs ont commencé à vivre le genre d'expériences qui avaient inspiré les réformistes d'Europe centrale au moins cinquante ans plus tôt. Tout en optant pour une « pleine » participation dans la société, la culture et l'économie nord-américaines, les Juifs d'Europe de l'Est n'ont pas cru souhaitable ou nécessaire de se départir entièrement du sentiment d'être un peuple distinct, en tant que minorité ethnique dans une société libérale, pluraliste et démocratique. (À cet égard, des parallèles ont été établis, dans certaines études sociologiques et historiques américaines, entre les Juifs, les Irlandais et d'autres minorités ethniques.) Ainsi, les Juifs nord-américains d'origine est-européenne n'en sont jamais venus à percevoir le judaïsme comme une religion sans tendances nationalistes, ethniques ou particularistes. Cependant, ils ont reconnu eux aussi que le mode de vie du rabbinisme traditionnel selon l'halakah ne permettait pas le genre ou la profondeur de participation désirée à l'économie et à la société nord-américaines. Plusieurs ont donc rejeté le judaïsme complètement, optant pour différents types d'identité juive « laïque », jumelés parfois au sionisme politique, au socialisme et au libéralisme. La majorité des Juifs ont continué à souscrire à une forme ou à une autre du judaïsme.

Le mouvement conservateur judaïque a pris forme en Amérique du Nord en réponse aux besoins des Juifs de descendance est-européenne, à la fin du XIXe et au début du XXe siècle, sous la direction intellectuelle et spirituelle de rabbins libéraux tels Sabbato Morais et Solomon Schechter. Il peut paraître ironique qu'une partie du soutien à l'établissement du judaïsme conservateur soit venu de partisans du judaïsme réformiste. Ceux-ci avaient compris que le réformisme n'attirerait pas un grand nombre d'immigrants juifs d'Europe de l'Est. Ils craignaient cependant que le caractère non occidental des Juifs est-européens et leur judaïsme traditionnel compromettent les progrès considérables qu'ils avaient faits vers une pleine acceptation dans la société nord-américaine.

L'approche du judaïsme conservateur à l'égard de l'halakah rabbinique fut remarquablement différente. Là où le réformisme voyait l'halakah comme étant « déterminée » par les conditions historiques, culturelles et sociales des Juifs de chaque ère, les conservateurs ont choisi de voir l'halakah comme la révélation de la volonté de Yahvé, continuellement renouvelée par l'intermédiaire du peuple d'Israël lorsqu'il fait face à de nouvelles conditions historiques et culturelles. Dans cette optique, l'halakah ne fut pas, comme le pense la position orthodoxe, révélée une fois pour toutes dans son entièreté, à Moïse au mont Sinaï, puis élargie et interprétée par les rabbins. Pour les conservateurs, Moïse et Sinaï sont des événements fondateurs à la suite desquels l'halakah a été développée par inspiration divine, s'exprimant à travers le peuple d'Israël dans l'histoire. Ainsi, la perception des Juifs à un moment historique précis, quant à la position appropriée de l'halakah pour la période en question, a été investie d'autorité divine. Puisque le consensus du peuple de chaque temps a le statut d'autorité divinement inspirée, les revendications consensuelles autoritaires des temps précédents doivent être prises au sérieux dans l'établissement du consensus présent. L'autorité divine a donc été investie dans un « Israël catholique », c'est-à-dire universel (Israël représente ici le peuple, et non l'État politique moderne). On appela « judaïsme historique » le judaïsme – basé sur l'halakah – émanant de ce processus. Dans cette perspective du judaïsme, la notion de peuple demeure centrale, de même que l'engagement à adapter graduellement l'halakah sans qu'il y ait de rupture radicale.

On peut comprendre que le judaïsme conservateur ait opté pour un type de pratique judaïque situé entre l'orthodoxie et le réformisme. Il est d'abord demeuré très près de l'orthodoxie, mais il a développé, au cours du XXe siècle, une position plus centrale. Le judaïsme conservateur a adopté très rapidement le modèle de prières communautaires des grandes et des moyennes synagogues desservies par un clergé professionnel. On pouvait reconnaître, dans l'organisation physique des sanctuaires de ses synagogues, le style réformiste calqué sur celui des hautes Églises protestantes. Le jour du sabbat et les jours de fête, les rabbins présentaient un sermon, en anglais, au cours de l'office de prières (tout comme les réformistes et les Églises protestantes). On a introduit des lectures en anglais dans ces offices spéciaux. On s'attendait également à un décorum et à un comportement de type réformiste ou protestant au cours des célébrations. Cependant, la plus grande partie de ces offices conserva la base, la teneur ainsi que la pleine ornementation orthodoxes. Pendant plusieurs décennies, la seule autre modification dans les synagogues conservatrices fut l'abolition de la ségrégation physique des femmes, afin de permettre aux participants de s'asseoir « par famille ». Ce n'est pourtant que depuis vingt ou vingt-cinq ans qu'on voit les femmes assumer un rôle plus important dans les prières communautaires publiques.

Durant la plus grande partie du XXe siècle, le judaïsme conservateur n'a pas relâché la rigidité des règles alimentaires de l'halakah ni les interdictions concernant le sabbat et les jours de fête. Les principales concessions se sont faites dans les domaines de la tenue vestimentaire, des contacts sociaux (en opposition aux contacts sexuels) entre les sexes et des contacts sociaux avec les non-juifs (autres que pour le mariage, et sujets aux règles alimentaires) ; dans ces domaines, le judaïsme conservateur a adopté une position libérale.

Le changement le plus radical et rapide dans le judaïsme conservateur a eu lieu au cours des vingt dernières années, à la suite d'un consensus grandissant chez les juifs conservateurs voulant que les femmes deviennent des participantes égales à part entière dans la prière communautaire et dans les autres aspects de la vie selon l'halakah. Plus récemment, après une décision semblable des réformistes, on a commencé à accepter les femmes dans les écoles rabbiniques du judaïsme conservateur et à leur permettre l'ordination comme rabbins. Ce changement a été si rapide et radical qu'une faction

« plus conservatrice » du judaïsme conservateur a entrepris un processus de scission du mouvement, afin de conserver la position qui avait cours avant 1975 environ.

Au point de vue organisationnel, le mouvement conservateur est une réplique parfaite du judaïsme réformiste. Au début du XXe siècle, on inaugura le Jewish Theological Seminary à New York, servant à la formation de rabbins conservateurs qui deviendraient, pour la plupart, le clergé professionnel des synagogues conservatrices. Suivant le modèle du rabbinat réformiste, les rabbins conservateurs se sont unis pour former la Rabbinical Assembly of America, et les congrégations conservatrices se sont associées sous la bannière de la United Synagogue of America. En dépit de certaines différences, les rôles et les pouvoirs respectifs de ces organismes sont analogues à ceux de leurs contreparties réformistes.

Tout comme le nouveau mouvement traditionaliste que l'on voit poindre, en ce moment, au sein du judaïsme conservateur, le judaïsme reconstructioniste s'est détaché un peu plus tôt du judaïsme conservateur. Toutefois, il l'a fait pour des mobiles totalement opposés. Jusqu'à 1975 environ, tout changement au judaïsme conservateur avait été lent à advenir et plutôt insignifiant. Depuis la fin des années 1920 et 1930 il existait, au sein du mouvement, une faction rabbinique et congrégationaliste qui œuvrait pour des changements plus rapides et prononcés (quoiqu'en grande partie dans les limites de l'idéologie conservatrice). Le groupe s'est formé autour du Rabbin Mordecai Kaplan et a pris le nom de « reconstructioniste ». Jusqu'à la décennie de 1960, les reconstructionistes ont tenté de demeurer officiellement au sein du mouvement conservateur qui essaya, en retour, de les satisfaire. Cependant, les divergences croissantes entre les deux groupes ont amené les reconstructionistes à briser les liens et à former leur propre mouvement indépendant, toujours structuré sur le modèle organisationnel des conservateurs et des réformistes. Ils mirent sur pied un séminaire théologique reconstructioniste, une association de synagogues et un regroupement de rabbins reconstructionistes. On remarque que les reconstructionistes implantèrent, au cours des années 1930 à 1960, le même genre de changements que les conservateurs ont institués de 1975 jusqu'à maintenant.

UN RETOUR DU PASSÉ : DEUX PÉRIODES FORMATRICES

Ayant examiné en détail les judaïsmes qui existent aujourd'hui, il nous sera plus facile de comprendre les formes de judaïsme qui, au cours de l'histoire, leur ont donné naissance. Nous avons abordé, dès le départ, deux formes anciennes de judaïsme qui ont connu un succès extraordinaire au sens historique et sociologique : au cours des ans, elles ont acquis le soutien de la vaste majorité des juifs. La première est le judaïsme biblique que l'on retrace dans la Bible juive, et plus particulièrement dans le Pentateuque, que j'ai associé au « parti » Esdras-Néhémie. Rappelons que Néhémie et Esdras étaient deux gouverneurs juifs de Jérusalem, au début de la domination perse de cette région. La seconde est le judaïsme rabbinique évoluant en Terre d'Israël et en Babylonie perse, sur une période de 500 à 800 ans suivant la destruction, en l'an 70, de Jérusalem et de ses institutions religieuses et gouvernementales.

On peut évidemment expliquer autrement le déroulement de ce processus. Les deux groupes mentionnés précédemment ont atteint une position de pouvoir et d'autorité suffisante pour pouvoir définir leur rivaux comme n'étant plus juifs ou membres de l'alliance entre Yahvé et Israël. Le résultat fut la disparition éventuelle de la majorité de ces groupes. Quelques-uns ont survécu tout de même. On retrouve entre autres le samaritanisme, apparu dans un territoire entre la Judée et la Galilée entre les Ve et IIIe siècles avant notre ère, le christianisme du premier siècle de notre ère ainsi que le karaïsme présent au Moyen-Orient du VIIe au Xe siècle de l'ère chrétienne. De ces trois groupes, seul le christianisme s'est classé parmi les plus grandes religions du monde.

Le judaïsme du Pentateuque des Ve et IVe siècles avant notre ère

Lors de l'apparition, au dernier tiers du Ve siècle avant notre ère, de l'Empire perse comme principale puissance au Moyen-Orient, on retrouvait depuis déjà un millénaire ou plus des clans et des tribus israélites le long des rives du Jourdain. Ils étaient principalement établis du côté ouest, de la source du Jourdain jusqu'à l'extrémité sud de la mer Morte. Durant la première moitié de cette période, ils ont partagé le territoire avec d'autres groupes, tels les Hivites, les Jébusites, les Hittites et les Cananéens. Plusieurs de ces peuples étaient de culture sémite, parlaient une langue découlant de l'ancien hébreu et possédaient des lois et des coutumes semblables en bien des points à celles des anciens Israélites. Sous d'autres aspects, les anciens Israélites avaient une culture semblable à celle des peuples seminomades vivant en bordure de ce territoire, au sud et à l'est.

On retrouve l'histoire de l'établissement des Israélites en « Terre de Canaan » dans les livres suivants de la Bible juive : Josué, Juges, Samuel I et II, Rois I et II ainsi que Chroniques I et II. Cependant, la narration reflète la perspective des gens vivant à la fin du millénaire. En outre, ceux-ci soutiennent une position religieuse, sociale et politique qui est identique ou analogue à celle du parti Esdras-Néhémie. Ainsi, la reconstruction d'un portrait fidèle de la religion, de la société et de la culture des Israélites avant le Ve siècle avant notre ère est difficile, et elle le devient d'autant plus que l'on s'éloigne dans le temps.

Il est pourtant évident que cette vision de la société et de la religion, qui est proposée par ceux qui ont « réussi », n'a été ni universellement, ni même peut-être majoritairement partagée par les peuples israélites qui existaient avant la période de Néhémie et d'Esdras. Cette façon de voir comprenait plusieurs éléments fondamentaux :

- Yahvé n'était pas seulement le dieu principal et national des Israélites, mais il devait être adoré comme l'**unique** Dieu ;
- Yahvé n'avait révélé sa loi à aucun autre prophète qu'à Moïse (qui aurait vécu près de mille ans auparavant) ; tous les autres prophètes avaient pour rôle d'exhorter le peuple à l'observance des « enseignements » de Moïse (Torah) ;
- pour le parti Esdras-Néhémie, le service sacrificiel à Yahvé ne pouvait avoir lieu ailleurs qu'au sanctuaire du Temple de Jérusalem ;
- les articles utilisés dans le culte à Yahvé ne devaient avoir aucun lien avec ceux qui étaient utilisés pour le culte de tout autre dieu ;
- les membres du peuple d'Israël ne pouvaient pas épouser quelqu'un qui s'adonnait au culte d'un autre dieu ;
- les rites sacrificiels ne pouvaient être accomplis que par les prêtres, descendants d'Aaron, assistés de Lévites, descendants de Lévi (un des fils de Jacob, appelé aussi Israël) ;
- tout contact avec les morts ou leur sépulture rendait les gens et les choses malpropres et impurs ; le Temple et les rites sacrificiels à Yahvé devaient être protégés de toute forme de saleté ou d'impureté.

Pour qui connaît le moindrement la religion de la Bible juive en général et du Pentateuque en particulier, ce qui précède n'apparaît nullement révolutionnaire. Pourtant, une analyse plus poussée des données historiques, jusqu'aux informations contenues dans la Bible, démontre que cette religion se distinguait grandement de la pratique et des perceptions de la réalité partagées par un grand nombre d'Israélites. Plusieurs, peut-être même la majorité des Israélites durant cette période de presque mille ans, se percevaient comme appartenant à une coalition flexible de clans et de tribus qui possédaient chacun leur propre centre avec leur leadership social et religieux. Ces clans s'unissaient contre des menaces communes, mais la norme voulait que chaque clan ait une identité particulière et que l'organisation sociale (y compris l'organisation religieuse) soit basée sur le territoire du clan. De plus, les clans israélites pouvaient, à l'occasion et pour des motifs variés, s'allier à leurs voisins non israélites. Ces échanges et ces « partages » sociaux, culturels et religieux exprimaient probablement des alliances entre les tribus.

Il est possible de voir dans cette situation la raison pour laquelle, environ un demi-millénaire avant Esdras et Néhémie, la tentative de réunir sous un même monarque tous les peuples israélites et d'enlever le contrôle du territoire aux non-Israélites n'a connu qu'un succès très mitigé. Le premier roi rencontré dans la Bible, le roi Saül, n'a réussi que très modestement. Le roi David, qui fonda une nouvelle dynastie, et son fils, le roi Salomon, eurent un succès remarquable. Par la suite et jusqu'à la période d'Esdras et de Néhémie, cette unité a toujours été abstraite, puisqu'elle n'était fondée sur aucune forme traditionnelle d'organisation sociale ou religieuse. Les systèmes sociaux, culturels et religieux basés sur le clan étaient peut-être trop puissants, ou trop chargés d'autorité, aux yeux de la plupart des Israélites. Ainsi, on a vu subsister de façon plutôt pénible, au cours des siècles après Salomon, non pas un seul, mais bien deux royaumes dont l'unité intrinsèque était très faible. Au nord, le royaume d'Israël est tombé aux mains des Assyriens, au VIIIe siècle avant notre ère. Au sud, le royaume de Judée (avec Jérusalem en son centre, où David avait établi sa capitale et où Salomon avait construit son temple royal) survécut jusqu'à ce qu'il tombe aux mains de l'Empire babylonien, au début du VIe siècle de notre ère.

À la suite des bouleversements sociaux et politiques en Judée après la conquête babylonienne, il se peut qu'Esdras, Néhémie et leurs partisans, aidés des Perses (nouveaux maîtres de la région), aient réussi à accomplir ce que d'autres avaient tenté en vain pendant des siècles. Ils le firent grâce à la révolution sociale, culturelle et religieuse exprimée dans le Pentateuque et présentée comme étant **la** Torah de Moïse. Ainsi, leur mythe fondateur veut que l'autorité de leur système ait précédé dans le temps non seulement l'établissement des Israélites dans « la Terre », mais aussi les rois, de même que tous les prophètes sauf Moïse, « l'homme de Dieu », le « serviteur » de Yahvé. Selon cette version du mythe israélite, Yahvé aurait révélé **la** Torah à Moïse immédiatement après la fuite d'Égypte, avant l'établissement des Israélites en Terre de Canaan. Le Pentateuque, cette Torah du groupe qui désignait Esdras et Néhémie comme fondateurs de la « restauration », est un mélange complexe de narration et de loi. Il positionne fermement la loi de Yahvé au sein de la vie de Moïse et termine la narration avec la mort de ce dernier. L'histoire racontée dans le Pentateuque ne s'étend pas jusqu'au moment où Yahvé installe chaque clan israélite sur son territoire particulier, comme le faisaient les versions plus anciennes du mythe. De plus, ces versions anciennes du mythe fondateur tendent à ignorer complètement l'événement du mont Sinaï. Pourtant, cet événement est au centre de la narration du Pentateuque (dans l'Exode). Selon le Pentateuque, c'est au Sinaï que Yahvé renouvela son alliance avec Abraham et sa descendance et qu'il révéla la totalité de sa loi à Moïse. Le point de vue exprimé par le Pentateuque a donc servi à miner la légitimité de tout système social, culturel et religieux qui eût pu représenter la norme pendant une grande partie de ce millénaire de colonisation de la rive du Jourdain.

La vision sociale et religieuse caractéristique du Pentateuque ne fut pas pour autant créée du néant. À qui aurait-elle semblé authentique et légitime, si elle avait été nouvelle ? Elle représentait une sélection et un tri attentifs des concepts israélites religieux et sociaux qui l'avaient précédée de façon immédiate. Il y avait toutefois un monde de différence entre la nouvelle configuration et l'ancienne. On retrouvait dorénavant : une nation, ne comportant plus de clans ni de mariage hors du peuple ; un centre, Jérusalem et son Temple reconstruit, sans plus de centres régionaux ou de clans qui eussent possédé leurs lieux de sépulture et leurs autels ; un seul dieu adoré, Yahvé, sans plus aucune alliance entre les dieux. Les groupes israélites qui étaient en désaccord avec l'un ou l'autre de ces principes n'étaient plus considérés comme israélites ni comme membres de l'alliance, en dépit de leurs revendications.

Ces initiatives sociales et religieuses ont connu une certaine popularité à Jérusalem d'abord, pour ensuite se propager à la contrée judéenne. Au cours des siècles suivants, ces concepts ont été acceptés graduellement par presque tous les gens qui se considéraient comme appartenant au peuple d'Israël. Les documents de ce groupe associé à Esdras et Néhémie, en particulier le Pentateuque (la « Torah de Moïse »), devinrent la charte sacrée de la société et de la religion israélites. Bien que cet ordre social et religieux inspiré du Pentateuque ait dû faire face à de nombreuses contestations, en particulier à l'attaque de la culture hellénistique et au départ de ses partisans perses, il a su s'adapter aux nouvelles réalités sociales, culturelles et politiques des mondes hellénistique et romain. Il prévalait chez les Juifs, qui voyaient dans leur religion et leur culture ce qui était considéré par d'autres comme les meilleurs éléments de la société, de la culture et de la philosophie hellénistiques.

Le plus grand défi lancé au système du Pentateuque fut sans doute son propre succès sur le plan géographique. Aux IIe et Ier siècles avant notre ère, des Juifs fidèles aux enseignements et aux lois du Pentateuque s'étaient propagés à travers le bassin méditerranéen et le Moyen-Orient. Comment pouvaient-ils pratiquer leur culte dans un système qui exigeait que tout sacrifice à Yahvé soit fait au Temple de Jérusalem ? Il n'existait plus d'autre forme de culte à Yahvé qui eût été formellement reconnue. Les sources expliquant l'évolution des formes alternatives du culte, qui visaient à pallier cette difficulté, sont plutôt limitées. On sait que, dès le Ier siècle de notre ère, un système « lourd » de « judaïsmes distants du Temple » s'était développé. Ce « judaïsme à distance » comportait alors : le rassemblement pour différentes sortes de prières en commun ; le maintien des restrictions alimentaires ; la lecture publique des livres bibliques de la Torah et des Prophètes. Nous savons aussi que d'autres « Saintes Écritures » étaient lues et vénérées pour leurs qualités édifiantes, même si elles n'avaient pas le statut et l'autorité de la Torah ou des livres prophétiques. Certaines de ces « Saintes Écritures » avaient été produites par des gens de la Terre d'Israël, près du culte du Temple, tandis que d'autres provenaient de lieux éloignés de Jérusalem. C'est à cette période que la littérature sacrée des Juifs (qui deviendrait éventuellement la Bible) a été divisée en trois parties principales : le Pentateuque (la « Torah de Moïse ») ; les Prophètes (incluant aussi les livres « historiques » de Juges à Rois II) ; et, enfin, une troisième collection encore « ouverte » à cette période, les « Saintes Écritures » (ayant le caractère le moins sacré et autoritaire des trois). Nous savons aussi que les Juifs vivant éloignés de Jérusalem ne travaillaient ni le jour du sabbat ni les jours de fête et qu'ils jeûnaient en certaines occasions, comme le Jour d'Expiation.

Il nous est également parvenu quelques renseignements au sujet des formes organisationnelles établies par ces Juifs qui étaient « dispersés » au-delà de l'administration formelle de Jérusalem, de son temple et de son culte. Ils s'étaient officiellement organisés en communautés. Leurs synagogues, en plus d'être des lieux de rencontre pour les prières communautaires, faisaient partie d'un système paroissial d'administration communale. Ces paroisses-synagogues étaient régies par un conseil ou un sénat, un président, un archesynagogue (directeur de la synagogue) et un gérousiarque (directeur du conseil). Dans certaines villes abritant plusieurs Juifs et leurs synagogues, on pouvait retrouver un conseil ou un sénat urbain avec son directeur. Dans ses domaines de l'est de la Méditerranée, Rome permettait souvent ce genre d'autonomie ethnique limitée. La contribution financière au Temple de Jérusalem ainsi que le pèlerinage à Jérusalem pour ceux qui en avaient les moyens étaient des éléments importants de la vie de ces Juifs.

La majorité des sources présentant le détail de ces systèmes sociaux, culturels et religieux ne nous est pas parvenue. Ces systèmes étaient assurément inspirés du Pentateuque, mais il nous est impossible de parler de judaïsme biblique ou de judaïsme entièrement fidèle au Pentateuque dans ce cas, à cause des facteurs géographiques.

Le judaïsme « dans le Temple » à Jérusalem a bel et bien été établi par le judaïsme du Pentateuque, tel qu'il a été interprété par la caste sacerdotale du Temple à compter des Ve et IVe siècles avant notre ère. Ainsi que je l'ai noté, le judaïsme « à distance » a dû affronter et surmonter de sérieux obstacles. Toutefois, les Juifs de la Judée et de la région voisine, la Galilée, ont eu à affronter une situation plus ambiguë encore. Ils se trouvaient officiellement sous l'autorité gouvernementale et administrative du Temple de Jérusalem, dans la mesure où cette autorité a été reconnue par les puissances impériales qui ont successivement régné sur cette région. Par contre, ils n'étaient pas des participants *quotidiens* au judaïsme de ce temple ; pour eux, ce n'était pas possible. De plus, il ne faut pas négliger le fait qu'il existait, au Temple de Jérusalem – siège de l'autogestion (limitée) des Juifs en Terre d'Israël –, des manœuvres politiques partisanes, des désaccords, de même que des partis d'opposition plus ou moins loyaux. Nous pouvons ajouter, à la recension de nos sources, Josèphe (un « historien » et apologiste juif écrivant au dernier quart du Ier siècle de notre ère), les écrits du Nouveau Testament chrétien (à peu près de la même période) ainsi que les Manuscrits de la mer Morte (découverts en 1947, datés du IIe siècle avant notre ère au Ier siècle de l'ère chrétienne). Ces sources complètent l'éventail des positions sociales et religieuses adoptées par les judaïsmes en Terre d'Israël, à l'époque de la fin des activités du Temple et de ses institutions.

Plusieurs de ces partis et de ces mouvements semblent avoir transposé certains éléments du système du Temple à des aspects de la vie hors du Temple, leur donnant le statut d'actes sacrés « puissants », analogues aux sacrifices du Temple accomplis dans l'état de propreté ou de pureté prescrit. Bien entendu, le sacrifice à l'extérieur du Temple n'était pas possible pour les Juifs fidèles au Pentateuque. Cependant, certains groupes comme la communauté de la mer Morte, les pharisiens et peut-être aussi les premiers chrétiens (juifs) de la Terre d'Israël commencèrent à considérer les repas pris en commun comme un équivalent des sacrifices pratiqués sur l'autel de Yahvé dans le Temple. Les pharisiens et la communauté de la mer Morte ont exigé que l'on se présente à ces repas en état de pureté – cette exigence n'est peut-être pas comparable au niveau de purification qui était requis des gens, de l'autel et du sanctuaire au Temple même, mais elle leur permettait néanmoins de donner à ces repas communs une fonction semblable à celle des sacrifices publics à Yahvé qui avaient cours dans le Temple.

Ces judaïsmes (toujours inspirés du Pentateuque) « à distance » et « rapprochés, mais non pas à l'intérieur » du Temple étaient fermement en place avant que Jérusalem et son Temple soient détruits par les Romains en l'an 70 de notre ère. Depuis cet événement, le culte du Temple et des sacrifices, tel qu'il est prescrit par le Pentateuque, n'a plus été pratiqué. La disparition du système du Temple a laissé vacante la position d'autorité en Terre d'Israël ; s'il est évident que cette disparition a été choquante pour les Juifs demeurant loin de « la patrie », il est difficile de croire que l'événement ait pu avoir un effet dramatique sur leur vie. À la suite de ce qui a été dit, il va de soi que plusieurs concurrents ont voulu récupérer le pouvoir et l'autorité du Temple, ainsi que son type de judaïsme. Au cours des cinq à huit siècles suivants, le rabbinisme devint le genre dominant de judaïsme et il le demeura jusqu'à l'ère moderne.

L'évolution du rabbinisme

Le rabbinisme s'est d'abord développé dans la partie ouest de la Judée, après les événements de l'an 70. Après une seconde guerre dévastatrice entre les Juifs et les Romains, vers l'an 135 (la révolte Bar Kockba), le mouvement rabbinique naissant poussa vers le nord jusqu'en basse Galilée. C'est là, à la fin du IIe siècle et au début du IIIe siècle, qu'il semble avoir acquis une structure organisationnelle clairement institutionnalisée. C'est là qu'il a réclamé et obtenu peu à peu un statut d'autorité chez les Juifs galiléens, tout en bénéficiant de l'approbation tacite ou explicite des autorités romaines. On appelle cette autorité le « patriarchat » rabbinique, et un de ses premiers « patriarches » ou « princes » illustres fut Rabbin Judah le Prince (ou patriarche). Le patriarche semble avoir été appuyé par un juge en chef et un conseil législatif de « maîtres » (rabbins) de la loi. Les rabbins ont nommé ce conseil « sanhédrin », d'après le juge en chef et le corps législatif principal de l'administration du Temple. Les « maîtres » les plus illustres fondèrent des « écoles », appelées *Bet Midrash*, et formèrent des « disciples » qui leur succéderaient éventuellement dans la gestion du patriarchat. Il ne faudrait pas comparer ces premières écoles à des collèges ou à des universités. Une « école » était alors constituée principalement du « maître » et de ses disciples, tout comme c'était le cas dans le modèle gréco-hellénistique pour l'éducation des enfants de la classe dominante.

Tolérée par les Romains, l'autorité du patriarchat et des rabbins augmenta et se répandit, en Terre d'Israël, jusqu'au premier quart du Ve siècle. Après cette période, le gouvernement impérial romain (devenu chrétien) a démantelé systématiquement les institutions administratives rabbiniques.

Au cours du IIIe siècle, certains rabbins avaient émigré en Babylonie perse, où une importante population juive existait depuis longtemps. Dès le départ, les Perses ont accordé aux Juifs de leur empire le droit de créer leur propre gouvernement semi-autonome. Celui-ci était, au IIIe siècle, dominé par un « exilarche » (en araméen *Resh Galuta*, le « chef ou dirigeant des Juifs en exil »). L'exilarchat était devenu dynastique ; la famille de l'exilarche se réclamait de la descendance du roi David et de la lignée des rois davidiques. Les maîtres rabbiniques servaient dans l'administration de l'exilarche, tout comme ils l'avaient fait dans celle du patriarche en Occident. En Babylonie perse, il était également courant de former des disciples pour succéder aux « maîtres » du gouvernement de l'exilarche. Il est probable qu'au VIe siècle, en Babylonie perse, la structure organisationnelle de l'éducation rabbinique ait changé radicalement. On créa, pour la formation des générations ultérieures de rabbins, de grandes académies comportant une « faculté » et un dirigeant (*rosh yeshiva*) qui portait le titre honorifique de *Gaon* (« excellence »). Ces académies, nommées *yeshivot* (pluriel de *yeshiva*), étaient des institutions plus « permanentes » que les *Batei Midrash* de la Terre d'Israël. Vers la fin de l'Empire romain d'Orient, on avait connu chez les non-Juifs l'émergence de ce genre de grandes institutions académiques pour l'enseignement de la philosophie (y compris la science) et de la médecine. Quand, au VIe siècle, les empereurs devenus chrétiens procédèrent à l'élimination systématique des institutions « païennes », les monarques perses lancèrent des invitations aux réfugiés. L'ascension des *yeshivot* rabbiniques va de pair avec un autre événement au sein de l'Empire perse lui-même, qui a opéré une réorganisation du gouvernement selon le modèle romain-byzantin. Une des victimes de cette réorganisation fut le gouvernement « ethnique » semi-autonome de l'exilarchat, dont l'élimination a laissé les rabbins sans plus aucune base institutionnelle solide. Les *yeshivot* sont venues combler ce vide.

Alors que le patriarchat rabbinique s'estompait en Terre d'Israël au Ve siècle, le rabbinisme babylonien – sauf la réforme gouvernementale – a été préservé en Orient perse jusqu'à l'apparition d'un phénomène qui a été à la fois socialement traumatisant et fructueux pour les rabbins. Cet événement, c'est l'ascension de l'islam et la conquête islamique du Moyen-Orient au VIIe siècle. Les autorités islamiques réinstallèrent l'exilarchat, lui accordant un pouvoir plus théorique que réel. Dans la lutte pour la suprématie entre les chefs des académies et la famille de l'exilarche, dont les autorités islamiques furent ultimement les arbitres, les chefs des académies rabbiniques ont finalement atteint un plus grand pouvoir et une plus grande autorité dans les régions islamiques. L'autorité des académies rabbiniques babyloniennes et de leurs dirigeants a donc grandi avec la puissance islamique. Lorsque cette dernière en vint à annexer, au cours des siècles suivants, presque toutes les terres méditerranéennes, le pouvoir des « académiciens » s'est étendu à toutes les communautés juives du même territoire. Ultimement, vers la fin du premier millénaire, l'autorité et le pouvoir rabbiniques (selon le modèle rabbinique babylonien) étaient fermement ancrés en terre chrétienne également : en Italie, en France méridionale et orientale, en Europe centrale et occidentale et, enfin, en Espagne chrétienne (lorsque les chrétiens reprirent certaines parties de l'Espagne des mains des musulmans). Plusieurs siècles plus tard, les Juifs et leur rabbinisme atteignirent l'Europe de l'Est. Aux XIe et XIIe siècles, les maîtres rabbiniques établis à l'ouest de la Babylonie étaient considérés comme égaux ou supérieurs aux rabbins babyloniens sur le plan des connaissances et, par voie de conséquence, sur le plan de l'autorité.

Nous ne savons pas de quelle manière les communautés juives et la vie judaïque se sont organisées en Occident, pendant les siècles qui ont suivi le déclin de la partie occidentale de l'Empire romain et précédé l'arrivée du rabbinisme avec l'autorité rabbinique, sur les traces de l'expansion islamique vers l'ouest. On peut croire qu'une certaine forme d'organisation, en quelque sorte une version diluée du système qui avait été populaire pendant la période romaine, a continué d'exister. En d'autres mots, les synagogues formaient le noyau de l'organisation communale, et les conseils de synagogue ou de communauté (formés en réalité des représentants des familles « aristocratiques » juives) déterminaient les pratiques et les politiques dans les sphères qui n'étaient pas récupérées par les autorités locales non juives. Avec l'arrivée de l'islam et, par conséquent, des autorités rabbiniques babyloniennes en Occident, des émissaires rabbiniques des académies babyloniennes furent envoyés dans ces communautés afin d'y installer des cours selon la loi rabbinique. Souvent, cela impliquait que le rabbin-émissaire babylonien formât des rabbins locaux pour siéger à la cour. L'académie rabbinique est une autre institution qui a migré vers l'ouest, mais pendant plusieurs siècles on n'y connut aucune *yeshiva* qui fût comparable aux deux principales académies babyloniennes.

Il reste encore à examiner le type de judaïsme qui a été forgé par le rabbinisme de cette époque. Dans sa période préliminaire d'institutionnalisation, à la fin du IIe siècle, en alliance avec le patriarchat de Rabbin Judah le Prince, le rabbinisme avait produit deux œuvres qu'il considérait comme faisant autorité. L'une de ces œuvres était la version de la Bible judaïque que j'ai appelée Bible juive. Le rabbinisme acceptait alors, comme il se devait, le Pentateuque et les Prophètes « tels quels » ; presque tous les juifs de cette période reconnaissaient ces deux collections comme des écritures sacrées et « fermées » à tout ajout. Cependant, nous savons que les rabbins sélectionnaient leur propre liste de documents à inclure parmi les « Saintes Écritures » (la troisième subdivision de la Bible), rejetant ainsi plusieurs documents que d'autres juifs de cette époque incluaient dans les « Saintes Écritures ». Ils rejetaient tout document qui, selon eux, avait été écrit après la période d'Esdras et Néhémie. En effet, les activités partisanes de ces derniers étaient perçues comme réalisant parfaitement le genre de société judaïque, centrée sur le Temple, recommandée dans la Torah de Moïse.

L'autre document produit par le rabbinisme à la fin du IIe siècle est la Mishnah (« ce qui est répété » et ainsi « appris »). La Mishnah, comportant soixante-cinq tracts classés par sujets en six sections principales, est une étude légale (sans posséder le style littéraire d'un code de loi). Deux choses singulières se remarquent à propos du contenu de la Mishnah.

- La Mishnah traite des affaires légales d'une société judaïque au centre de laquelle on retrouve toujours la religion, la juridiction et la législature du Temple dominé par le clergé, détruit plus de 130 années auparavant. Bien que quelques rares parties de la Mishnah analysent des questions légales se rapportant aux synagogues et à la prière, elle se préoccupe essentiellement d'un monde construit autour du Temple et non sans lui. Après tout, les synagogues et le culte non sacrificiel existaient côte à côte avec le Temple avant la destruction de celui-ci.
- Même si elle est évidemment dépendante de la loi du Pentateuque, la Mishnah ne reconnaît que rarement cette dépendance en le citant ou en s'y référant. De façon implicite, la Mishnah s'investit d'une certaine autorité autonome dans ses analyses légales. Ainsi, tout en

conservant sa cohérence et sa complémentarité par rapport au Pentateuque, l'autorité de la Mishnah n'en est pas simplement dérivée ou dépendante.

Le deuxième point prend encore plus d'importance lorsqu'on considère qu'à compter du début du IIIe siècle et pour les 250 années suivantes la maîtrise et l'analyse de la Mishnah furent, d'abord et avant tout, ce qui transformait le disciple rabbinique en un maître. C'est au cours de cette période de 250 ans que le rabbinisme a commencé à adopter l'idée de la Torah « orale » et « écrite », mentionnée plus tôt dans ce chapitre. La Mishnah fut identifiée comme la principale expression écrite de la Torah orale.

C'est donc l'étude et l'analyse du monde idéal de la Mishnah, centré autour du Temple, qui faisaient un rabbin. Du même coup, ces rabbins occupaient des positions dans l'administration du patriarchat de « ce » monde judaïque (sans temple), dans la partie septentrionale de la Terre d'Israël sous la domination romaine. Ainsi, ils semblaient gérer le « vrai », mais au sein de leur guilde professionnelle leur autorité provenait de l'étude de l'idéal. Cette conception des choses semble parfaitement cohérente avec leur définition de la Bible juive telle qu'elle est présentée plus haut : les rabbins voyaient la période d'Esdras et de Néhémie comme la première, depuis Moïse, à réaliser le plan du Pentateuque pour la société judaïque et le culte de Yahvé. En fait, on devenait « maître » par l'étude et l'analyse du monde judaïque idéal dont le plan fut révélé par Dieu à Moïse dans la Torah écrite et orale (pour ces premiers rabbins, le Pentateuque et la Mishnah). Par cette activité, ils imitaient Moïse lui-même et reproduisaient d'une certaine façon la relation de Moïse avec son « maître », Yahvé. Dans cette optique, l'étude était l'acte le plus sacré, supérieur même à la prière pour l'obéissance et l'adoration divines.

Au cours de cette association active d'environ 250 ans entre la guilde rabbinique et le patriarcat, les rabbins produisirent d'autres documents, mais aucun d'eux n'a eu l'importance de la Mishnah et de son étude. Certains de ces documents traitaient du contenu narratif du Pentateuque et d'autres parties de la collection biblique. Ils tiraient des leçons de vie des histoires bibliques. Ainsi, les narrations d'un passé sacré fournissaient des modèles pour le présent, et le présent était rendu compréhensible par le passé sacré. Cette littérature était le *Midrash Aggadah* (« chercher [le sens dans] l'histoire » de la littérature biblique). Une littérature parallèle tentait de réconcilier la loi de la Mishnah et la loi biblique, en démontrant que la première était implicitement incluse dans la seconde ou qu'elle en était issue. Ces documents étaient nommés *Midrash Halakah* (« scruter selon l'halakah» la littérature biblique). Enfin, vers la fin de cette période de 250 ans, le mouvement rabbinique produisit le *Talmud* («l'enseignement») de la Terre d'Israël (ou Talmud de Jérusalem, même s'il ne fut pas produit là). Le Talmud était un compendium approfondi visant à commenter, augmenter et accompagner de nombreux tracts de la Mishnah.

Le rabbinisme babylonien considérait lui aussi l'étude et la maîtrise de la Mishnah comme la principale caractéristique du rabbin. En plus de sa propre version de *Midrash Aggadah*, un genre littéraire qui continua d'être produit jusqu'au second millénaire de l'ère chrétienne, le rabbinisme babylonien produisit un Talmud de Babylonie vers le milieu du VIe siècle. C'était environ au moment de la réorganisation gouvernementale perse (vers la fin du règne perse en Babylonie), qui provoqua le déclin du pouvoir et de la juridiction de l'exilarche, de même que le développement de grandes *yeshivot*. Le Talmud de Babylonie et celui de la Terre d'Israël se ressemblaient en bien des points ; en outre, ils partageaient plusieurs sources littéraires. Mais ces documents avaient aussi des divergences très marquées. Si le Talmud babylonien, comme son pendant israélien, était structuré pour élucider, complémenter et augmenter la Mishnah, il assumait aussi un autre rôle plus étendu. Il prônait l'analyse et la critique (des sources rabbiniques sacrées, bien entendu) pour elles-mêmes, comme signes distinctifs de la maîtrise rabbinique. Le Talmud babylonien devint le premier document à déclasser la Mishnah comme objet principal d'étude dans la guilde rabbinique des maîtres, et il se fit ainsi l'objet premier d'étude dans les grandes *yeshivot*.

Vu la nature plutôt «théorique» de la littérature rabbinique légale de cette période formatrice du rabbinisme, et puisque la Mishnah était si préoccupée par un monde «idéal» centré sur le Temple, il n'est pas facile de reconstruire un portrait du développement de l'halakah rabbinique et de son implantation dans les communautés de cette époque. Il est pourtant évident qu'entre les VIIe et Xe siècles de notre ère le système d'halakah, décrit plus tôt dans notre discussion du judaïsme orthodoxe, était déjà très bien défini. De plus, au cours de ces quelque trois cents années correspondant aux trois premiers siècles de l'islam, presque tous les rivaux du judaïsme rabbinique ont choisi de se joindre au rabbinisme ou bien de quitter la sphère judaïque pour fusionner avec d'autres religions (surtout l'islam). Le karaïsme, mentionné plus tôt, fut l'exception qui confirme la règle.

La religion et la culture du peuple d'Israël (que nous appelons maintenant les Juifs) ont toujours fait partie d'un système culturel plus vaste : la culture sémite du nord-ouest ; la culture des peuples nomades habitant en bordure du croissant fertile ; la culture cananéenne ; perse ; hellénistique ; romaine ; islamique ; chrétienne européenne. L'appartenance à un plus grand cercle culturel implique un échange participatif complexe. Cela s'applique aussi au rabbinisme, qui prit forme d'abord sous l'Empire romain, évolua en Babylonie perse et migra avec l'islam, pour se retrouver ultimement en Europe chrétienne. Il est impossible ici de présenter un portrait plus complet du rabbinisme et de son développement culturel et religieux en terres islamiques ou chrétiennes. Une telle discussion, en plus des œuvres d'halakah et de Midrash Aggadah, inclurait la philosophie, la science, la médecine, le mysticisme et la théosophie, la grammaire, la poésie et la littérature narrative.

À l'aube de la modernité – période qui débute à différents moments et de différentes façons en Europe centrale et occidentale, en Europe de l'Est, en Afrique du Nord et au Moyen-Orient –, le rabbinisme et son halakah (avec des variations régionales) définissaient la vie des Juifs. Dans notre société pluraliste contemporaine, le mouvement juif orthodoxe représente le courant le plus proche de ce monde défini par l'halakah. Cependant, tout autre mouvement judaïque formel de la fin du XXe siècle, qu'il soit réformiste, conservateur ou reconstructioniste, se positionne en fait par rapport au rabbinisme. Il serait toutefois irréaliste de conclure cette discussion en laissant croire que les Juifs d'aujourd'hui, s'ils ne sont pas entièrement sécularisés, sont obligatoirement orthodoxes, réformistes, conservateurs ou reconstructionistes. La situation réelle est beaucoup plus complexe et d'autant plus intéressante.

Les formes contemporaines de judaïsme versus *la religion des Juifs contemporains*

Étant donné la situation particulière de l'État moderne d'Israël, les Israéliens tendent à être ou bien orthodoxes, ou bien séculiers. Même si l'on retrouve en Israël des groupes réformistes et conservateurs, les options judaïques caractéristiques de l'Amérique du Nord n'y ont pas atteint le même niveau de popularité.

En Amérique du Nord, où ces formes alternatives de judaïsme sont bien acceptées, on remarque quand même que les Juifs ne se sont pas sentis contraints d'adhérer aux exigences ou aux enseignements de l'un ou l'autre de ces mouvements. Ils n'ont pas ressenti non plus le besoin d'adopter une position fermement séculière et areligieuse comme celle des Israéliens non orthodoxes. Dans la plus grande communauté juive contemporaine de l'Amérique du Nord, la situation est très complexe. Les Juifs, en dépit de leur association formelle à un mouvement particulier, tendent pour la plupart à être très sélectifs quant à leur acceptation des croyances et pratiques du groupe qu'ils ont choisi. Par exemple, seule une infime portion des membres des synagogues conservatrices, réformistes ou reconstructionistes participe régulièrement aux prières communautaires du sabbat ou des jours de fête. Le même phénomène existe, quoique dans une moindre proportion, chez les membres des plus grandes synagogues orthodoxes. Les membres des plus petites synagogues orthodoxes et ceux qui assistent aux prières communautaires, dans une *yeshiva* ou toute autre institution orthodoxe semblable, constituent l'exception.

De la même manière, une minorité non négligeable des membres des grandes congrégations orthodoxes n'observent pas les lois alimentaires ou les interdictions de l'halakah concernant le sabbat et les jours de fête. Chez les membres des synagogues conservatrices et reconstructionistes, une petite minorité seulement d'entre eux observent les règles de l'halakah à cet égard (même s'il s'agit de règles définies par leur propre mouvement). De plus, ainsi qu'il a été mentionné auparavant, plusieurs juifs réformistes, et maintenant le mouvement réformiste lui-même, ont réintroduit des rites traditionnels que le judaïsme réformiste avait rejetés. Il est évident que ces décisions reflètent les préférences des juifs qui sont présentement membres de ces synagogues, mais il reste que ces juifs réformistes ne sont pas plus assidus aux offices de la synagogue que ne le sont les membres des institutions conservatrices.

En conséquence, il existe maintenant deux catégories de judaïsme en Amérique du Nord. La première comprend les mouvements formellement constitués que sont les judaïsmes orthodoxe, conservateur, réformiste et reconstructioniste. L'autre est une catégorie informelle et non officielle à laquelle adhèrent un grand nombre de Juifs nord-américains qui sont par ailleurs associés aux mouvements orthodoxe, réformiste, conservateur ou reconstructioniste.

J'ai tenté de décrire ailleurs ce judaïsme américain partagé et non officiel. Il serait bon d'en rappeler les points principaux ici.

> En général, les Juifs pratiquent un judaïsme rabbinique très éclectique ou sélectif [...] Ils paraissent toutefois remarquablement cohérents et persistants quant aux aspects de leur religion traditionnelle (rabbinique) qu'ils choisissent de pratiquer [...] La présence, par exemple, aux offices de prières de la Nouvelle Année [*Rosh haShannah*] et du Jour d'Expiation [*Yom Kippour*] est encore considérée comme étant de rigueur.

Même si les interdictions contre la levure et les autres règles concernant la pâque ne sont pas généralement ni strictement observées, on accomplit, sans trop de rigueur tout de même, le *Seder* familial (un [repas] rituel pris à la maison [...] au début de la pâque). Plusieurs familles se réunissent pour le repas du vendredi soir pour débuter le sabbat, dont on ne se préoccupe pourtant pas outre mesure. Plusieurs participent encore à la fête de *Hanukah* ; pour la majorité des Juifs, c'est la commémoration d'une tentative non réussie d'inculturation forcée de la part de l'Empire séleucide (hellénistique). Plusieurs Juifs retrouvent la même signification dans le *Purîm*, qui rappelle une tentative non réussie d'extermination physique des Juifs. De plus, la plupart des Juifs préfèrent se marier à d'autres Juifs. [...]

Que les Juifs aient, en grande partie, abandonné leurs modèles traditionnels de conduite et de croyances ne devrait surprendre personne. [...] Ce qu'il faut interpréter et expliquer, c'est la cohérence, individuelle et collective, dont ils ont fait preuve dans le choix des pratiques rabbiniques à conserver. [...]

Le judaïsme traditionnel a été abandonné, en grande partie, parce qu'il ne reflète pas la réalité sociale des Juifs nord-américains. [...] Les croyances et les rituels qu'ils conservent ne font simplement que refléter et servir leur situation sociale. En fait, ces pratiques expriment leurs aspirations sociales et leur loyauté en tant que Canadiens ou Américains. Du même coup, ils soutiennent une politique juive largement partagée et suffisamment institutionnalisée.

Les Juifs ont abandonné tout ce qui s'approche d'un système social juif autonome. [...] Au lieu de célébrer la vie de la Torah telle qu'elle a été comprise par les rabbins et exprimée dans l'halakah, ils célèbrent leur statut commun de peuple ethnique/national – mais pleinement nord-américain. Il n'est pas surprenant que ce judaïsme se soit départi de tout rituel qui eût rendu les Juifs socialement marginaux. Existe-t-il, tout de même, une perception mythique cohérente de la réalité, qui serait communiquée à travers ce que les Juifs ont retenu du judaïsme rabbinique et ce qu'ils y ont ajouté ?

Comme je l'ai déjà dit, une grande partie des pratiques des Juifs aujourd'hui, sinon toutes, mettent largement l'accent sur la notion de peuple et, dans ce contexte, sur l'idée de la famille. Le *Seder* de la pâque, le mariage à l'intérieur du groupe religieux, les repas en famille à la veille du sabbat – dans tout ceci, l'idée du peuple juif et de son élément constitutif principal, la famille, est offerte et renforcée comme valeur principale. [...] Dieu et la Torah semblent [...] manifestement absents comme noyaux centraux symboliques. [...]

La pratique sélective du judaïsme traditionnel ne porte pas seule le poids de cette « religion du peuple juif ». De nouveaux rituels ont été introduits dans le contexte élargi de l'histoire et de l'action sacrées. Au cours des trois dernières décennies, la destruction de la communauté juive européenne (l'Holocauste) et l'établissement d'un État juif [Israël] sont devenus des symboles puissants dans la conscience des Juifs canadiens et américains. *Yom Ha'atzma'ut* (Jour d'Indépendance d'Israël) et *Yom Hasho'a* (Jour de Commémoration de l'Holocauste), ainsi que de nombreux autres événements reliés à l'Holocauste et activités centrées sur [l'État d']Israël, forment un nouveau rituel public. Les leaders laïques de ces activités commandent l'honneur et le respect. Si les synagogues ne sont plus des maisons de prière, elles demeurent, en grande partie, les lieux de rencontre pour ces nouvelles activités juives.

Le fait qu'Israël (peuple et État) et l'Holocauste aient déplacé la Torah du centre symbolique de l'identité juive est confirmé non seulement par ce que les Juifs font, mais aussi par ce qu'ils ont tendance à dire lorsqu'ils racontent leurs histoires sacrées [non officielles]. On entend, à tout coup, les Juifs affirmer qu'Israël est garant de la continuité de leur existence ; qu'ils sont fiers d'être juifs à cause d'Israël ; que l'on doit, dans une grande mesure, la naissance de l'État israélien à l'Holocauste ; que la création d'Israël à la suite de l'Holocauste confirme leur indestructibilité ; que l'Holocauste leur commande de ne pas se laisser assimiler.

Ces éléments forment sûrement une nouvelle histoire sacrée, même si elle n'est que rarement articulée. Le message transmis veut que les Juifs soient un peuple éternel ; lorsqu'ils sont assujettis (comme pour l'Holocauste) aux méthodes les plus modernes de destruction de masse, les Juifs survivent miraculeusement et sont renouvelés (comme dans l'État d'Israël). L'Holocauste et Israël constituent le modèle d'une situation juive qui est le reflet de nombreux siècles de persistance miraculeuse. Une suite ininterrompue d'événements similaires préfigure l'Holocauste et Israël : l'Égypte et la libération [du *Seder* de la pâque] ; Haman et Mordecai [de *Purîm*] ; Antioche et Judah Macchabée [d'*Hanukah*]. Le paradigme culmine [...] à Auschwitz et dans la Jérusalem ré-unie. Les « miracles » continuent dans la Guerre de Six Jours, la Guerre de *Yom Kippour*, etc. [...] [La] puissance [de ce mythe émergent révisé] ne provient pas de concepts philosophiques ou idéologiques. C'est le résultat d'une compatibilité avec la situation sociale idiomatique de la vaste majorité des Juifs nord-américains.

Collectivement, les Juifs établissent des institutions distinctives, tels les synagogues et les centres communautaires. Le mariage avec des non-Juifs (où il n'y a pas de conversion) est la seule limite sociale majeure que les Juifs hésitent à franchir. [...] Ils se considèrent membres d'un groupe ethnique/national distinctif qui ne possède pourtant pas de culture distinctive. Cela reflète précisément le statut social des Juifs d'Amérique. En tant que communauté, ils s'expriment par leurs rituels et leurs institutions. En tant qu'individus, ils font ce que les autres font, avec tous les autres. Autrement dit, ils ne reconnaissent aucune norme de conduite idiomatique.

Les Juifs ont réussi à investir cette situation sociale ambiguë et bimodale en y injectant la signification transcendante qui est présente dans une tradition vieille de milliers d'années. Comment ? Ils se perçoivent et perçoivent leur place dans le monde en termes de symboles tirés du judaïsme rabbinique classique, en élevant certains et en atténuant d'autres. Ils ne font pas le lien entre ces symboles et le discours analytique de la théologie, mais plutôt avec le rituel public. C'est ce qui donne à ces symboles leur capacité de mouler des perceptions partagées. Les Juifs nord-américains ont atteint un consensus remarquablement cohérent concernant leur vie rituelle. Ils ont retenu certains rituels, en ont transformé d'autres ou ajouté de nouveaux de leur propre création. Comme je l'ai mentionné, le *Seder* de la pâque a conservé son importance, tandis que *Hanukah* est devenu très important. Ces fêtes symbolisent maintenant la position centrale et la signification transcendante de la notion de peuple juif, la résistance aux forces assimilatrices, de même que la vigilance envers la possibilité d'un antisémitisme génocide. De nouveaux rituels publics, comme *Yom Ha'atzma'ut* et *Yom Hasho'a*, ont été ajoutés au calendrier de fêtes sacrées. Mais le sabbat, la clé de voûte du judaïsme rabbinique, a été réduit à une célébration de la famille (c'est-à-dire du peuple juif). *Shavu'ot*, qui célèbre la révélation de la Torah et met l'accent sur l'étude de la Torah, est tout bonnement ignoré.

Quels symboles ressortent de tout ceci et permettent aux Juifs de se voir parmi les autres, comme ils se verraient à travers un prisme ? En quelques mots, les Juifs nord-américains sont Israël sans la Torah. Israël, et non la Torah, est le pilier central de la vie juive. Israël, comme État et comme peuple, est le symbole primaire qui communique aux Juifs leur sens de la réalité [...] (Tiré de J. Lightstone, « The Religion of Jewish Peoplehood : The Myth, Ritual and Institutions of the Civil Religion of Canadian Jewry », dans J. Lightstone et F. Bird, *Ritual and Ethnic Identity : A Comparative Study of the Social Meaning of Liturgical Ritual in Synagogues*, Waterloo, Ont., Wilfrid Laurier University Press, 1995, p. 56-59 ; il s'agit d'une version révisée de J. Lightstone, « Mythe, rituels et institutions de la religion civile de la communauté juive canadienne », dans Y. Desrosiers *et al.*, *Religion et culture au Québec : figures contemporaines du sacré*, Montréal, Fides, 1986, p. 120-121.)

Il est difficile de savoir si ce judaïsme émergeant du « peuple juif » est une forme de rabbinisme. Plusieurs éléments clés des symboles mythiques centraux du rabbinisme, formateurs d'identité, y sont ou bien atténués, ou bien implicitement rejetés. Quelles sont les formes de rabbinisme contemporain de cette fin de XXe siècle qui continueront à définir le « monde » d'un grand nombre de Juifs ? Le « judaïsme du peuple juif » continuera-t-il à attirer un nombre croissant de Juifs ? Seuls les prochains siècles pourront répondre à ces questions.

Le christianisme

Marie-Andrée Roy

Calvaire d'un enclos paroissial en Bretagne (France) qui présente la figure traditionnelle du Christ en croix entouré des deux larrons et, à ses pieds, quelques disciples.

Le christianisme primitif

Gérard Rochais

ÉTYMOLOGIE ET DÉFINITION DU TERME « CHRISTIANISME »

Le terme « christianisme » a été employé pour la première fois par Ignace, qui était évêque d'Antioche au début du second siècle. Au cours du voyage qui le menait vers son martyre à Rome, Ignace écrivit six lettres à diverses Églises et une à Polycarpe, l'évêque de Smyrne. À l'Église de Rome, il va déclarer en se basant sur Paul (1 *Co* 2, 4-5) que « *le christianisme* n'est pas une œuvre de persuasion, mais de puissance, quand il est haï par le monde » (*Rm* 3, 3). Il va mettre en garde les chrétiens de Magnésie du Méandre, tentés de retourner à certaines pratiques juives, en leur disant : « Il est absurde de parler de Jésus-Christ et de judaïser. Car ce n'est pas le *christianisme* qui a cru au judaïsme, mais le judaïsme au *christianisme*, en qui s'est réunie toute langue qui croit en Dieu » (*Mg* 10, 1, 3a ; voir *Phil* 6, 1). Quelque temps après, les chrétiens de Smyrne vont faire, pour l'Église de Philomélium en Phrygie, un récit détaillé du martyre de leur évêque Polycarpe. En voici un extrait :

> Le proconsul cherchait à le [= Polycarpe] faire renier en lui disant : « Respecte ton grand âge [...] Jure par la fortune de César, change d'avis et dis : À bas les athées. » Mais Polycarpe regarda d'un œil sévère toute cette foule de païens impies dans le stade, et fit un geste de la main contre elle, puis soupirant et levant les yeux, il dit : « À bas les athées. » Le proconsul insistait et disait : « Jure, et je te laisse aller, maudis le *Christ* » ; Polycarpe répondit : « Il y a quatre-vingt-six ans que je le sers, et il ne m'a fait aucun mal ; comment pourrais-je blasphémer mon roi qui m'a sauvé ? » Et comme il insistait encore et disait : « Jure par la fortune de César », Polycarpe répondit : « Si tu t'imagines que je vais jurer par la fortune de César, comme tu dis, et si tu fais semblant de ne pas savoir qui je suis, écoute, je te le dis franchement : Je suis *chrétien*. Et si tu veux apprendre de moi la doctrine du *christianisme*, donne-moi un jour, et écoute-moi » (*Martyre de Polycarpe*, 9, 2-10, 2).

Ce substantif « christianisme » est lui-même construit, on le voit, d'après le terme « chrétien » que l'on rencontre pour la première fois dans les Actes des Apôtres : « C'est à Antioche que, pour la première fois, le nom de "chrétiens" fut donné aux disciples » (11, 26). Ce nom de « chrétien » est manifestement un sobriquet insultant, beaucoup plus qu'un titre honorifique, donné par les païens aux partisans et adeptes du Christ Jésus pour les distinguer des juifs. Vers 112, Pline le Jeune, gouverneur romain de la province de Bithynie, en Asie mineure, va s'enquérir auprès de l'empereur Trajan de la conduite à tenir envers les « chrétiens ». On les accuse en effet de nombreux crimes, mais, d'après son enquête, il apparaît seulement qu'ils refusent le culte de l'empereur et se bornent, semble-t-il, à chanter des hymnes au « Christ, Dieu unique », et à observer certains commandements (ne pas voler, ne pas frauder, ne pas commettre l'adultère, ne pas mentir). Un peu plus tard, Tacite, l'ami de Pline, écrivant l'histoire de la Rome impériale, rapporte de façon assez précise le grand incendie de Rome en 64. La rumeur attribuait cet incendie à l'empereur Néron lui-même qui, pour se protéger, en fit retomber la responsabilité sur les *chrestiani.* Ce terme, indique Tacite, vient d'un certain *Christus* exécuté sous Tibère par le procurateur Ponce-Pilate. Un peu plus tard encore, mais avec beaucoup moins de précisions, Suétone rapporte dans les *Vies des douze Césars* que l'empereur Claude fit expulser de Rome les Juifs qui suscitaient constamment des troubles à propos de *Christus.*

Ces différents textes montrent bien que le nom de « chrétien » provient du terme *Christos* (= Christ). En grec, *Christos,* adjectif verbal dérivé du verbe *chriô,* signifie « Oint ». C'est la traduction de l'hébreu *mashiah* et de l'araméen *meshihâ,* d'où vient le mot français « Messie ». La traduction grecque de l'Ancien Testament, la Septante, emploie ce terme pour désigner le roi, oint de YHWH et, en un sens prophétique, pour le roi idéal attendu dans l'avenir. Dans le Nouveau Testament, *Christos* est le titre décerné à Jésus de Nazareth en raison de son intronisation royale, lors de sa résurrection, ainsi que le déclare Pierre aux juifs, le jour de la Pentecôte : « Que toute la maison d'Israël le sache avec certitude : Dieu l'a fait et Seigneur et Christ, ce Jésus que vous, vous aviez crucifié » (*Ac* 2, 36). La reconnaissance de Jésus comme Christ, Messie, constitue la première confession de foi chrétienne. En raison de son importance, ce titre tendra à devenir nom propre comme on le voit chez Paul, où *Christos* est souvent employé sans article.

Le vocable « christianisme » est donc formé d'après le substantif « chrétien », en grec *christianos,* qui dérive lui-même du titre « Christ » qui fut appliqué par les premiers chrétiens à Jésus de Nazareth.

On peut donc définir le christianisme comme l'ensemble des religions fondées sur la personne de Jésus-Christ telle que connue par les écrits bibliques qui rapportent son enseignement, son activité publique, son destin ou un enseignement à son sujet.

Le christianisme comprend quatre rameaux principaux : les catholiques, les protestants, les orthodoxes et ce qu'il est convenu d'appeler les Églises orientales. Au XXe siècle, les Églises orientales sont disséminées dans divers pays du Moyen-Orient : Iran, Irak, Arménie, Éthiopie, Égypte, Liban et Syrie ; l'orthodoxie est la religion dominante dans les pays slaves et dans l'Europe balkanique, tandis que la religion réformée, sous des formes diverses, s'est imposée dans les pays anglo-saxons (Europe et Amérique du Nord), en Allemagne septentrionale et dans les pays scandinaves ; le catholicisme est dominant dans les pays du sud de l'Europe (France, Italie, Espagne, Portugal, sud de l'Allemagne, Autriche), dans les divers pays de l'Amérique latine, de même qu'au Québec en Amérique du Nord. On peut dire que le christianisme rassemble tous ceux qui suivent le Christ et sont devenus « fils de Dieu » par le baptême qui, pour toutes les religions chrétiennes, est le signe d'appartenance.

On évitera de confondre « christianisme » avec « chrétienté ». La chrétienté, c'est l'ensemble des *pays, des peuples chrétiens,* alors que le christianisme est l'ensemble des *religions* qui se rattachent à Jésus-Christ. Avec une majuscule, au Moyen Âge, le terme « Chrétienté » désigne l'Occident chrétien, qui professait la foi chrétienne et qui était gouverné par des princes chrétiens. En Europe, la Chrétienté a donné naissance à une communauté de culture, de croyances, de conceptions de l'homme.

LE FONDEMENT DU CHRISTIANISME

Le christianisme n'a pas à proprement parler de fondateur. Jésus de Nazareth était de religion juive. Jamais il n'a songé à fonder une nouvelle religion. Il a annoncé essentiellement la venue prochaine du Règne de Dieu, qu'il ne définit jamais. Si l'on se base néanmoins sur ses enseignements authentiques, on peut dire que par Règne de Dieu Jésus entend la venue prochaine de Dieu dont la présence toujours agissante dans la création va bientôt se manifester plus radicalement. Dieu va venir exercer dans le monde de façon tangible son pouvoir de roi à l'égard de tous, notamment des pauvres, en apportant, à ceux qui s'y sont préparés par la conversion, la paix, la justice, la liberté, en un mot le salut, la vie, et aux autres la condamnation signifiée par l'exclusion du Royaume. La venue de ce Règne est déjà anticipée, et par là garantie, dans la prédication et la pratique de Jésus.

Le Règne de Dieu était véritablement « l'affaire » de Jésus. Au début de son évangile, Marc résume, comme on résumerait un programme, la prédication de Jésus en ces termes : « Les temps sont accomplis et le Règne de Dieu est proche : convertissez-vous et croyez à la Bonne Nouvelle » (*Mc* 1, 15). Ce sommaire de Marc exprime avec exactitude le thème central de la prédication et de l'activité publiques de Jésus de Nazareth. Le centre et le cadre de la prédication de Jésus et de sa manifestation furent la proximité du Règne de Dieu.

Si donc Jésus attendait la venue du Règne de Dieu dans un avenir rapproché, il n'a pas songé à fonder une nouvelle religion. On pourrait opposer à cette assertion la déclaration de Jésus à Pierre dans l'Évangile de Matthieu : « Et moi, je te le déclare : Tu es Pierre et sur cette pierre je bâtirai mon Église. » Mais aujourd'hui la majorité des exégètes, tant catholiques que protestants, pensent que cette parole de Jésus a été forgée par la communauté chrétienne primitive pour souligner le rôle éminent que Pierre a joué aux premiers jours de l'Église. Elle ne proviendrait pas de Jésus.

Jésus, néanmoins, durant sa vie publique était entouré de nombreux disciples, tant hommes que femmes. Parmi eux, il en a choisi douze « qu'il établit pour être avec lui et pour les envoyer prêcher avec pouvoir de chasser les démons » (*Mc* 3, 14s). Il leur a promis que lors du renouvellement de toutes choses, lors du bouleversement total qui établira une nouvelle échelle de valeurs, lors donc de la venue du Règne de Dieu, ils siégeraient avec lui sur douze trônes pour juger les douze tribus d'Israël (*Mt* 19, 28). Jésus promet ainsi aux Douze leur participation au jugement eschatologique, qui précédera l'établissement du Règne final de Dieu. Le choix des Douze, leurs fonctions annoncent de façon prophétique et symbolique la restauration future d'Israël que Jésus attend.

Jésus mourut vraisemblablement le 7 avril de l'an 30, crucifié par les Romains à qui l'avaient livré les autorités religieuses juives. C'était la fin de son rêve, de son projet de voir s'installer de son vivant le Règne de Dieu. La veille de son exécution, encore, il déclara à ses disciples, lors de l'institution de l'eucharistie, gardant confiance que le Règne de Dieu s'établira au-delà de sa mort : « En vérité je vous le déclare, jamais plus je ne boirai du fruit de la vigne jusqu'au jour où je le boirai, nouveau, dans le Royaume de Dieu » (*Mc* 14, 25). Puis, avant d'expirer, il lança d'une voix forte, en citant le psaume 22, 2, ce cri de détresse plus que de désespoir : « Mon Dieu, mon Dieu, pourquoi m'as-tu abandonné ? » (*Mc* 15, 35).

Le christianisme est né après la mort de Jésus parmi ceux et celles qui se réclamaient de lui comme du Crucifié actuellement vivant. Il est né au matin de Pâques, lorsque ceux et celles qui l'avaient suivi furent convaincus que Dieu n'avait pas abandonné le Juste au pouvoir de la mort, mais l'avait ressuscité d'entre les morts, l'établissant Messie et Seigneur. Avant Pâques, il n'y eut jamais qu'un rassemblement eschatologique, se préparant à la venue du Règne de Dieu et l'attendant dans la joie. C'est seulement depuis Pâques qu'existe une Église, communauté d'inspiration eschatologique, qui professe sa foi à Jésus comme Messie et Seigneur. Les églises qui constituent le christianisme, ce sont les communautés de ceux et celles qui se sont engagés pour la cause de Jésus-Christ et qui témoignent que ce cas-Jésus, cet événement-Jésus est espérance pour toute l'humanité.

Jésus n'est pas le fondateur du christianisme, mais il est son *fondement.* Aux chrétiens de Corinthe qui étaient divisés et se réclamaient de divers prédicateurs qui leur avaient enseigné, Paul dira clairement : « Selon la grâce de Dieu qui m'a été donnée, tel un bon architecte, j'ai posé le *fondement.* Un autre bâtit dessus. Mais que chacun prenne garde à la manière dont il bâtit. De *fondement* en effet nul n'en peut poser d'autre que celui qui s'y trouve, à savoir *Jésus-Christ* » (1 *Co* 3, 10-11). L'auteur de l'épître aux Éphésiens, un disciple de Paul, dira aux chrétiens : « Vous êtes la maison de Dieu. Car la construction que vous êtes a pour *fondations* les apôtres et les prophètes, et pour *pierre d'angle le Christ Jésus lui-même.* En lui toute construction s'ajuste et grandit en un temple saint, dans le Seigneur ; en lui, vous aussi, vous êtes intégrés à la construction pour devenir une demeure de Dieu dans l'Esprit » (*Ép* 2, 19-22).

Comme l'exprime très bien le théologien allemand Hans Küng : « Ce qu'il y a de spécifique dans le christianisme, c'est ce *Jésus lui-même* qui, dans les textes anciens comme aujourd'hui encore, est appelé *Christ* [...]. Ce qu'il y a de spécifique, d'absolument original dans le christianisme, c'est qu'il considère en définitive ce Jésus comme un personnage capital, déterminant et normatif dans les différentes dimensions de l'existence humaine [...]. Tout le christianisme est une construction en l'air, quand il est détaché du *fondement* sur lequel il est édifié : le Christ » (*Être chrétien,* Paris, Seuil, 1978, p. 131-133).

BRÈVE HISTOIRE DU CHRISTIANISME

Le christianisme a vingt siècles. On peut découper son histoire de diverses façons, mais les historiens s'accordent pour distinguer diverses périodes : 1. l'Antiquité chrétienne, des origines jusqu'à la fin de l'Empire d'Occident en 476 ; 2. la période médiévale qui va durer presque un millénaire, de 476 à 1453, et qui comprend la formation de la Chrétienté du VIe au XIe siècle, son apogée aux XIIe et XIIIe siècles et son déclin aux XIVe et XVe siècles ; 3. le temps de la Réforme protestante (XVIe siècle) et de la Contre-Réforme (XVIe et XVIIe siècles) ; 4. la rupture marquée par le Siècle des lumières suivi de la Révolution française (XVIIIe siècle et début du XIXe) ; 5. et la période moderne et contemporaine, où la sécularisation le dispute au renouveau, la modernisation au conservatisme.

L'Antiquité chrétienne, des origines jusqu'à la fin de l'Empire d'Occident en 476

La période apostolique (de 30 à 100)

Les sources dont on dispose pour traiter de cette période sont de trois ordres : 1. les écrits du Nouveau Testament, qui se répartissent en quatre genres littéraires : évangiles, épîtres ou lettres, Actes des Apôtres et Apocalypse ; 2. les textes contemporains de la période apostolique, qui n'ont pas été considérés comme inspirés, et ne sont donc pas inclus dans le canon du Nouveau Testament (*Didachè, Ascension d'Isaïe, Pasteur d'Hermas*, etc.) ; 3. les textes de divers auteurs de cette époque qui apportent de précieux éléments d'information, mais qui sont toujours à vérifier de près. Parmi eux des auteurs juifs : Philon d'Alexandrie, et surtout l'historien Flavius Josèphe ; des auteurs païens : Pline le Jeune, Tacite, Suétone ; et des auteurs chrétiens : Clément de Rome, Ignace, évêque d'Antioche, Hermas, Eusèbe de Césarée avec son importante *Histoire de l'Église*.

La période apostolique est ainsi dénommée parce qu'elle est marquée par l'action des apôtres, qui s'étend de Pâques jusqu'aux alentours de la fin du premier siècle. Le christianisme, avons-nous dit, a commencé avec la foi pascale des disciples, avec la foi en Jésus ressuscité. L'Évangile de Jean situe la naissance de l'Église au soir même de Pâques, lorsque Jésus, apparaissant à ses disciples, leur dit « Recevez l'Esprit Saint » et les envoie « comme son Père l'a envoyé » (*Jn* 20, 20-21s). Pour Luc, ce don de l'Esprit a lieu le jour de la fête juive de la Pentecôte (*Ac* 2, 1-41). Ce récit de la Pentecôte est rempli de signification symbolique. En premier lieu la Pentecôte était la fête juive célébrant la naissance du peuple d'Israël, le don de la Loi au Sinaï ; on voit sans peine le lien entre cette célébration et la naissance du nouveau peuple de Dieu sous l'impulsion de l'Esprit Saint. Cette manifestation de l'Esprit est clairement exprimée par le vent et le feu, signes dans la Bible de la présence de Dieu. Le tableau des peuples peut être rapproché d'une tradition rabbinique concernant la révélation du Sinaï où toutes les nations de la terre auraient été présentes, mais où seul le peuple d'Israël aurait accepté la Loi. Ce tableau des peuples rappelle aussi celui de Genèse 10 : la compréhension de tous les peuples dans leur propre langue est l'inverse et la réplique de la confusion des langues qui s'était produite lors de l'épisode de la construction de la tour de Babel (*Gn* 11, 1-9). La foule dont les apôtres se font comprendre malgré la différence de langues symbolise, par son caractère cosmopolite, la vocation de tous les peuples, races et cultures à entrer dans l'Alliance nouvelle scellée sur la croix et à rejoindre le nouveau peuple de Dieu. Bref, ce sont les symboles qui confèrent à ce récit sa valeur. Il est difficile sinon impossible de savoir ce qui s'est passé réellement en ce jour de la Pentecôte de l'an 30.

La première prédication du Credo chrétien fondamental eut lieu dans le monde juif qui constituait à cette époque, tout comme aujourd'hui, un très vaste réseau, s'étendant bien au-delà de la Palestine. Celui-ci comprenait les Juifs de Palestine, partie d'Israël absorbée politiquement dans l'Empire romain ; les Juifs de la Diaspora (en grec, dispersion) vivant à l'étranger, bien plus nombreux que les Juifs de Palestine. Les Juifs vivaient étroitement groupés en communautés locales parfois très importantes comme à Alexandrie ou Rome, sans rompre les liens avec la capitale religieuse, Jérusalem.

C'est au sein de ces communautés que l'Évangile, c'est-à-dire la Bonne Nouvelle au sujet de l'événement-Jésus, va d'abord être proclamé ; entre l'an 30 et 60 des groupes de Juifs chrétiens apparaissent en Palestine et en Syrie, notamment à Damas et Antioche, en Asie mineure, particulièrement à Éphèse, en Grèce et en Égypte, entre autres à Alexandrie. Mais très vite aussi, le contact s'établit avec le monde païen, en Palestine d'abord ; les Actes des Apôtres rapportent que le premier païen à se convertir fut Corneille, qui est baptisé par un Pierre d'abord réticent. Paul, de son côté, va entreprendre trois grands voyages missionnaires qui le conduiront en Asie mineure et en Grèce. Il y fondera de multiples communautés composées surtout de païens convertis, et se heurtera bientôt à une partie des judéo-chrétiens, qu'on appelle les judaïsants, qui voulaient imposer la Loi juive aux chrétiens convertis du paganisme.

La conversion des païens posait problème : fallait-il ou non leur imposer les observances de la Loi juive, à commencer par la circoncision, rite de l'agrégation au peuple élu ? La communauté chrétienne se divisa à ce sujet et l'on décida de convoquer une réunion à Jérusalem, en l'an 49 probablement. On y reconnut le bien-fondé de la position de Paul : il serait contraire à la nature même du salut offert à tout homme dans le Christ d'imposer aux chrétiens venus du paganisme les prescriptions de la Loi juive. C'est la foi qui sauve, et non la Loi juive (*Ac* 15).

Cette décision eut une portée historique, même si l'on n'en avait pas clairement conscience ; le christianisme se dissociait ainsi, partiellement, du destin d'Israël qui allait être rayé de la carte vingt ans plus tard par les Romains ; et surtout l'Église confirmait ainsi sa nature universelle, ouverte à toutes les nations et à toutes les cultures, et d'abord à celles de l'Empire romain, qui constituait à lui seul un univers.

La période palestinienne de la jeune Église commença dans le sang et s'acheva dans le sang. Dès le début, Étienne avait été arrêté et lapidé, et les Hellénistes, des chrétiens juifs de Jérusalem parlant grec, avaient été obligés de quitter Jérusalem (*Ac* 6, 8-8, 4) ; par la suite, en 43-44, le roi Hérode Agrippa Ier fit exécuter l'apôtre Jacques et emprisonner Pierre, qui fut miraculeusement délivré (*Ac* 12). En 62, Jacques, le frère du Seigneur, le chef de la communauté de Jérusalem, est lapidé. En 66, l'hostilité du nationalisme juif à l'égard de l'occupant romain atteint son paroxysme : c'est le déclenchement de la première guerre juive. La communauté chrétienne se retire alors en Transjordanie, à Pella, marquant sa séparation définitive d'avec le judaïsme. En 70, Titus, fils de l'empereur Vespasien et futur empereur lui-même, s'empare de Jérusalem, massacre la population juive et rase le Temple. La résistance juive se poursuivra encore, de manière sporadique pendant plus d'un demi-siècle, avant d'être définitivement anéantie en 135, à la fin de la seconde révolte juive. Jérusalem sera rasée, et une nouvelle ville romaine, *Aelia Capitolina,* sera construite sur ses ruines.

À Rome, pendant ce temps, les conditions ne sont guère plus favorables aux chrétiens. L'incendie de la ville a fourni à l'empereur Néron le prétexte d'une violente persécution contre les chrétiens, qu'il accusait d'avoir allumé cet incendie, alors qu'il en était probablement l'auteur. Pierre semble bien avoir été l'une des victimes de la répression ; Paul est lui-même exécuté à Rome vers 67. On ne sait rien des origines de l'évangélisation de Rome ; mais en 57-58, lorsque Paul compose son épître aux Romains, la ville compte déjà une forte colonie de chrétiens de diverses origines. Mais avant, ou en même temps que Rome, d'autres grandes métropoles de l'Empire romain ont commencé à être des foyers actifs d'évangélisation ; c'est en tout premier lieu le cas d'Antioche, capitale de la province romaine d'Orient, et d'Alexandrie, évangélisée selon la tradition par saint Marc.

L'expansion du christianisme, malgré les difficultés (IIe et IIIe siècles)

Aux IIe et IIIe siècles, le christianisme va continuer à se répandre surtout dans les villes, et cela malgré des difficultés externes, les persécutions, et internes, les crises d'ordre doctrinal.

Les persécutions dureront deux siècles et demi, de 64, date de la persécution de Néron, à 313, date de l'édit de Milan par Constantin. Ces persécutions n'ont pas été continues, ni étendues à tout l'Empire, sauf sous le règne de Dèce (250-251) et surtout de Dioclétien (303-305). On ignore le nombre de victimes, entre 4 000 et plusieurs dizaines de milliers. Jusqu'à l'édit de Milan, la religion chrétienne restait illicite, méprisée du grand nombre, suspectée ; il fallait beaucoup de courage pour y adhérer, y rester fidèle – surtout pendant les persécutions –, et pourtant le nombre des chrétiens n'a jamais cessé d'augmenter. À la fin du IIe siècle, l'avocat Tertullien ira jusqu'à dire, avec son emphase de rhéteur, que si les chrétiens d'un seul coup désertaient l'Empire les païens se retrouveraient comme dans un désert (*Apologétique*, XVII, 4-6).

Au début étaient les chicanes, comme on l'a vu entre les chrétiens d'origine juive ou païenne ; vinrent ensuite les hérésies. L'orthodoxie a tracé son chemin à travers un buisson d'hérésies. Les nombreux débats des IIe et IIIe siècles (docétisme, gnose, marcionisme, montanisme, etc.) ont préparé les grandes définitions dogmatiques des grands conciles des IVe et Ve siècles. La formulation du *Credo* s'est en quelque sorte élaborée au creuset des crises doctrinales.

C'est aussi au cours des trois premiers siècles que l'on a vu apparaître les premières générations de penseurs auxquels on a donné le nom générique de « Pères de l'Église ». On distingue les Pères apostoliques, qui ont connu le temps des apôtres ou de leurs successeurs immédiats. Parmi eux : l'auteur anonyme de la *Didachè*, Clément de Rome, Ignace d'Antioche, Polycarpe de Smyrne, Hermas. Suivront, aux IIe et IIIe siècles, les Pères apologistes ou polémistes, qui s'emploient à réfuter soit les accusations des auteurs païens contre le christianisme, soit les doctrines hérétiques. Ce sont des intellectuels. Les plus célèbres d'entre eux : Justin, Irénée de Lyon. La troisième génération, au IIIe siècle, est constituée d'authentiques théologiens qui vont pousser très loin l'analyse et l'approfondissement de la foi chrétienne et élaborer de savants traités. Parmi eux : Clément d'Alexandrie, Origène et, en Afrique du Nord, Tertullien et Cyprien.

Aux alentours de l'an 300, le christianisme est pratiquement répandu dans toutes les villes de l'Empire romain, encore que de façon inégale. Ses bastions les plus importants se trouvent en Orient. En Occident, l'évangélisation progresse plus lentement. Au-delà des frontières de l'Empire, les chrétiens sont nombreux en Haute-Mésopotamie, en Arménie et chez les Parthes qui auraient été évangélisés, selon la tradition, par les apôtres Jacques et Thomas. Chaque Église, bien que partageant une foi commune avec les autres Églises, a ses caractères propres : langue, mode d'organisation, liturgie, ce qui ne peut manquer d'entraîner parfois des tensions.

De la conversion de Constantin à la fin de l'Empire d'Occident (476) (IVe et Ve siècles)

Le début du IVe siècle fut assez trouble. Depuis 285, l'empereur Dioclétien avait partagé l'Empire entre l'Orient, qu'il avait conservé, et l'Occident, confié à Maximien. Sans que rien le laisse prévoir, Dioclétien va déclencher, en 303-304, par une série de décrets impériaux, la plus violente persécution jamais subie par l'Église (destruction des lieux de culte, confiscation des objets et livres sacrés, arrestation du clergé, obligation faite à tous les habitants de sacrifier aux dieux sous peine de mort ou de déportation dans les mines). L'abdication de Dioclétien et de Maximien en 305 ouvrit une période de rivalités politiques et de luttes intestines qui a duré vingt-deux ans, marquée par l'ascension continue de Constantin qui va écraser successivement tous ses rivaux pour devenir l'unique maître de l'Empire en 327. En 312, Constantin remporte une victoire, au pont Milvius, près de Rome, sur son concurrent Maxence ; en 313, Constantin convient avec son allié du moment, Lucinius, de donner aux chrétiens la liberté de culte dans tout l'Empire et de leur restituer les biens confisqués. Le document produit alors est connu sous le nom d'édit de Milan.

Constantin n'était pas chrétien ; il ne se fera baptiser que sur son lit de mort. Mais, à partir de ce moment-là, il ne cesse de manifester de la sympathie à l'égard du christianisme. Avec l'Empire chrétien instauré par Constantin commence une longue phase historique, marquée par l'interférence du pouvoir temporel dans le domaine spirituel, qui profitera au pouvoir politique et servira aussi au développement du christianisme.

Durant le IVe et le Ve siècle des interrogations majeures allaient se faire jour, entraînant de graves remous et des schismes durables au sein de l'Église, tout en favorisant l'éclosion d'une génération de théologiens de grande envergure : ce sera l'âge d'or des Pères de l'Église. C'est au cours de ces siècles que vont être définies la foi en la Trinité et la foi en Jésus, vrai homme et vrai Dieu.

La principale crise de l'époque fut *la crise arienne*. Durant tout le IVe siècle, en Orient tout au moins, le christianisme fut apparemment prêt à voler en éclats, alors qu'il avait su résister à deux siècles et demi de persécutions. Le cœur du débat était : Dieu peut-il être à la fois Un et Trois, comme il ressort de l'Évangile ? Pour Arius, prêtre d'Alexandrie (v. 280-336), le Verbe n'était qu'une créature, de caractère exceptionnel, ayant reçu de Dieu le privilège d'une filiation de type adoptif. En un mot, le Christ n'était pas Dieu. Arius mettait ainsi en cause le fondement même de la foi chrétienne. Il obtint néanmoins un grand succès, si bien que Constantin décida d'intervenir en convoquant le premier concile œcuménique à Nicée, en 325, où Arius fut condamné et où l'on adopta une première formulation de la foi chrétienne, embryon de ce qui deviendra le *Credo*. Cette prise de position n'empêcha pas l'arianisme de se propager dans tout l'Orient. Le grand défenseur de la foi formulée à Nicée fut saint Athanase, qui paya de cinq exils sa fidélité au concile. La crise ne se dénoua que près de soixante ans plus tard, au concile de Constantinople, convoqué en 381 par l'empereur Théodose, où fut achevé ce qui avait été ébauché à Nicée à propos de la Trinité des personnes en un Dieu unique : elles sont distinctes, égales et consubstantielles dans une seule et unique nature indivisible.

Au Ve siècle le débat théologique allait se reporter sur la personne du Christ. Deux crises vont se succéder : la crise nestorienne et la crise monophysite. La **crise nestorienne** doit son nom à Nestorius, évêque de Constantinople. Celui-ci avait été formé dans l'esprit de l'école d'Antioche, qui mettait l'accent sur la dualité des aspects humain et divin de la personne du Christ. Il poussa si loin la distinction que, pour lui, Marie était seulement la mère de l'homme Jésus ou tout au plus la mère du Christ, mais ne pouvait pas être dite Mère de Dieu, *Theotokos*. Le chef de file de l'opposition à Nestorius fut Cyrille d'Alexandrie. En 431, l'empereur Théodose II convoqua un concile à Éphèse où la doctrine de Nestorius fut condamnée et Marie proclamée Mère de Dieu. Nestorius fut déposé. Deux ans plus tard, en 433, les chefs de file des deux tendances opposées, Cyrille d'Alexandrie et Jean d'Antioche, parvinrent à s'entendre sur les termes d'une même profession de foi : les deux natures du Christ sont unies sans confusion, et dès lors

Marie peut être vraiment dite Mère de Dieu. Malgré cette prise de position, la doctrine de Nestorius continua de se répandre ; l'Église perse s'y rallia et par elle le mouvement devait se répandre jusqu'en Inde et en Chine.

La **crise monophysite** fut un contrecoup de la crise nestorienne. Ainsi, Eutychès, moine de Constantinople, réagit fortement à la théorie de Nestorius qui voyait presque deux personnes dans le Christ. Pour Eutychès, les deux natures dans la personne du Christ étaient si unies que sa nature humaine s'était fondue dans sa nature divine, d'où le nom de monophysisme (= d'une seule nature) donné à cette théorie. Condamnée par le patriarche de Constantinople, Flavien, la thèse monophysite trouva l'aval du patriarche d'Alexandrie, Dioscore, et de l'empereur Théodose II. Le pape Léon Ier, après plusieurs péripéties, obtint de l'empereur la convocation d'un concile œcuménique qui se tint à Chalcédoine en 451. Le concile y adopta la définition formulée par le pape : il y a bien deux natures dans le Christ, mais leur union n'a pas supprimé la différence. La doctrine d'Eutychès était condamnée et Dioscore, patriarche d'Alexandrie, déposé.

Ces deux crises allaient donner naissance à ce qu'il est convenu d'appeler les Églises orientales, qui subsistent encore aujourd'hui et que l'on peut diviser en deux grands blocs, *les Églises nestoriennes* et *les Églises monophysites*. Les **Églises nestoriennes** subsistant encore aujourd'hui sont, d'une part, l'Église apostolique d'Orient, appelée aussi assyro-chaldéenne ou nestorienne, qui compte environ 150 000 fidèles en Irak et en Iran, et, d'autre part, l'Église syrienne Mar Thoma de Malabar en Inde, qui compte environ 2 500 000 fidèles. Au XVIe siècle, ces Églises perdront l'une et l'autre une grande partie de leurs fidèles, qui sont revenus à la foi romaine tout en conservant leur rite chaldéen. Les **Églises monophysites**, qui rejettent donc les conclusions du concile de Chalcédoine, comprennent l'Église arménienne, avec environ 6 millions de fidèles, l'Église orthodoxe copte d'Égypte, qui a environ 7 millions de fidèles, l'Église orthodoxe éthiopienne, avec 14 millions de fidèles, et les Églises jacobites : l'Église orthodoxe syrienne d'Antioche et de tout l'Orient (environ 140 000 fidèles) et l'Église orthodoxe syrienne, en Inde, qui compte environ 700 000 fidèles.

L'**Église maronite** au Liban, quoique orientale, est toujours demeurée indéfectiblement attachée à l'Église catholique romaine. Cette Église est issue des communautés de la vallée de l'Oronte groupée sous l'animation des monastères, notamment celui de saint Maron qui lui a donné son nom. Elle a toujours montré un fort attachement aux décisions de Chalcédoine et a refusé énergiquement la byzantinisation. Sa liturgie est de rite syriaque, avec divers éléments empruntés au cours des siècles, notamment au temps des croisades, à la liturgie latine.

Aux IIIe et IVe siècles, le monachisme va s'étendre tant en Orient qu'en Occident. Le monachisme apparaît, sous sa forme érémitique, au IIIe siècle avec saint Antoine le Grand, qui s'était retiré dans le désert d'Égypte. Le monachisme est passé de la forme érémitique à la forme cénobitique ou communautaire, du temps même d'Antoine, à l'initiative de saint Pacôme, auteur de la première règle monastique. C'est sous son influence, et celle de sa sœur, qu'est apparu aussi le monachisme féminin. En Occident, le premier moine connu est saint Martin de Tours. Le monachisme ne cessera plus de tenir une place essentielle dans l'Église, comme foyer de vie spirituelle et intellectuelle, et comme modèle proposé à la vie chrétienne.

Avec l'ère constantinienne, l'Église était entrée dans une période de paix religieuse ; son développement s'en trouve facilité, et l'évangélisation va s'étendre de la ville à la campagne grâce surtout aux évêques, dont le plus célèbre est saint Martin, évêque de Tours. Mais au Ve siècle va s'ouvrir en Occident une époque troublée, marquée par les invasions successives des Barbares (Wisigoths, Huns, Vandales, Alains, Burgondes, etc.). L'administration romaine d'Occident est en décomposition ; l'anarchie s'installe. La seule armature qui tienne est l'Église. Les évêques, le pape lui-même (Léon Ier) se font administrateurs, assurent la justice, voire la défense de leurs villes. En 476, un chef germain, Odoacre, dépose le dernier empereur d'Occident, Romulus Augustule ; puis, en 488, les Ostrogoths s'emparent de l'Italie. C'est la fin de l'Empire d'Occident ; l'an 476 marque symboliquement la clôture de l'époque antique et l'ouverture du Moyen Âge, qui durera dix siècles.

La période médiévale (476-1453)

La période qui s'écoule du début du VIe siècle à la fin du XIe siècle va voir se former progressivement, en Occident, une société qui s'appellera elle-même « Chrétienté » ; elle connaîtra son apogée aux XIIe et XIIIe siècles, avant de subir les crises des XIVe et XVe siècles, suivies de la Réforme au XVIe siècle. La société occidentale ne constitue en fait qu'une partie de la Chrétienté ; car à la même époque, en Orient, l'Empire byzantin de Constantinople continuera longtemps d'occuper une place considérable. Rome et Constantinople seront les deux pôles, opposés mais complémentaires, du monde chrétien médiéval ; leur rupture au XIe siècle marquera une nouvelle division de la Chrétienté.

La formation de la Chrétienté (VIe – XIe siècle)

À la fin du Ve siècle, en 482, Clovis succède à son père Childéric Ier comme roi des Francs. Dans une suite de victoires successives, contre les Romains à Soissons en 486, contre les Alamans à Tolbiac en 496, contre les Wisigoths à Vouillé, il étend son royaume du Rhin aux Pyrénées. Après la bataille de Tolbiac, Clovis se fait chrétien et est baptisé à Reims par saint Rémi. Les évêques ont compris que l'avenir du catholicisme demandait de « passer aux Barbares », et les Francs ont vu l'utilité d'embrasser la foi catholique.

À la fin du Ve siècle, néanmoins, sous les coups des invasions barbares, la carte politique et religieuse du monde christianisé est toute bouleversée. Dans certaines régions la présence chrétienne est effacée. Mais le mouvement n'est pas stoppé. L'empereur d'Orient, Justinien (527-565), reconquiert l'Afrique du Nord et l'Italie ; mais ce n'est là qu'un feu de paille, car le conquérant arabe va s'emparer des rives africaines de la Méditerranée, de la Syrie, de la Palestine, et donc des lieux saints : la prise de Jérusalem en 637 va frapper de stupeur le monde chrétien. La conquête arabe se répandra ensuite sur l'Espagne et atteindra le cœur même du royaume franc. Elle sera jugulée par la victoire de Charles Martel à Poitiers en 732. L'islam apparaît désormais comme le grand ennemi des chrétiens, et les guerres se poursuivront sans fin : croisades, prise de Constantinople par les Turcs, reconquête espagnole, etc.

L'évangélisation va pourtant continuer dans les régions européennes non encore christianisées sous l'effet des vagues successives de missions monastiques, au point qu'on appelait dans les anciens manuels d'*Histoire de France* la période allant de la mort de saint Benoît de Nursie en 547 à celle de saint Bernard, en 1153, les *siècles monastiques*. Au Ve siècle des moines celtes venus des Îles britanniques évangélisent la Bretagne (saint Malo, saint Brieuc). À la fin du VIe siècle les communautés monastiques irlandaises envoient sur le continent maintes missions et fondent en Europe sous l'impulsion de saint Colomban tout un réseau de monastères, foyers de christianisation et de civilisation. De son côté, le pape Grégoire Ier envoie d'Italie dans le sud de l'Angleterre un groupe de moines évangéliser les Angles sous la conduite du futur Augustin de Canterbury. Les moines anglais évangéliseront à leur tour les pays germaniques ; le plus célèbre d'entre eux est saint Boniface. Charlemagne complétera son œuvre, mais avec des méthodes moins « chrétiennes ». Les Slaves seront évangélisés par les moines grecs Cyrille et Méthode, sous l'impulsion de Byzance. En 988-989 le grand-prince Vladimir de Kiev s'alliera avec l'empereur d'Orient, se convertira et entraînera avec lui une bonne partie du peuple russe. À la fin du Xe siècle la foi catholique est partout présente en Europe, à un degré de pénétration variable : sur le terrain les situations sont en fait très contrastées.

Mais revenons à la fin du VIIIe et au début du IXe siècle. La décadence des rois mérovingiens avait fait d'eux des *rois fainéants,* qui avaient laissé le pouvoir aux mains de leurs *maires de palais.* Charles Martel, qui avait repoussé les Arabes à Poitiers, était l'un d'eux. Son fils Pépin le Bref s'est fait proclamer en 751 roi des Francs ; il a reçu l'onction royale de saint Boniface, l'apôtre de la Germanie ; cette onction sera ensuite confirmée solennellement en 754 par le pape Étienne II qui, événement tout à fait exceptionnel, vient en France pour la circonstance. Le pape Étienne II avait fait appel à Pépin le Bref pour libérer Rome de la menace des Lombards qui avaient pris Ravenne. En deux campagnes (754 et 756), les Francs ont libéré Rome de la menace lombarde, ils ont conquis l'exarchat de Ravenne et la Pentapole et les ont remis au pape. La « donation de Pépin » constitue la reconnaissance officielle du pouvoir temporel des papes sur les territoires qui vont former, onze siècles durant, l'essentiel des États pontificaux. Charlemagne, fils de Pépin le Bref, va dans une longue série de campagnes victorieuses, destinées à assurer la sécurité du royaume, devenir le chef d'un vaste empire : il ne lui manquait plus que le titre d'empereur, qui va lui être attribué par le pape Léon III à la Noël 800. Ainsi, l'Église occidentale trouvait un protecteur dont l'office n'était plus assuré par l'empereur d'Orient.

Mais la suite de la dynastie carolingienne sera aussi décevante que celle de la mérovingienne, l'Empire de Charlemagne sera disloqué par le Traité de Verdun (817) et scindé en trois royaumes, sans lien : chacun est le bien personnel de son souverain ; on ignore la notion d'État ; le pouvoir se dilue et se dissolue, suscitant la montée des ducs de France ; en 987, Hugues Capet se fait élire roi de France par les seigneurs et fixe sa résidence à Paris. Son royaume ne dépasse guère la province de l'Île de France, titre significatif. L'Église peu à peu passe aux mains des laïcs, et le niveau intellectuel du clergé est au plus bas. À Rome même le pouvoir pontifical n'échappe pas à la décadence ; il est le jouet des grandes familles italiennes qui se disputent les États de l'Église, font et défont les papes au gré de leurs rivalités. C'est le siècle de fer, comme les historiens italiens l'ont dénommé, où les papes ont des conduites scandaleuses : des histoires à faire frémir !

L'histoire s'aggravera encore lorsque le pape Jean XII proclamera le roi de Germanie, Othon Ier, Grand Empereur des Romains : ainsi est institué le *Saint Empire romain germanique* qui, jusqu'à Napoléon, va peser d'un poids considérable dans l'histoire de l'Église. Le peuple est demeuré chrétien, malgré ses chefs ; on peut même être frappé de sa vitalité : c'est à cette époque qu'apparaît le théâtre liturgique à l'origine du théâtre médiéval ; les pèlerinages prennent leur essor ; les confréries religieuses s'instituent, développant l'esprit d'association ; enfin, splendeur de la civilisation occidentale et mondiale, éclôt l'art roman. Puis vient la première croisade, à la fin du XIe siècle, la seule qui atteindra son but : Jérusalem sera reprise aux mains des infidèles et un royaume latin institué. Un peuple naît, conscient d'aspirations communes. Les monastères se réforment sous l'inspiration de l'ordre de Cluny qui préparera la voie à la grande réforme de l'Église au milieu du XIe siècle. Car le fait le plus considérable de l'histoire de l'Église au XIe siècle est la rentrée en scène du Saint-Siège, après un siècle de dépravations. On appelle cette réforme la réforme grégorienne, du nom du pape le plus célèbre qui y contribua, Grégoire VII (pape de 1073 à 1085). Plusieurs papes se sont attaqués successivement à tout ce qui constituait les points chauds de la vie de l'Église : la simonie, ou trafic des fonctions ecclésiastiques et actes de culte, le nicolaïsme, ou mariage et concubinage des prêtres, et surtout l'investiture laïque, c'est-à-dire la nomination des évêques et des abbés par les rois et seigneurs. En 1076 va s'ouvrir *la Querelle des Investitures,* qui concerne la nomination aux sièges épiscopaux ; prolongée par *la lutte du Sacerdoce et de l'Empire*, elle opposera pendant près de deux siècles empereurs allemands et papes.

Histoire d'une rupture entre Rome et Constantinople

Le 16 juillet 1054 marque la rupture définitive entre les Églises d'Orient et d'Occident ; c'est le point de départ d'une Église orthodoxe séparée de Rome. En fait, bien d'autres ruptures étaient survenues auparavant : le schisme acacien entre 484 et 519 ; l'affaire du monothélisme de 630 à 681, où l'on soutenait que le Christ n'avait qu'un seule volonté : la volonté divine ; la crise iconoclaste qui s'étendra sur plus d'un siècle, de 746 à 843 ; le schisme de Photius, entre 858 et 877. Si l'événement de 1054 a pris en fin de compte un caractère aussi décisif, c'est que depuis six siècles les causes du malentendu entre Constantinople et Rome s'étaient accumulées. Ces causes sont historiques, culturelles et théologiques.

La mésentente trouve sa première cause en 285, dans la division même par Dioclétien de l'Empire romain en deux parties : l'Orient et l'Occident. Deux mondes, déjà marqués par des origines et des influences différentes, ne vont plus cesser de s'éloigner l'un de l'autre. La langue latine va dominer en Occident et la langue grecque en Orient, ce qui deviendra une source continuelle de malentendus dans le vocabulaire théologique. L'empereur Constantin avait réunifié l'Empire en 330 et le christianisme y était devenu, en fait, la religion officielle. L'évêque de Rome réclama alors et obtint la suprématie spirituelle et morale sur tous les autres évêques de la chrétienté, mais admit que le siège patriarcal de Constantinople occupait en fait la deuxième place. Les empereurs d'Orient, conscients d'une origine divine de leur mission, ne vont cesser d'intervenir dans les débats théologiques. En 395, à la mort de l'empereur Théodose, l'Empire romain allait être définitivement divisé entre un Empire d'Orient, avec Constantinople comme capitale, et un Empire d'Occident dont le siège fut d'abord établi à Ravenne. Les invasions barbares mettront bientôt fin à cet Empire d'Occident, tandis que l'Empire d'Orient saura mieux se défendre. Constantinople se considérera alors comme l'héritière de Rome sur le triple plan politique, culturel et religieux et regardera avec beaucoup de mépris cet Occident sous domination barbare. Malgré la reconquête de l'Italie par l'empereur Justinien au VIe siècle, l'Orient s'est montré par la suite impuissant à assurer la protection de l'Occident contre les Barbares. La papauté va faire appel aux Francs pour délivrer Rome de la menace lombarde ; Pépin le Bref va libérer Rome de cette menace et agrandir les territoires pontificaux des possessions byzantines reprises aux Lombards. Le pape Léon III, en sacrant Charlemagne empereur d'Occident en 800, a restauré l'Empire d'Occident au profit du roi des Francs, au grand dépit de l'empereur d'Orient, alors que la crise iconoclaste accentuait les tensions avec l'Empire byzantin.

Les conflits doctrinaux entre Rome et Constantinople furent nombreux entre le IIIe et le XIe siècle. Les problèmes théologiques tenaient évidemment la plus grande place ; mais s'y ajoutaient les questions de liturgie, à propos du pain azyme par exemple, et de discipline ecclésiastique, célibat de prêtres, port de la barbe, etc. ; et la question des personnes, bien sûr, aggravait souvent les données objectives des problèmes. Deux sujets vont dominer les autres sans les éliminer pour autant : le *Filioque* et *la primauté pontificale*. Le mot *Filioque* est à l'origine d'un des conflits les plus virulents qui aient opposé les Églises d'Orient et d'Occident et conduit à la rupture. Le *Credo* de Nicée-Constantinople (381), reconnu en Orient et en Occident comme la formulation de la foi chrétienne, professait qu'au sein de la Trinité l'Esprit Saint procède du Père ; il ne disait rien des relations entre le Fils et l'Esprit. Or, par la suite, des théologiens occidentaux, s'appuyant sur le Nouveau Testament (*Jn* 16, 13-15 et *Rm* 8, 9 ; *Ga* 4, 6), sont arrivés à la conclusion que l'Esprit Saint procédait du Père et du Fils (en latin *Filioque*). Cette formule semble être apparue en Espagne au VIe siècle, puis s'être répandue dans l'Église franque. Charlemagne, heureux de faire la leçon à l'empereur byzantin, s'employa à généraliser le *Filioque* en Occident, suscitant la réprobation des Orientaux aux yeux desquels il s'agissait d'une hérésie. *La primauté pontificale*, c'est-à-dire le pouvoir de juridiction du pape sur l'ensemble des évêques, posait à l'Orient un autre genre de questions. On avait en effet, en Orient, une conception essentiellement collégiale de l'épiscopat ; en Occident, au contraire, les papes avaient mis de plus en plus l'accent sur la mission confiée par le Christ à Pierre et à ses successeurs, les évêques de Rome, garants de l'unité de l'Église et de sa fidélité à la foi des origines.

Après bien des algarades et des schismes temporaires entre le Ve et le IXe siècle, la grande cassure se produisit le 16 juillet 1054. Le bouillant patriarche de Constantinople, Michel Cérulaire, ayant repris contre Rome les accusations traditionnelles, le pape Léon IX, généralement mieux inspiré, envoya comme légat à Constantinople, pour ramener la paix, son homme de confiance, le cardinal Humbert de Moyenmoutier, de caractère aussi cassant que celui du patriarche de Constantinople. Le 16 juillet 1054, en plein milieu d'une célébration, il déposa sur l'autel de Sainte-Sophie une bulle excommuniant Cérulaire ; peu après, celui-ci réunit à Constantinople un concile qui procéda à l'excommunication générale des « latins ».

Malgré diverses tentatives ultérieures, l'unité ne fut plus jamais durablement rétablie. L'Église orthodoxe n'est pas et n'a jamais été hiérarchiquement unifiée. Elle comprend différentes organisations relevant d'Églises nationales qui ne gardent en commun que les liens d'une même foi et d'une liturgie presque en tout point analogue. Elle est formée de différents patriarcats et d'Églises autocéphales. Le principal patriarcat est le patriarcat œcuménique de Constantinople, considéré comme Église mère. À son côté, trois grands patriarcats : ceux d'Alexandrie, d'Antioche et de Jérusalem. Les principales Églises autocéphales sont celles d'URSS, de Roumanie, de Yougoslavie, de Bulgarie et de Grèce, où quarante-neuf diocèses sont rattachés au patriarcat œcuménique de Constantinople et trente-deux groupés sous l'autorité d'un Saint-Synode dont le président est l'archevêque d'Athènes. Ces différents patriarcats et Églises autocéphales ont des succursales dans divers pays occidentaux.

L'apogée de la Chrétienté (XIIe et XIIIe siècles)

L'histoire religieuse en France fut dominée au XIIe siècle par de grands personnages, les rois capétiens, et un homme d'un taille exceptionnelle, Bernard de Clairvaux. Les rois capétiens du XIIe siècle (Louis VI le Gros, Louis VII, Philippe-Auguste) et leurs successeurs au XIIIe siècle furent les promoteurs de l'unification politique de la France. Ils étaient toutefois aussi conscients que leur mission était indissociable de celle de l'Église ; ils ne se situeront donc jamais en position de rivalité ou de domination, comme le feront à la même époque les empereurs allemands (Frédéric Ier Barberousse) ou le roi Henri II Plantagenêt en Angleterre, qui entendait assujettir le pouvoir spirituel de l'Église au pouvoir temporel. Thomas Becket, l'archevêque de Canterbury, sera assassiné par les sbires du roi. Bernard de Clairvaux va dominer une partie de ce siècle de sa haute stature spirituelle. Il est admiré ou redouté de tous ; il est écouté des papes, des évêques, des rois, des moines et de l'opinion publique. Il donnera à l'ordre de Citeaux, l'ordre cistercien, une impulsion et une audience extraordinaires. De plus, il se trouvera mêlé à toutes les affaires importantes de son temps, mettant sa fougue personnelle et le dynamisme de son jeune ordre au service de la réforme de l'Église, avec un esprit parfois assez conservateur.

C'est finalement sur tous les plans que s'affirme la maturité de la société du XIIe siècle : renouveau du droit canon et du droit romain ; avènement de l'ère des théologiens avec Abélard et Pierre Lombard ; développement de la spiritualité ; perfection artistique du nouvel art gothique ; croissance du mouvement communal ; irruption de l'amour et de la femme dans la littérature courtoise. Ce bouillonnement spirituel va mettre en cause l'Église elle-même en s'attaquant à un de ses point faibles : sa richesse. L'aspiration à une Église pure et pauvre va engendrer plusieurs courants hérétiques, dont le plus vigoureux sera celui des cathares.

Les XIIe et XIIIe siècles furent aussi les grands siècles des croisades. L'appel à délivrer le tombeau du Christ, aux mains des infidèles, fut lancé par le pape Urbain II au concile de Clermont, en 1095. La première croisade fut seule à atteindre son but : la prise de Jérusalem en 1099. La présence latine en Palestine devait durer deux siècles avant de disparaître sous les coups successifs des Arabes, puis des Turcs (prise de Saint-Jean-d'Acre en 1291). Durant cette période, sept autres croisades patronnées par le Saint-Siège reçurent pour objectif la défense ou la reconquête des lieux saints, qui ne redevinrent, en fait, que très temporairement terre chrétienne. Par contre, le fossé entre l'Église de Rome et celle d'Orient, en particulier, s'élargit à la suite de la conquête de l'Empire byzantin par la quatrième croisade. Les croisades permirent néanmoins de contenir les Turcs pendant plus de deux siècles ; l'influence des arts orientaux se fit aussi sentir sur l'Occident ; la féodalité s'affaiblit. Mais hélas ! si des motifs chrétiens et généreux animaient bien des croisés, il se trouvait aussi parmi eux bien des requins plus enclins à piller, à détrousser les pèlerins et à retrousser les femmes qu'à aller s'agenouiller devant le tombeau du Christ !

Le XIIIe siècle est à la fois celui des saints François d'Assise, Dominique, Thomas d'Aquin et Bonaventure, celui de saint Louis et celui de Dante. C'est durant ce siècle que naissent ou se développent les universités, que les ordres mendiants apparaissent et que jaillissent en Europe les grandes cathédrales gothiques. Époque de grande richesse spirituelle, d'éclat intellectuel que beaucoup d'historiens saluent comme l'apogée de la civilisation médiévale. Mais c'est aussi l'époque des dernières croisades et de l'Inquisition ; et l'on a du mal à concevoir que ce siècle si grand fut, à certains égards, si mesquin. Même si les mentalités de l'époque n'étaient pas les nôtres, cela ne justifie pas les excès qui s'y sont produits, à côté et comme en contrepartie de magnifiques chefs-d'œuvre.

Aux XIIe et XIIIe siècles un vigoureux développement économique eut des conséquences heureuses pour le peuple et malheureuses pour l'Église dont la richesse s'accroissait sans cesse. C'est pourquoi on vit alors se former des organisations de laïcs, hommes et femmes, prêchant et vivant de la pauvreté. Les unes maintinrent la communion avec l'Église ; d'autres prirent une orientation franchement hérétique et schismatique : les *Vaudois*, issus des *Pauvres de Lyon* fondés par Pierre Valdès. Une autre vague d'hérétiques, venue d'Orient, se répandit durant la seconde moitié du XIIe siècle en Italie, en Allemagne et dans le Midi de la France, d'où le nom d'*albigeois* couramment donné aux adeptes de la secte en France, *les cathares*. Cette vague de « purs » faillit balayer la foi catholique dans la vaste région allant d'Agen aux bords du Rhône. La réaction fut brutale. C'est alors que s'ouvrit le pontificat du pape Innocent III (1198-1216), qui allait profondément marquer la première partie du XIIIe siècle : il imposa à l'Occident sa conception théocratique de la prééminence du pouvoir pontifical sur tous les autres pouvoirs, mit toute son énergie à la réforme de l'Église, apportant un soutien actif aux ordres mendiants naissants, comme à la toute jeune Université de Paris ; il multiplia les efforts pour relancer la croisade en Terre sainte et prit l'initiative de la croisade contre les Albigeois. Ce fut un pape autoritaire ; d'aucuns le considèrent même comme un dictateur. La croisade et l'Inquisition eurent raison de l'hérésie albigeoise ; mais ce fut et c'est encore un scandale aux yeux des chrétiens et des humanistes. La répression violente ne pouvait apporter une réponse à l'attente que révélait en fait le mouvement cathare : attente d'un retour à l'esprit de pauvreté et de fraternité des origines du christianisme.

La véritable réponse aux hérésies fut fournie par les ordres mendiants franciscain et dominicain. Ces nouveaux ordres modifièrent profondément le visage de l'Église au XIIIe siècle, pratiquant leur apostolat en plein cœur de la société du temps, c'est-à-dire dans les villes. L'occupation principale des frères n'était ni l'office, ni le travail manuel : c'étaient la prédication et la confession. Pour pouvoir assurer la prédication au sein de la société qui voyait le jour, il fallait posséder une solide formation intellectuelle et être rompu aux méthodes scolastiques qui régnaient alors sur le monde intellectuel. C'est pourquoi les ordres mendiants devinrent très vite des pépinières de professeurs de philosophie et de théologie, les plus célèbres étant Albert le Grand et Thomas d'Aquin pour les dominicains, Bonaventure et Duns Scot pour les franciscains. L'influence des ordres mendiants sur leur époque fut considérable : ils constituaient en effet un réservoir de théologiens, d'évêques, de cardinaux, de maîtres spirituels et de saints : ils ont marqué toute la vie de l'Église.

Le XIIIe siècle vit la fin des démêlés entre les papes et l'Empire germanique. La lutte fut longue et épique entre Frédéric II, empereur germanique, et le pape Innocent IV. En 1245, le pape convoqua à Lyon un concile qui prononça la déposition de l'empereur et lança une véritable croisade contre lui. Frédéric II mourut en 1250, ce qui mit pratiquement le point final à la lutte qui opposait depuis deux siècles le Sacerdoce et l'Empire. L'euphorie de l'Église d'Occident atteignit son point culminant lors du concile d'union tenu à Lyon en 1274 avec Michel VIII Paléologue, empereur de Constantinople, et le patriarche de cette capitale politique et religieuse ; mais cette réunification des Églises d'Orient et d'Occident, rejetée par le peuple et le clergé grecs, ne devait pas survivre à Michel VIII.

Le XIIIe siècle fut le siècle de saint Louis. Louis IX régna de 1226 à 1270 ; sa vie durant, il eut le souci d'assumer avec justesse sa fonction royale, qu'il situait au niveau des exigences morales les plus élevées. Sa politique était fondée sur la morale, et d'abord une morale de paix et de justice. Ce sens de la justice et l'extraordinaire autorité morale dont il jouissait le firent maintes fois appeler à arbitrer les conflits du temps. Mais, quinze ans après sa mort, allait accéder au trône de France un grand politique sans scrupules, son petit-fils Philippe IV le Bel ; avec lui allait s'ouvrir une ère de cruelles humiliations pour la papauté. On changeait de siècle ; un nouveau type de civilisation allait s'ouvrir. Ce ne serait plus celle de la Chrétienté !

Le déclin et la fin de la Chrétienté médiévale (XIVe et XVe siècles)

Durant ces deux siècles va s'effectuer le passage d'un univers médiéval dans tout son éclat au XIIIe siècle à celui de la Renaissance et de la Réforme. Ce fut une période tumultueuse, souvent tragique, d'où va émerger la civilisation des temps modernes.

Philippe IV le Bel monte sur le trône de France en 1285. Il est conseillé par d'éminents juristes qui incarnent un sens très moderne de l'État et sont résolument étrangers à toute notion de suprématie spirituelle. La papauté, qui pensait en avoir fini à tout jamais avec la longue querelle du Sacerdoce et de l'Empire, va devoir se mesurer dès lors à la royauté française : le choc sera terrible. Philippe le Bel commence par taxer les revenus ecclésiastiques, sans l'aval du pape Boniface VIII qui réagit par un texte virulent sur la prétention des laïcs. Philippe bloque alors les fonds ecclésiastiques destinés à Rome. Le ton monte et Boniface lance la bulle *Unam Sanctam,* en 1302 : l'unique source de l'autorité, qui découle de Dieu, se trouve dans le successeur de saint Pierre. Philippe envoie alors un commando, sous la direction de Guillaume de Nogaret, pour s'emparer du pape ; délivré par la population de Rome, Boniface ne résiste pas au choc et meurt un mois plus tard. En 1305, Philippe le Bel fait élire un pape français, Clément V : ce sera le premier pape d'Avignon. Le séjour des papes à Avignon durera de 1309 à 1377, marqué par leur état de dépendance vis-à-vis du roi de France.

C'est le successeur de Clément V, Jean XXII, lui aussi un Français, qui est à l'origine de l'installation permanente des papes en Avignon, en raison des troubles agitant alors Rome et l'Italie. Huit papes français se succédèrent dans cette ville. La cour d'Avignon était surtout remarquable par son faste, qui fut propice aux arts et aux lettres ; mais les mœurs des papes d'Avignon furent irréprochables. Ces soixante-huit années d'Avignon, que les Italiens appelèrent avec amertume « la captivité babylonienne », causèrent dans l'Église un profond malaise, encore aggravé par la coupure de l'Europe entre partisans de la France et de l'Angleterre durant la guerre de Cent Ans (1337-1453). Les papes Urbain V et Grégoire XI tentèrent un retour à Rome ; mais Grégoire XI mourut quelques mois après son accueil triomphal à Rome. Sa succession allait provoquer le Grand Schisme d'Occident.

L'élection en 1378 du successeur de Grégoire XI, le pape Urbain VI, qui très vite va se montrer hostile aux Français – majoritaires parmi les cardinaux –, va être contestée et déclarée irrégulière ; les cardinaux élisent un nouveau pape : Clément VII. Urbain VI refuse d'abdiquer : deux papes sont en présence. Le Grand Schisme d'Occident est alors commencé et il va durer trente-neuf ans.

Pour tenter de résoudre la crise, la conviction se répandit que la solution résidait dans un concile général, étant admis que le pouvoir suprême de l'Église n'appartenait pas au pape, mais au concile universel. Un concile se réunit donc à Pise en 1409, mais ni le pape de Rome, Grégoire XII, ni le pape d'Avignon, Benoît XII, ne s'y rendirent : on élut alors un troisième pape, Alexandre V, qui mourut peu après et fut remplacé par Jean XXIII. Les deux autres papes refusant de se démettre, voilà l'Église avec trois papes ! La crise est enrayée par le concile de Constance, imposé par l'empereur d'Allemagne Sigismond. Le schisme se résoud par la démission et la déposition des trois papes : celui de Rome, Grégoire XII, se retire ; Jean XXIII s'enfuit ; l'intraitable Benoît XII perd tous ses partisans. En 1417, le concile élit Martin V : le schisme d'Occident est enfin terminé.

Le long affaiblissement de la papauté, une aspiration de plus en plus impatiente aux réformes allaient entraîner divers courants, plus ou moins hérétiques. En Angleterre, John Wyclif (v. 1320-1384), qui était professeur de théologie à Oxford, va rejeter en bloc papauté, sacrements, ordres religieux et prôner une Église sous la seule autorité de l'Écriture. En Bohême, Jean Hus (1369-1415), gagné aux idées de Wyclif, va prendre la tête d'un mouvement de réforme, soutenu par le roi de Bohême Wenceslas IV et par le peuple tchèque. Condamné par le concile de Constance, il finira sur un bûcher en 1415. En France, le roi Charles VII fait adopter par une assemblée du clergé réunie par lui à Bourges un statut particulier de l'Église de France publié sous le nom de la *Pragmatique Sanction*, qui réaffirmait la suprématie du concile sur le pape et refusait au Saint-Siège une grande part de ses attributions dans l'Église de France.

Les XIVe et XVe siècles furent néanmoins marqués par un intense mouvement intellectuel et spirituel. La scolastique est en déclin. Le franciscain Duns Scot tend à séparer connaissance philosophique, basée sur la raison, et connaissance théologique, basée sur la Révélation. Plus radical encore, le franciscain anglais Guillaume d'Occam fera prévaloir partout en Europe les théories *nominalistes* privilégiant la connaissance expérimentale, concrète, au détriment de la connaissance abstraite et générale. Des réactions populaires en faveur des réformes vont voir le jour avec saint Bernardin de Sienne et saint Vincent Ferrier, ou Savonarole, qui finira, lui, sur un bûcher. On assiste aussi à un extraordinaire essor de la spiritualité, marqué par les malheurs du temps (guerre de Cent Ans, grande peste, famines, etc.), par un sentiment général d'angoisse et par la place accordée désormais à l'intuition et à l'individuel ; la vie spirituelle s'oriente dans un sens mystique avec Maître Eckhart et autres spirituels rhénans. C'est à cette époque

que sera écrite *L'Imitation de Jésus-Christ*, œuvre vraisemblablement de Thomas a Kempis. L'humanisme aussi surgit hors de l'Université, avec comme chefs de file Pétrarque (1304-1374) et Boccace (1313-1375). Il va gagner le nord de l'Europe où son représentant le plus éminent, Érasme (v. 1469-1536), ouvre les voies à l'exégèse moderne. La découverte de l'imprimerie va désormais permettre une diffusion illimitée des textes profanes et sacrés, qui échapperont ainsi à la domination des clercs et des princes.

Alors que le monde chrétien attend, autant de la part du clergé, des ordres monastiques que de la papauté, le retour à la vie évangélique, que des embryons de réforme sont tentés tant par des saints (Vincent Ferrier, Bernardin de Sienne, Catherine de Sienne, etc.) que par des hérétiques (John Wiclif, Jean Hus), on voit se succéder sur le trône de Rome, pendant soixante-quinze ans, une suite de pontifes se comportant comme des princes italiens de la Renaissance, esthètes et souvent débauchés. Nicolas V s'intéresse avant tout aux arts et aux lettres ; c'est sous son pontificat, en 1453, que Constantinople tombera aux mains des Turcs, mettant fin à l'Empire d'Orient sans que le pape soit parvenu à mobiliser l'Occident. Les papes qui lui succéderont, Calixte III (le premier des papes Borgia), Sixte IV, sont plus attirés par les arts ou les luttes de pouvoir que par le bien de l'Église. Avec Innocent VIII et Alexandre VI Borgia, on atteint le sommet du scandale : luxe fastueux, dépravation, corruption, intrigues, crimes. Jules II se rendra célèbre par son souci des arts et par la guerre : on l'appellera le « pape botté ». Son successeur Léon X, un Médicis, est resté célèbre par l'éclat donné aux arts, aux lettres et à l'érudition. Pour financer les travaux entrepris à Rome, il poursuit la politique financière des indulgences instaurée par Jules II. C'est elle qui va mettre le feu aux poudres : en 1517, Luther affiche ses thèses sur les indulgences. Le temps des réformes s'ouvre, mais d'abord hors de Rome et contre Rome.

La Réforme protestante (XVIe et XVIIe siècles)

Les causes de la Réforme protestante

On a déjà entrevu les causes de la Réforme, lorsqu'on a parlé du déclin de l'Église aux XIVe et XVe siècles. Reprenons-les schématiquement. La papauté porte vis-à-vis de l'opinion chrétienne le poids de deux siècles de maladresses, d'erreurs, de scandales : humiliation de Boniface VIII par Philippe le Bel, exil d'Avignon, Grand Schisme d'Occident, faste et dépravation de la Rome de la Renaissance. On peut ajouter toutes sortes d'abus ressentis par le peuple chrétien : le poids de la fiscalité pontificale imposée aux divers États ; la richesse de l'Église ; la manière dont sont attribués évêchés et abbayes à des personnes souvent indignes ; la médiocrité spirituelle, morale, intellectuelle du bas clergé et de beaucoup d'ordres religieux. À cela s'ajoute l'évolution des idées : le nominalisme brise les grandes constructions de la scolastique en séparant raison et foi ; l'humanisme privilégie le libre examen au détriment des institutions ecclésiales et donne à la culture un statut autonome qui conduit inévitablement à l'individualisme. La spiritualité, en plein essor, a pris elle aussi un tour individualiste ; les théories conciliaristes ont mis directement en cause l'autorité pontificale. Les crises suscitent chez le peuple une angoisse du salut. De profondes mutations sont survenues dans la société qui ont affecté les mentalités : découverte de l'Amérique par Christophe Colomb (1492), invention de l'imprimerie par Gutenberg (1434), apparition de l'économie monétaire, etc. Les responsables de l'Église restent aveugles à l'énorme mutation en cours, ne ressentent pas le besoin de réforme. Pour toutes ces raisons et d'autres encore, on comprend que la protestation formulée par un moine allemand contre le trafic des indulgences ait soudain allumé un incendie qui va embraser toute l'Europe.

La Réforme luthérienne

Luther est né vers 1483 à Eisleben, en Allemagne. En 1505, à la suite d'un vœu, il entre chez les Ermites de saint Augustin d'Erfurt. Il devient novice, puis moine, et reçoit la prêtrise en 1507. En 1510, un voyage à Rome produit sur lui une impression très négative : l'Église a besoin d'une réforme. À partir de 1511, il enseigne la Bible à Wittenberg. C'est l'étude de l'Écriture qui va peu à peu fournir à Luther les réponses qu'il se pose sur la justice de Dieu notamment. Stupéfait et indigné par la campagne en faveur des indulgences (1506, puis 1514 et surtout 1516) animée par Tetzel :

> Sitôt que dans le tronc l'argent résonne,
> Du purgatoire brûlant une âme s'envole,

Luther alerte en vain les responsables ecclésiastiques et les théologiens. De guerre lasse, restant sans réponse, il rédige en latin 95 thèses qui seront traduites et imprimées contre son gré. Le 31 octobre 1517, ces thèses seront affichées à la porte de l'église du château de Wittenberg. En juin 1518, Luther est invité à comparaître devant des juges romains : il refuse et, à l'automne 1518, il comparaît à Augsbourg où il en appelle au pape : « Du pape mal informé au pape mieux informé ». L'année 1520 est marquée par trois écrits : 1. *À la noblesse chrétienne,* où Luther défend le sacerdoce universel de tous les baptisés, la clarté de l'Écriture lisible pour tout croyant et enfin un programme de réforme de l'Église ; 2. *De la captivité de Babylone de l'Église,* qui est destiné aux théologiens, et où est critiqué l'usage abusif des sacrements ; 3. *De la liberté chrétienne,* destiné à l'ensemble du peuple chrétien : « Le chrétien est un libre seigneur de toutes choses et n'est soumis à personne. Le chrétien est en toutes choses un serviteur et il est soumis à tout le monde. » La bulle *Exurge Domine* du juin 1520 condamne 41 propositions de Luther, qui le 17 novembre en appelle à un concile général. Ses écrits sont brûlés à Louvain et, en réplique, la bulle papale l'est aussi à Wittenberg (10 décembre 1520). Le 3 janvier 1521 l'excommunication est lancée contre Luther. Charles Quint convoque la diète de Worms. Luther y affirme l'autorité de l'Écriture. Le 26 mai 1521, l'édit de Worms met Luther au ban de l'Empire. Pour le protéger, le prince Frédéric III le Sage le fait enlever et mettre à l'abri dans le château de la Wartburg où, du 4 mai 1521 au 3 mars 1522, Luther traduira le Nouveau Testament, qui paraît en 1522. La Bible entière ne sera éditée qu'en 1534.

En 1526, les Églises luthériennes s'organisent en Églises d'État, en Saxe et en Hesse. À la même époque Luther publie ses catéchismes. Il veut tout soumettre à la Parole biblique, lui laisser sa fonction créatrice et critique : il faut que la lecture soit partagée par tous, que tous soient éclairés et réformés. L'empereur d'Allemagne Charles Quint, accaparé par la lutte implacable qui le met aux prises avec la France, tente de régler par la conciliation le problème intérieur religieux. En 1530 il réunit catholiques et protestants dans une diète d'Empire tenue à Augsbourg ; le théologien Melanchthon présente une synthèse modérée de la foi luthérienne, appelée depuis lors *Confession d'Augsbourg* et restée la charte des Églises luthériennes ; l'accord entre parties en présence, protestants et catholiques, ne peut cependant se faire. Pour finir, un décret impérial ordonne la stricte application de l'édit de Worms : rétablissement de l'autorité épiscopale, restitution des biens confisqués. Les évangéliques répliquèrent en constituant la ligue de Smalkalde, et Charles Quint leur accorda la paix de Nuremberg (1532). Luther mourut le 18 février 1546, alors que venait de se tenir la première session du concile de Trente, que le protestantisme allemand traversait une crise et que l'empereur d'Allemagne restaurait son autorité. Ce qui est frappant, c'est le fait que Luther n'ait pas eu au début l'intention de se séparer de l'Église romaine. C'est progressivement, à partir de sa condamnation de 1520, que par une sorte d'enchaînement il a été conduit à des positions de plus en plus radicales vis-à-vis de l'Église romaine, tout en élaborant une doctrine visant à restaurer les données authentiques de la foi chrétienne et de l'Église telles qu'à ses yeux l'Écriture sainte les enseigne.

Du vivant de Luther, et après sa mort, les princes et les villes libres d'Allemagne se sont faits les actifs propagateurs de la Réforme, soutenus par le rayonnement de grands théologiens et maîtres spirituels, par l'aspiration générale à un renouveau religieux et par les sentiments anti-romains d'une partie de la population et du clergé. En 1555, Charles Quint négocie un compromis purement politique, appelé la paix d'Augsbourg, basé sur le principe *cujus regio, illius religio :* l'appartenance à une région entraîne l'adhésion à sa religion ; il n'y aura plus qu'une religion dans chaque principauté ou ville libre de l'Empire, celle adoptée par le pouvoir local : prince ou conseil municipal. En 1556, Charles Quint abdique en faveur de son fils Philippe II et de son frère Ferdinand d'Autriche. La Réforme avait déjà gagné la Suisse. Dans le canton de Zurich, Zwingli (1484-1531) impose sa conception propre de la Réforme, qui diffère quelque peu de celle de Luther. Isolé, il n'en tente pas moins de faire prévaloir par les armes cette conception dans les cantons catholiques ; leur confédération bat l'armée zurichoise à Kappel (1531), Zwingli meurt dans la bataille. La paix conclue accorde à chaque canton suisse la garantie de sa religion. Des Églises protestantes nationales s'érigent durant cette période dans les pays scandinaves et baltes.

Selon les historiens et les théologiens, trois grands principes sont à la base de la doctrine luthérienne : 1. ***l'autorité de l'Écriture sainte***. Luther ne reconnaît qu'une autorité dans l'Église, celle de l'Écriture ; le chrétien doit y chercher lui-même la volonté de Dieu (principe du libre examen) ; 2. ***la justification par la foi seule*** et non par les œuvres et les mérites personnels du croyant ; l'homme n'a aucune part à son salut ; celui-ci est exclusivement le fait de l'amour de Dieu, qui accorde la grâce de la foi en vertu d'un choix mystérieux (prédestination) ; 3. ***le sacerdoce universel des chrétiens*** qui, par le baptême, sont tous rendus participants du sacerdoce du Christ, sans distinction à établir entre prêtres et laïcs ; l'Écriture ne justifie pas le rôle de médiation attribué aux prêtres par l'Église dans le sacrifice de la messe : l'unique médiateur entre Dieu et les hommes est le Christ. Les ministres ne sont que des laïcs chargés d'un service.

La Réforme calviniste. Les troubles religieux en France

Jean Calvin est né à Noyon, en Picardie, province du nord de la France, le 10 juillet 1509. À la mort de son père, en 1531, il revient à Paris où il a fait ses études, et se consacre d'abord aux lettres, puis selon ce qu'il nous dit lui-même, en 1533, « Dieu dompte et soumet son cœur par une conversion subite ». C'est non seulement une rupture avec l'Église romaine, mais une transformation profonde : il y découvre le pardon et la grâce du Christ ; il se sait alors délivré et sauvé. De 1536 à 1559, il rédige l'*Institution chrétienne,* l'un des monuments de la langue française (G. Lanson). La préface en est la célèbre épître au roi de France, François Ier.

Guillaume Farel, Dauphinois (1489-1565), a retenu à Genève Calvin qui y était de passage en route vers Strasbourg. Calvin connaît ainsi sa première période d'activité genevoise de 1536 à avril 1538. Il publie, en 1537, *Introduction et Confession de foi aussi nommée catéchisme.* Suivant Calvin, le Conseil de la ville de Genève soumet la ville à une stricte discipline pour « vivre selon l'Évangile ». Calvin ainsi que Farel sont alors chassés de Genève et, invité par Bucer, Calvin se rend à Strasbourg. De 1538 à 1541, il y déploiera une intense activité théologique, jusqu'à ce qu'il revienne à Genève en septembre 1541. De Genève, Calvin exerce une activité extraordinaire. Et pourtant la lutte y est incessante. Sur le plan doctrinal, Calvin a dû lutter contre les tièdes, contre les libertins, contre les anabaptistes, mais les deux faits les plus marquants furent sa dispute sur la prédestination avec le médecin Jérôme Bolsec, qui fut banni de Genève, et le procès contre Michel Servet qui refusait la doctrine de la Trinité et finit sur un bûcher. Calvin mourut le 27 mai 1564, et il fut enterré sans sépulture.

La Réforme calviniste eut comme lieu de prédilection la ville de Genève, qui en devint le foyer actif. De là elle gagna la Suisse et influença les Pays-Bas, la Grande-Bretagne et la France. Après la mort de François Ier (1547), le mouvement réformiste en France se développa rapidement sous l'impulsion de Calvin qui, de Genève, portait un intérêt particulier à son pays d'origine ; il toucha les divers milieux sociaux, y compris celui des grands du royaume (les Bourbons, l'amiral Coligny, etc.). Pendant près de quarante ans en France vont sévir les guerres de religion. Deux partis sont aux prises ; le parti catholique dominé par la famille des Guise et le parti huguenot conduit par des membres de la famille des Bourbons : le prince de Condé, puis Henri de Navarre, le futur Henri IV.

Malgré la politique de conciliation d'abord tentée par Catherine de Médicis et son chancelier Michel de l'Hôpital, les passions se déchaînent. Le *massacre de Wassy* – une assemblée protestante est attaquée par des partisans des Guise – ouvre en 1562 la première des huit guerres de religion. Marquées de batailles épisodiques, de coups de mains, d'actes de vandalisme, d'assassinats de part et d'autre, elles restent symbolisées dans la mémoire collective par l'horrible tuerie de protestants déclenchée par la famille royale et les Guise le jour de la Saint-Barthélemy (24 août 1572). Massacre qui eut lieu alors que le principaux membres du parti protestant étaient venus assister au mariage d'Henri de Bourbon – le futur Henri IV qui était calviniste – avec la sœur du roi Charles IX, Marguerite de Valois, plus connue sous le nom de reine Margot. Le nombre des victimes se situe entre 20 000 et 70 000 dans l'ensemble du royaume. Après l'assassinat d'Henri III en 1589, Henri de Navarre, devenu Henri IV, monta sur le trône. C'était un calviniste. Les protestants, majoritaires en certaines régions, ne représentaient que 10 % de la population du royaume. Dans un geste de portée essentiellement politique, Henri IV abjura la foi protestante à Saint-Denis (1593) ; « Paris vaut bien une messe ! », aurait-il déclaré. Il reçut le sacre royal et fit une entrée triomphale à Paris (1594). Pour rassurer les huguenots, il rédigea l'édit de Nantes (1598), établissant le principe du pluralisme confessionnel en France.

La Réforme anglicane

Les origines du schisme anglican ont fait l'objet de nombreuses études. Toutes, quels que soient leur point de vue religieux, leur sympathie ou leur attitude critique, reconnaissent volontiers que la rupture avec Rome ne saurait s'expliquer uniquement par le caprice d'un prince anglais passionnément épris et contrarié dans ses projets matrimoniaux. Les causes en furent multiples et variées. Henri VIII s'était tout d'abord destiné à être clerc et avait étudié la théologie à Oxford, lorsqu'il devint roi en 1509. En 1521, il s'était opposé à Luther défendant les sept sacrements. Le pape Léon X lui décerna le titre de *Defensor fidei.* Ce sont les lenteurs apportées au procès de son divorce qui amenèrent finalement Henri VIII à rompre avec Rome. En 1529, il fit savoir au clergé anglais qu'il était sur terre le « chef suprême » de l'Église d'Angleterre. En 1532, le clergé dut l'accepter et en 1534 le Parlement entérina la décision dans l'*Acte de Suprématie.* Le schisme était consommé. À cette époque les courants évangéliques pénètrent quelque peu en Angleterre sous l'influence de Thomas Cromwell et de l'archevêque Cranmer. Les monastères sont supprimés, leurs biens confisqués et distribués à la noblesse. Ces velléités évangéliques cessent en 1539 : sous peine des punitions les plus sévères, Henri VIII maintient les conceptions catholiques sur la transsubstantiation, le mariage des prêtres, la validité des vœux de chasteté, les messes privées et la confession auriculaire. Sous le faible Édouard VI (1547-1553), le culte et le dogme sont réformés dans le sens protestant, mais le principe de l'épiscopat est maintenu. En 1549, paraît le premier *Book of Common Prayer.* En 1552, le second suit, ainsi qu'une *Confession de foi* en 42 articles. Marie Tudor (1553-1558) s'efforce pendant son court règne de restaurer le catholicisme ; elle le fait avec une extrême brutalité qui la fait surnommer « la sanglante » ; son mariage avec Philippe II d'Espagne achève d'exaspérer la haine populaire contre les « papistes ». Élisabeth Ire (1558-1603) cherche une voie moyenne qui puisse sauvegarder son autorité et exclure toute obédience romaine. En 1559, le Parlement renouvelle l'*Acte de Suprématie,* mais le roi n'est plus que le gouverneur suprême de l'État dans les affaires ecclésiastiques : parole et sacrements sont ainsi hors de son influence. En 1563 les *Trente-neuf articles*, remaniement des *Quarante-deux articles* de 1552, fixent les croyances de l'Église anglicane. Cette *via media* sera acceptée par le Parlement en 1571. Les opposants calvinistes, appelés puritains depuis 1564, auraient voulu purifié l'Église d'État du levain papiste ; ils furent persécutés.

Depuis le début du XVIIIe siècle, la communion anglicane s'est répandue dans le monde : Amérique (1784), Canada (1787), Indes (1814), Jamaïque et Barbades (1824), Australie (1836), Nouvelle-Zélande (1841), Afrique du Sud puis Afrique occidentale (1852), Afrique orientale (1861). Tant et si bien que depuis 1980 la plupart de ces Églises sont indépendantes de la juridiction de Canterbury, tout en ayant même origine, même foi, même liturgie, même communion. Les caractéristiques de l'Église anglicane peuvent se résumer ainsi : importance prépondérante de la Bible. Deux sacrements, le baptême et la Cène, ont un rôle essentiel, la place des cinq autres varie. Le *Prayer Book* (4e édition) de 1562 a fait l'objet d'une révision entre 1906 et 1927, agréée par les Églises mais rejetée par le Parlement. En 1929, les évêques décidèrent d'utiliser le texte révisé. Souple, pragmatique, l'Église anglicane s'adapte aux diverses tendances et circonstances ; elle abrite en son sein aussi bien la haute Église, proche du catholicisme, que le mouvement évangélique, proche du puritanisme, dans la basse Église.

Les principales ramifications des Églises issues de la Réforme

Sur les trois branches maîtresses de l'arbre de la Réforme (luthéranisme, calvinisme, anglicanisme) vont surgir tout au long de l'histoire maints rameaux, sous forme de courants de pensée donnant le plus souvent naissance à de nouvelles Églises, sans que disparaissent pour autant les anciennes. Les **anabaptistes** se sont séparés en 1525 de Zwingli, qu'ils ne jugeaient pas assez radical. Ils ne reconnaissent comme valide que le baptême des adultes. De leur mouvement sont issus les **mennonites**, secte fondée par le

Hollandais Menno Simonsz (1496-1561), les **frères moraves** qui sont aussi héritiers des hussites, de même que la vaste famille des **baptistes** qui a vu le jour au sein de l'Église anglicane au XVIIe siècle et s'en est alors séparée ; elle compte aujourd'hui près de 40 millions de membres. Les **puritains** ou **congrégationalistes**, d'esprit calviniste, se sont eux aussi séparés de l'Église anglicane en 1581 ; ils la jugeaient trop catholique et pas assez réformée, d'où leur nom de puritains. **Les presbytériens d'Écosse** – autre mouvement calviniste – ont comme principal fondateur John Knox (1505-1572). Il s'agit d'une Église née spontanément, sans s'être détachée d'une autre Église de la Réforme. Les **quakers** sont les membres d'un mouvement né en Angleterre au XVIIe siècle, que Georges Fox (1624-1691) organisa en « Société des Amis », sans liturgie ni structure, la place essentielle étant accordée à un subjectivisme religieux inspiré par l'Esprit. Les **méthodistes** sont le fruit, au sein de l'Église d'Angleterre, au XVIIe siècle, du mouvement piétiste et mystique du Réveil, en réaction contre le ritualisme et le conformisme religieux. Cette nouvelle Église s'est formée sous l'impulsion des deux frères Wesley ; elle n'a d'autre doctrine que le Symbole des Apôtres ; l'accent y est mis sur l'expérience spirituelle personnelle conduite selon la *méthode* des Wesley, d'où le nom de méthodistes. **Le pentecôtisme** est un ensemble de courants spirituels axés sur la foi dans l'action de l'Esprit Saint dont les dons ont été répandus sur les apôtres le jour de la Pentecôte. Il comprend, historiquement parlant, deux mouvements : le pentecôtisme classique, né aux États-Unis en milieu protestant au début du XXe siècle, et le néo-pentecôtisme, né également aux États-Unis en milieu protestant aux alentours de 1950, puis répandu dans les milieux universitaires catholiques américains. Il est passé en Europe dans les milieux catholiques sous le nom de **Renouveau charismatique**. Il vise foncièrement un renouveau des Églises par la prière à l'Esprit Saint. Il est impossible de citer et même de dénombrer les milliers d'autres Églises et groupes religieux qui, dans le monde, se réclament du Christ. Nées pour la plupart depuis moins de cinquante ans, notamment dans le tiers-monde, ces Églises sont souvent difficiles à distinguer des sectes ; elles rassemblent des millions de fidèles.

LES GRANDS TEXTES CHRÉTIENS

La Bible

Le christianisme est à l'origine, comme on l'a vu, une secte juive qui s'est séparée peu à peu de la religion juive, pour prendre son propre envol. Le texte sacré par excellence pour les chrétiens de toutes tendances sera la Bible juive, ou Ancien Testament, complétée par le Nouveau Testament, texte propre aux chrétiens. Le vocable « Bible », lui, vient du grec ; c'est un pluriel [*ta biblia* = les livres]. En passant par le latin, il est devenu un mot féminin singulier : **la Bible**.

Les Églises chrétiennes classent les livres de la Bible en deux grands ensembles : l'Ancien et le Nouveau Testament. Le mot « Testament » n'a pas le même sens que dans les langues occidentales. La traduction latine a rendu par *Testamentum* le mot grec *diathèkè*, lui-même traduction du mot hébreu *Berith* qui signife « Alliance ». Il s'agit de l'Ancienne Alliance passée par Dieu avec le peuple juif par l'intermédiaire de Moïse et de la Nouvelle Alliance en Jésus-Christ.

La Bible catholique est une bibliothèque composée de 73 livres d'époques et d'auteurs très divers : de la rédaction des plus anciens passages à celle des plus récents, au moins dix siècles se sont écoulés. L'Ancien Testament compte 46 livres dans les bibles catholiques. Les bibles juives et protestantes en ont quelques-uns en moins (Baruch, Judith, 1 et 2 Maccabées, Sagesse, Ecclésiastique ou Siracide, Tobit, Lettre de Jérémie). Les protestants appellent parfois ces livres « apocryphes de l'Ancien Testament » et les catholiques « deutérocanoniques », c'est-à-dire entrés dans le canon, ou règle de foi, en second lieu.

Mais pourquoi le nombre des livres de l'Ancien Testament est-il différent chez les juifs, les catholiques et les protestants ? C'est, semble-t-il, au temps d'Esdras (deuxième moitié du cinquième siècle av. J.-C.) qu'apparaît le premier canon de l'Ancien Testament, c'est-à-dire la première liste de livres reconnus officiellement comme faisant autorité pour la foi et la vie pratique : la Loi, ou *Torah* en hébreu, recouvre les cinq premiers livres de la Bible. Plus tard on ajouta le recueil des Prophètes, considéré comme une sorte de commentaire de la Loi, d'où l'expression la Loi et les Prophètes employée au temps de Jésus pour désigner l'ensemble des Écritures saintes (*Mt* 5, 17 ; 7, 12 ; etc.). Le canon s'enrichit aussi des Psaumes (*Lc* 24, 44), étant donné leur usage officiel au Temple et dans les synagogues. Mais l'autorité d'un certain nombre d'autres livres restait encore discutée. C'est seulement aux environs de l'an 90 que, selon la tradition juive, les docteurs juifs réunis à Jamnia, en Palestine, établirent la liste officielle des livres constituant les Écritures saintes du judaïsme palestinien. Notons que cette réunion de Jamnia est aujourd'hui contestée par certains chercheurs juifs.

Cette liste comprend trois ensembles : la Loi, les Prophètes et les Écrits, ces derniers incluant les psaumes. Tous ces livres étaient écrits en hébreu, sauf quelques passages en araméen, langue voisine de l'hébreu.

Mais de nombreux Juifs vivaient à cette époque en dehors de la Palestine. Dès le troisième siècle avant J.-C. ceux qui s'étaient installés à Alexandrie en Égypte avaient éprouvé le besoin de traduire les livres de la Loi, puis des Prophètes et des Psaumes, et enfin quelques autres dans la langue qu'ils parlaient usuellement – comme tous les habitants du bassin méditerranéen –, le grec. C'est ainsi que se constitua la version grecque dite des Septante (on dit aussi la Septante), abréviation de « traduction des soixante-dix savants » qui, d'après la légende, traduisirent le texte hébreu du Pentateuque. La Septante comprenait des livres qui ne furent pas retenus comme canoniques à Jamnia, par exemple le livre de Tobit ou du Siracide. On y adjoignit même certains livres rédigés directement en grec, comme le second livre des Maccabées et la Sagesse. C'est cette Bible grecque qui devint plus tard l'Écriture sainte des premières générations chrétiennes. On connaît aussi d'autres traductions grecques anciennes : celle d'Aquila, de Symmaque, de Théodotion.

Dans le judaïsme, ce fut finalement le canon de la Bible hébraïque, fixé vraisemblablement à Jamnia, qui prévalut. C'est celui qu'adoptèrent les protestants au XVIe siècle, en y adjoignant les livres du Nouveau Testament. Du côté catholique, le canon, officiellement fixé dès le IVe siècle (Synode romain de 382), fut confirmé par le concile de Trente (1546). Il inclut donc, comme il a été dit, les livres du canon de la Bible hébraïque, et un certain nombre de livres propres à la Bible grecque, appelés « deutérocanoniques » ou « apocryphes de l'Ancien Testament », et les livres du Nouveau Testament. Les Églises orthodoxes et orientales n'ont pas pris de décision officielle au sujet des livres deutérocanoniques ; elles ont le même canon que les Églises catholiques ou protestantes.

Le Nouveau Testament, identique pour tous les chrétiens, regroupe 27 livres, distribués en plusieurs genres littéraires : Évangiles, Actes des Apôtres, Épîtres et Apocalypse. Le Nouveau Testament fut écrit entièrement en grec, dans la langue commune de l'époque, la *Koinè,* assez différente du grec classique.

En résumé, la Bible hébraïque comprend, selon la façon moderne de la diviser, 39 livres écrits en hébreu, avec certaines parties en araméen.

La Bible juive écrite en grec, la Septante, comprend 46 livres, les sept livres deutérocanoniques étant ajoutés au canon de la Bible hébraïque.

La Bible protestante comprend les 39 livres de la Bible hébraïque, plus les 27 livres du Nouveau Testament. La Bible catholique comprend les 39 livres de la Bible hébraïque, les 7 livres deutérocanoniques de la Bible juive grecque, plus les 27 livres du Nouveau Testament.

Les Pères de l'Église

La Bible, Ancien et Nouveau Testament, a toujours été et est toujours le texte sacré par excellence de tous les chrétiens. Les autres textes chrétiens sont d'abord et avant tout une interprétation de cette Bible chrétienne. On appelle cette interprétation incessante de la Bible la *Tradition*, c'est-à-dire ce qui nous est transmis dans la foi chrétienne et dans la culture religieuse que connaissent toujours les chrétiens. « On continue toujours de croire, écrit Heidegger, que la tradition est passée et qu'elle n'est plus qu'un objet de la conscience historique. On continue toujours de croire qu'elle est ce que nous avons derrière nous, quand elle vient au contraire vers nous, parce que nous sommes exposés à elle et qu'elle est notre destin. » L'importance néanmoins qu'on accorda au texte même de la Bible varia au fil des siècles, selon les traditions chrétiennes et les aléas des politiques ecclésiastiques ou gouvernementales. Les premiers à interpréter la Bible juive, surtout la Septante, furent les auteurs du Nouveau Testament, qui se servaient de l'Ancien Testament pour élucider le mystère de Jésus. Les auteurs du Nouveau Testament ont relu la vie de Jésus à la lumière des textes de l'Ancien Testament que Jésus était venu accomplir, et pénétré le sens plénier de l'Ancien Testament à la lumière de la mission de Jésus.

Les **Pères de l'Église** emprunteront la même voie. Leurs textes seront fondamentalement des interprétations de l'Écriture : Ancien et Nouveau Testament. Mais qui sont les Pères de l'Église ? On donne ce nom aux anciens penseurs du christianisme, qui, pour la plupart canonisés, furent les premiers à définir la foi chrétienne et préparèrent, en particulier, les définitions des premiers conciles œcuméniques. C'est dans le feu des controverses que leur réflexion a mûri et que se sont établies les bases de la recherche et de l'expression théologiques ; l'orthodoxie n'a tracé son chemin qu'à travers un buisson d'hérésies, et ce, depuis le début du christianisme jusqu'à aujourd'hui. On admet généralement que la période patristique s'étend de la fin du premier siècle jusqu'à Isidore de Séville (570-636) pour l'Occident, et jusqu'à Jean Damascène (fin du VIIe siècle-749) pour l'Orient.

On distingue habituellement les Pères grecs et les Pères latins, auxquels il faut ajouter les Pères qui ont écrit en syriaque. On divise également la période patristique en trois périodes : les Pères apostoliques, les Pères apologistes ou polémistes et les grands théologiens du IIIe au VIIIe siècle.

Les Pères apostoliques, c'est-à-dire ceux qui ont vécu au temps des apôtres, et souvent à leur contact, sont pour la plupart des pasteurs faisant œuvre de catéchètes ; ils s'efforcent d'éclairer leurs communautés chrétiennes sur ce qu'est la véritable foi de l'Église ; ils commentent les Écritures reconnues comme vraiment inspirées de Dieu et montrent, comme le faisaient les auteurs du Nouveau Testament, comment le Christ accomplit et achève la révélation biblique.

Au IIe et au IIIe siècle, le niveau théologique s'élève ; les auteurs chrétiens de l'époque, que l'on désigne sous le nom global d'apologistes, s'emploient à réfuter les accusations des auteurs païens contre le christianisme ou contre les doctrines hérétiques ; ce sont des « intellectuels ». Les plus célèbres parmi eux sont Justin, qui est philosophe, et Irénée de Lyon, qui élabore la « règle de foi ».

Au cours du IIIe siècle apparaissent d'authentiques théologiens, qui argumentent avec ceux qui attaquent le christianisme et mettent en cause le contenu de la foi. Cette troisième génération prépare ce qu'on a appelé « l'âge d'or des Pères de l'Église », qui s'épanouira dans la seconde moitié du IVe siècle, quand on débattra les questions fondamentales de la foi chrétienne. Les plus grands écrivains et penseurs de l'Antiquité chrétienne sont alors à l'œuvre, tant en Orient qu'en Occident.

De cette époque, on peut citer, *pour la culture grecque :* Athanase d'Alexandrie, Basile de Césarée, Grégoire de Nazianze, Grégoire de Nysse, Jean Chrysostome, Cyrille de Jérusalem, Cyrille d'Alexandrie, etc. ; *du côté latin :* Hilaire de Poitiers, le pape Damase, Jérôme, Augustin, Léon le Grand, etc. ; *du côté syriaque*, Jacques de Nisibe, Éphrem, Aphraate, etc.

L'héritage qu'ont laissé ces Pères est considérable ; il touche diverses disciplines (prédication, exégèse, théologie, spiritualité, etc.). Cette culture centrée sur la foi et la vie spirituelle est destinée à tout le monde ; c'est une contribution essentielle non seulement à la foi chrétienne, mais à la culture en général. L'édition des textes des Pères de l'Église a été réalisée au XIXe siècle par l'abbé Migne ; c'est une œuvre monumentale qui compte plus de 200 livres *in Octavo.* Elle a été reprise, améliorée et continuée par de grandes maisons d'édition en Allemagne, en Autriche et en Belgique. En

France, l'excellente collection *Sources chrétiennes*, fondée en 1942 et publiée par les Éditions du Cerf, compte aujourd'hui plus de 400 volumes ; le texte grec ou latin est édité et traduit avec introduction, notes, index, etc.

Les textes des théologiens

Le mot « théologie » évoque, d'après son étymologie, l'idée d'un « discours sur Dieu ». Ce vocable n'est pas d'origine chrétienne ; nulle part on ne le trouve dans le Nouveau Testament. La théologie est, dans le monde grec, d'abord reliée aux mythes. Hésiode et Homère sont appelés théologiens parce qu'ils s'adonnent particulièrement à composer et chanter les mythes. Aristote, qui divise la métaphysique en mathématique, physique et théologie, désigne par cette dernière la philosophie éternelle. Les stoïciens, comme le rappelle Augustin, sont parmi les premiers à utiliser le terme de théologie avec une connotation religieuse ; c'est pour eux une explication au sujet des dieux.

Ce n'est que progressivement, en Orient comme en Occident, que s'impose l'usage chrétien du terme, avec Clément d'Alexandrie, Origène, Eusèbe de Césarée et Augustin, qui préfère néanmoins le terme « Doctrine chrétienne » à celui de théologie pour désigner l'ensemble des mystères chrétiens. Les Pères de l'Église étaient certes des théologiens, et pourtant on leur attribue rarement ce titre. Pour la pensée patristique, la théologie signale l'effort consenti pour pénétrer toujours plus dans l'intelligence de l'Écriture et de la parole de Dieu ; aussi l'interchangeabilité entre *théologie* et *Commentaire de l'Écriture* (*Sacra pagina*) ou *Doctrine sacrée* est-elle quelque chose de normal ; cette terminologie demeurera jusqu'au XIIe siècle tout entier.

Tout croyant qui réfléchit sur sa foi en fonction de la culture d'une époque est déjà théologien. Cependant, historiquement, le titre de théologien a été réservé dans l'Église à celui qui a la responsabilité de défendre la foi et de l'exposer de manière rigoureuse et cohérente. La théologie est au sein de l'Église un *ministère spécifique* au service de tout le Peuple de Dieu. À la différence du témoignage spontané de tout croyant ou même de la prédication officielle, le mot théologie désigne alors un savoir organique devant les exigences de la raison humaine. Il tend à une certaine universalité, même s'il est nécessairement conditionné historiquement, culturellement et ecclésialement.

Anselme de Canterbury (1033-1109) définira la théologie comme la « foi qui cherche à comprendre ». Il dira : « Je cherche à comprendre pour croire, mais je crois pour comprendre. » La foi qui aime veut connaître davantage ; la raison, par conséquent, n'est pas opposée à la foi, mais elle demeure autonome dans sa recherche.

Abélard (1079-1142) est le premier à avoir parcouru le chemin qui va du commentaire de l'Écriture jusqu'à la théologie conçue comme science en utilisant la méthode de la question. Au commentaire de l'Écriture, dans des homélies ou des traités, vont se substituer peu à peu des exposés systématiques de la foi chrétienne. Thomas d'Aquin (1228-1274) considérera la théologie comme une forme de connaissance rationnelle de l'enseignement chrétien ; ce que la foi accueille comme un don, la théologie l'explicite à la lumière de la compréhension humaine avec ses propres lois. Bonaventure, à la même époque (1221-1274), demeuré fidèle au courant monastique, maintiendra l'accent que l'on mettait sur le rôle et la présence de la grâce ; il sera suivi par Duns Scot (1266-1308) qui critiquera sur bien des points l'aristotélisme et le thomisme, en affirmant la priorité de la foi et de la volonté sur la raison. Guillaume d'Occam (fin du XIIIe s. -1350) favorisera l'introduction de la critique et du nominalisme. Comme nominaliste, il n'admet comme source de connaissance que l'intuition externe ou interne, précédant ainsi les empiristes anglais ; c'est l'un de ceux qui furent responsables de la séparation de la théologie et de la philosophie, ouvrant ainsi le chemin aux théologiens protestants du XVIe siècle (Luther, Melanchthon, Calvin, etc.).

La théologie s'est développée tout au long des siècles, s'adaptant aux différentes époques historiques et culturelles qu'elle rencontrait. Du point de vue historique, on trouvera une étude complète, devenue un classique de la littérature théologique, dans l'article « Théologie » d'Y. Congar du *Dictionnaire de théologie catholique*. Chaque grande Église (catholique, orientale, orthodoxe, protestante) a eu, à chaque époque, de grands théologiens, qui ont influencé non seulement leur propre Église, mais l'ensemble des Églises.

Le point de départ de la théologie chrétienne, c'est la révélation que Dieu a faite de lui-même et de son dessein de salut tout au long de l'histoire d'Israël, histoire qui culmine dans l'événement Jésus-Christ, lui qui est la Parole faite chair (*Jn* 1,14). La révélation judéo-chrétienne est inséparablement *parole* et *histoire*. Pour les chrétiens le fondement et le centre de la théologie, c'est la révélation de Dieu en Jésus-Christ. L'objet particulier de la théologie chrétienne, c'est l'intelligence critique du contenu de la foi, de la révélation, afin que la vie croyante puisse être pleinement significative. La référence à l'élément fondateur Jésus-Christ est essentielle. Mais la transmission du message originel lié à l'événement inaugurateur ne peut être la répétition d'un savoir constitué une fois pour toutes. Il n'y a pas de tradition vivante sans actualisation toujours nouvelle du contenu de la révélation en rapport avec une situation culturelle et ecclésiale inédite. C'est pourquoi le donné sur lequel travaille le théologien n'est pas seulement la sainte Écriture, mais les diverses interprétations que celle-ci a suscitées au cours des âges, et dont certaines ont abouti aux énoncés dogmatiques garantis par l'autorité du magistère de l'Église. On peut définir la théologie comme une interprétation créatrice de la Parole de Dieu, interprétation du message chrétien qui ne doit pas simplement être théorique, mais doit conduire à des pratiques chrétiennes signifiantes et tenir compte de la pratique actuelle de l'Église, diverse en raison des traditions culturelles différentes et de situations historiques nouvelles. La théologie est devenue de nos jours pluraliste, ce qui peut amener des tensions entre le magistère qui a autorité pour juger les nouvelles interprétations de la foi et les théologiens, comme on l'a vu récemment à propos de la Théologie de la libération.

Les textes des théologiens sont édités dans de nombreuses collections, dans de nombreuses langues. Il existe trois collections importantes en langue française : « Cogitatio Fidei » (Cerf), « Théologie historique » (Beauchesne) et « Jésus et Jésus-Christ » (Desclée).

Les textes doctrinaux du magistère de l'Église sur la foi catholique

Les textes des conciles

Le terme « concile » est une transcription du latin *concilium*, substantif formé d'une préposition et d'un verbe signifiant : appeler ensemble, convoquer, assembler. Le vocable « synode » vient du grec et signifie « le chemin fait ensemble ». Dans l'Antiquité chrétienne les deux termes avaient la même signification, mais aujourd'hui le terme synode a un sens plus restreint que concile ; on l'emploie pour des assemblées moins larges et de moindre autorité qu'un concile.

Les synodes d'évêques ont précédé dans le christianisme les conciles œcuméniques ; c'étaient des réunions pour trancher des problèmes locaux avec les hérétiques. Le premier concile œcuménique fut convoqué par Constantin à Nicée en 325, pour s'opposer à l'hérésie trinitaire d'Arius. Six autres conciles œcuméniques, tous tenus en Orient, ont suivi. De ces sept conciles, reconnus par les Églises orthodoxes, quatre l'ont été par les protestants. On peut dire que ce sont les conciles fondateurs du christianisme, même si certaines Églises orientales n'y adhérèrent pas : l'Église nestorienne se sépara des autres Églises après le concile d'Éphèse (431), et l'Église monophysite, après le concile de Chalcédoine (451).

On compte généralement 21 conciles œcuméniques dans l'Église catholique, de Nicée (325) à Vatican II (1962-1965). Un concile est une assemblée d'hommes qui ont une responsabilité dans la conduite de l'Église, réunis pour discuter de questions doctrinales ou pratiques intéressant l'ensemble de l'Église et prendre les décisions opportunes. Leurs décisions, approuvées par le pape ou ses légats, ont une autorité doctrinale pour tous les chrétiens, car elles expriment la conscience de l'Église prise dans son ensemble, assistée de l'Esprit Saint.

Il y eut donc, dans les Églises, diverses sortes de conciles : des conciles œcuméniques, des conciles locaux, des conciles provinciaux ou nationaux durant le haut Moyen Âge, avec participation des laïcs, mais où seuls les évêques votaient ; des conciles papaux tenus à Rome ; des conciles de chrétienté ; des conciles du conciliarisme, où tendaient à dominer les professeurs, et où l'on mettait en doute l'autorité pontificale. À Vatican I, on n'a plus invité les autorités politiques, ni à Vatican II, concile pastoral et, pour cela même, doctrinal. Les textes des conciles sont normatifs, mais tout dépend de l'Église à laquelle on appartient. Le Conseil œcuménique des Églises, dont ne fait pas partie l'Église catholique, se penche aujourd'hui sur la question. Nulle solution n'est en vue.

Les enseignements des papes

Tous les papes ne furent pas des saints, loin de là ! L'Église catholique et l'Église orthodoxe, durant un certain temps, ont néanmoins regardé leurs enseignements comme normatifs. Il faut distinguer.

Le pape exerce aujourd'hui une triple fonction : il est évêque de Rome, pasteur de l'Église universelle et chef d'État de la Cité du Vatican. Seule la deuxième fonction retiendra notre attention.

Le pape est évêque de Rome et, en tant que chef du collège épiscopal, il exerce avec l'ensemble des évêques la conduite du peuple chrétien. Ainsi s'explique la structure collégiale du gouvernement de l'Église catholique. D'une part, l'ordre des évêques dispose du pouvoir suprême et plénier sur toute l'Église catholique, pour autant qu'il est en union avec l'évêque de

Rome ; le pape, d'autre part, en tant que successeur de Pierre et dépositaire de la primauté au sein du collège épiscopal, dispose lui-même du pouvoir suprême et plénier sur toute l'Église.

Comme pour les évêques, la mission d'enseigner est première dans la charge du pape. Et puisqu'il est pasteur universel, cette mission revêt évidemment une importance particulière. Son enseignement peut se donner sous de multiples formes, les unes plus familières, les autres plus solennelles. La plus courante parmi celles relevant du *magistère ordinaire* est celle du discours adressé chaque semaine, lors de l'audience générale du mercredi, aux pèlerins venus à Rome, toujours nombreux. Mais les occasions d'autres interventions orales sont fréquentes : audiences particulières, homélies aux célébrations solennelles, voyages à l'étranger, réceptions par les organismes internationaux, etc. Les textes sont généralement publiés ensuite par le Saint-Siège[1].

Une autre forme, moins fréquente mais de plus de poids, est l'encyclique, terme grec qui signifie lettre circulaire. L'encyclique est une lettre solennelle adressée par le pape à tous les évêques du monde et, par eux, à tous les fidèles. Elle porte sur un point important de la foi ou de la morale, mais n'engage pas l'infaillibilité du pape. Écrite en latin, elle est désignée comme toutes les lettres pontificales par ses premiers mots, par exemple *Splendor Veritatis* de Jean-Paul II.

Enfin, l'enseignement du pape peut revêtir des formes plus solennelles encore ou plus juridiques : *Constitution apostolique, Motu proprio,* etc.

L'infaillibilité, qui est la qualité ou le charisme de celui qui ne peut se tromper, appartient à l'ensemble de l'épiscopat, spécialement dans les conciles ou synodes. Pour les catholiques, elle appartient également au pape seul, lorsqu'il prend une décision en matière de foi ou de morale, en usant de son autorité suprême (il parle alors *ex cathedra* = de sa chaire), au nom de la foi commune de l'Église. En revanche, le pape n'est pas infaillible dans son comportement personnel, ses opinions privées, ses allocutions, ses lettres pastorales, ou même ses encycliques. L'infaillibilité pontificale n'a été définie et reconnue juridiquement qu'au concile Vatican I, le 18 juillet 1870. La seule définition dogmatique engageant l'infaillibilité pontificale, prise depuis lors, est celle de *l'Assomption de Marie*, en 1950 par Pie XII[2].

---

1. Ils sont traduits en français dans la *Documentation catholique,* éditée par Bayard-Presse.
2. Les textes des principaux conciles et des principaux enseignements des papes sont publiés en français dans G. Dumeige, *Textes doctrinaux du Magistère de l'Église sur la Foi catholique,* Paris, Éditions de l'Orante, 1975.

Les enseignements des évêques

Dans les Églises chrétiennes ayant un épiscopat *les évêques* ont toujours été considérés comme *les successeurs des douze apôtres* choisis par Jésus, en référence aux douze tribus d'Israël. Ces apôtres, le Christ ressuscité les a effectivement envoyés annoncer le Royaume de Dieu jusqu'aux extrémités de la terre (*Mt* 28,16-20) et les a institués « bergers de ses brebis ». Après la Pentecôte, ils ont entrepris l'évangélisation du monde tout en restant unis, sous l'autorité de Pierre, au sein de ce qu'on appelle le collège apostolique (*Mt* 16,19 et 18,17-18). Selon la théologie catholique, les évêques forment aujourd'hui, en communion avec le pape, *le collège épiscopal*, successeur du *collège apostolique*.

Cette succession s'est assurée de manière continue au fil des siècles. Aux premières années du christianisme, les apôtres établirent à la tête des communautés chrétiennes des responsables appelés tantôt presbytres (= anciens), tantôt épiscopes (= protecteurs, surveillants). Peu à peu, à travers diverses mutations, seul subsista le titre d'évêque pour désigner le responsable de l'Église locale. Pour le seconder, l'évêque avait auprès de lui deux catégories de collaborateurs : les presbytres – d'où vient le mot français prêtre –, qui formaient autour de lui un collège, le *presbyterium*, directement associé à son ministère, et les diacres, à qui étaient confiées diverses tâches, y compris la participation à l'annonce de l'Évangile et l'administration du baptême. Prêtres et diacres étaient ordonnés par leur évêque.

Afin d'assurer la continuité de la mission confiée aux apôtres par le Christ, l'évêque ordonnait aussi de nouveaux évêques, pris parmi les prêtres. C'est cette continuité depuis les origines, appelée *succession apostolique*, qui fonde, aux yeux des Églises catholique, orthodoxe et anglicane, l'authenticité des pouvoirs exercés par les évêques.

L'histoire montre aussi que l'évêque n'est jamais resté cantonné dans la seule responsabilité de son Église locale, mais a toujours été associé avec d'autres évêques à la coresponsabilité de l'Église universelle ; l'ensemble des évêques forment ainsi le « collège épiscopal ». Tout au long des siècles, on voit les évêques d'une même région, d'un même pays ou de toute l'Église se réunir en conciles et en synodes pour délibérer des affaires communes de l'Église ; aujourd'hui, conciles œcuméniques, synodes des évêques, conférences épiscopales poursuivent la même tâche.

Par son ordination épiscopale, l'évêque qui aujourd'hui est choisi parmi les prêtres reçoit la plénitude du sacrement de l'ordre et, par là, la charge et le pouvoir d'enseigner la Parole de Dieu, ou la doctrine de l'Église, de sanctifier par la vie sacramentelle, et plus spécialement par l'eucharistie, et de gouverner – c'est sa charge pastorale – au nom du Christ « la portion du Peuple de Dieu qui lui a été confiée ». Chaque évêque, pasteur d'un diocèse, détient la responsabilité et l'autorité en ce qui concerne l'enseignement de la doctrine chrétienne dans son diocèse. Il exerce cette responsabilité par son propre enseignement, oral ou sous forme de lettre pastorale, et en prônant un solide enseignement dans les institutions de catéchèse et d'enseignement de son diocèse.

Depuis le concile Vatican II, les évêques ont exercé ensemble, dans des conférences épiscopales, leur charge d'enseigner. Une conférence épiscopale est un organisme permanent, formé de tous les évêques d'un pays ou d'un territoire, dans lequel ils s'acquittent ensemble de leur devoir pastoral. Vatican II a vivement recommandé cette forme régulière de collaboration entre les évêques de chaque nation ; et Paul VI a rendu obligatoire la création de telles conférences. L'enseignement en matière de foi et de morale fait partie du devoir pastoral des évêques, et bien des conférences épiscopales ont publié des lettres pastorales ou fait d'autres déclarations d'ordre doctrinal au cours des dernières décennies.

Les documents particuliers des évêques, publiés dans les *Bulletins diocésains,* sont en général peu accessibles au grand public. Les textes des conférences épiscopales sont généralement publiés sous forme de fascicules, par différentes maisons d'édition. Les évêques des divers pays n'ont pas encore atteint un fort savoir-faire dans l'utilisation des médias. Mais peut-être, le Saint-Esprit et quelques laïcs aidant, verra-t-on bientôt leurs textes sur Internet !

Les écrits des mystiques

Il faut ajouter parmi les grands textes du christianisme les écrits des mystiques chrétiens. La mystique, qui désigne habituellement toute expérience vraie ou supposée de Dieu s'unissant à nous directement, n'est pas proprement chrétienne. Il est de grands mystiques néo-platoniciens, hindous, islamiques, voire bouddhistes. La mystique proprement chrétienne a fleuri tout au long des siècles, des Pères du désert jusqu'à aujourd'hui. Les textes des mystiques ne sont pas normatifs, mais contribuent à nourrir la foi et plus souvent la sentimentalité religieuse. Parmi les grands mystiques chrétiens[3],

3. On trouvera des renseignements sur les mystiques chrétiens dans le *Dictionnaire de spiritualité* (Paris, Letouzey & Ané).

qu'il suffise de signaler Grégoire de Nysse (335-395), au Moyen Âge l'École rhénane avec Jean Ruysbrœk (1293-1381), Maître Eckhart (1260-1327), Jean Tauler (1300-1361), Thomas a Kempis (1379-1471) et, plus tard, Jean de la Croix (1542-1591), Thérèse d'Avila (1515-1582), Jean-Joseph Surin au XVIIe siècle et Thérèse de l'Enfant-Jésus (1873-1897).

Bibliographie sélective

La Bible de Jérusalem. Paris, Cerf, 1998.

Traduction œcuménique de la Bible. Paris, Cerf/Les bergers et les mages, dans l'édition dite intégrale en un volume, 1988.

Sources chrétiennes. Paris, Cerf [Collection de plus de 400 volumes des textes des Pères de l'Église].

ASSFALG, J. et P. KRUGER (1991). *Petit Dictionnaire de l'Orient chrétien,* Bruxelles, Brépols.

BAUBÉROT, J. (1993). *Histoire du protestantisme*, 3e éd., Paris, PUF. (Que sais-je ? n° 427)

CLÉMENT, O. (1991). *L'Église orthodoxe*, 4e éd., Paris, PUF. (Que sais-je ? n° 949)

DELUMEAU, J. (1979). *Histoire vécue du peuple chrétien,* Toulouse, Privat (2 vol.).

DELUMEAU, J. (1973). *Naissance et affirmation de la Réforme*, 3e éd., Paris, PUF. (Nouvelle Clio)

DICK, I. (1965). *Qu'est-ce que l'Orient chrétien ?,* Tournai, Casterman.

DUBOST, M. *et al.* (dir.) (1989). *Théo. Nouvelle encyclopédie catholique*, Paris, Droguet-Ardant/Fayard.

GISEL, P. (dir.) (1995). *Encyclopédie du protestantisme,* Paris, Cerf et Genève, Labor & Fides.

KÜNG, H. (1996). *Credo,* Paris, Seuil.

KÜNG, H. (1978). *Être chrétien*, Paris, Seuil.

KÜNG, H. (1972). *Qu'est-ce que l'Église ?,* Paris, Desclée de Brouwer.

KÜNG, H. *et al.* (1986). *Le christianisme et les religions du monde : islam, bouddhisme, hindouisme*, Paris, Seuil.

LEMAÎTRE, N., M.-Th. QUINSON et V. SOT (1994). *Dictionnaire culturel du Christianisme,* Paris, Cerf/Nathan.

MAYEUR, J.-M. (dir.) (1990-). *Histoire du christianisme : des origines à nos jours,* Paris, Desclée/Fayard [13 volumes prévus, dont deux seulement sont parus, le tome 6 et le tome 12].

POUPARD, P. (1982). *La foi catholique*, Paris, PUF. (Que sais-je ? n° 2050)

RAHNER, K. (1983). *Traité fondamental de la foi. Introduction au concept du christianisme,* Paris, Centurion.

RATABOUL, L.-J. (1983). *L'Anglicanisme,* Paris, PUF. (Que sais-je ? n° 2027)

ROGIER, L.J., R. AUBERT et M.D. KNOWLES (dir.) (1963-1968). *Nouvelle Histoire de l'Église,* Paris, Seuil (5 vol.).

Les développements ultérieurs

Marie Gratton

La morale chrétienne

Y a-t-il une morale chrétienne, au sens strict du terme ? Ou, pour le dire autrement, peut-on trouver dans les Évangiles un code de comportement, des commandements que nous aurait laissés Jésus ?

Comme tout bon juif de son temps, Jésus connaissait la loi de Moïse, telle que transmise dans le livre de l'*Exode* au chapitre 20. Ces commandements, présentés comme reçus de Dieu sur le mont Sinaï, faisaient déjà partie du patrimoine culturel de l'humanité, puisqu'on les retrouve dans le code d'Hammurabi, écrit autour de 1700 avant Jésus-Christ, soit au moins 500 ans avant Moïse. Quand ses interlocuteurs demandent à Jésus quel est le plus grand de tous ces commandements, la réponse ne se fait pas attendre :

> Tu aimeras le Seigneur ton Dieu de tout ton cœur, de toute ton âme et de toute ta pensée. C'est là le grand, le premier commandement. Un second est aussi important. Tu aimeras ton prochain comme toi-même. De ces deux commandements dépendent toute la Loi et les Prophètes (*Mt* 22, 37-40).

Dans la version française de la traduction œcuménique de la Bible (*TOB*), tant dans le texte de Marc (*Mc* 12, 31) que dans celui de Matthieu (*Mt* 22, 39), l'emploi du mot « second », et non pas « deuxième », pour parler du commandement portant sur l'amour du prochain, indique clairement que nous sommes en présence d'une liste close : il n'y a pas de troisième commandement, il n'y en a que deux. « Toute la Loi, tous les prophètes » – et nous pourrions ajouter tout l'Évangile – tiennent dans ces deux-là. Mais ils contiennent un monde, bien sûr. Un monde dont tous les chemins ne nous sont pas d'avance tracés et balisés à coups de directives péremptoires et d'interdits détaillés. Jésus n'a rien d'un législateur, c'est un éveilleur de conscience, un entraîneur vers les sommets. Le chapitre 5 de Matthieu qui énonce d'entrée de jeu la voie royale vers le Royaume, ce que la Tradition appelle les Béatitudes, qui encourage au respect de la loi mosaïque, mais qui du même souffle dit qu'il faut aller au-delà, se termine par cette injonction impossible : « Vous donc, soyez parfaits comme votre Père céleste est parfait » (*Mt* 5, 48). Luc, lui, dira : « Soyez miséricordieux, comme votre Père est miséricordieux » (*Lc* 6, 36). Et ce mot traduit peut-être mieux à tout prendre la pensée de Jésus, puisqu'il exprime à merveille les attitudes qui furent les siennes envers la femme adultère, la pécheresse qui lui baigne les pieds de parfum, sans oublier l'ultime demande de pardon qu'il adresse au Père en faveur de ceux qui l'ont crucifié.

Être parfait, miséricordieux comme Dieu ne peut pas être un commandement au sens d'un ordre auquel il faut se conformer sous peine de sanction ; ce serait absurde, et à la limite blasphématoire. Ce ne peut donc être qu'un appel à un constant dépassement qui ouvre de plus en plus tout l'être au Dieu qui est amour.

Mais revenons au premier commandement, et demandons-nous comment il faut aimer Dieu, comment savoir que nous l'aimons. Matthieu nous fournit la réponse quand il met dans la bouche de Jésus la grande scène du jugement dernier. Le Fils de l'homme séparera les hommes les uns des autres. Et le roi appellera vers lui ceux qui sont à sa droite pour leur offrir le Royaume en partage, en leur disant :

> J'ai eu faim et vous m'avez donné à manger ; j'ai eu soif et vous m'avez donné à boire ; j'étais un étranger et vous m'avez accueilli ; nu et vous m'avez vêtu ; malade et vous m'avez visité ; en prison et vous êtes venu à moi (*Mt* 25, 35-36).

Et les justes protesteront qu'ils ne savent pas quand ils ont nourri, abreuvé, soigné, visité le roi. Et le roi, Dieu, vous l'avez compris, répondra :

> En vérité je vous le déclare, chaque fois que vous l'avez fait à l'un de ces petits qui sont mes frères, c'est à moi que vous l'avez fait (*Mt* 25, 40).

Et ceux qui sont là à sa gauche, et que le roi repousse loin de lui, n'ont commis à l'égard du roi qu'une unique offense, celle de n'avoir pas nourri, abreuvé, soigné, visité leur prochain souffrant et démuni (*Mt* 25, 42-46).

Voilà, nous aimons Dieu si nous aimons notre prochain, et comment savoir si nous aimons notre prochain comme nous-mêmes ? Ici encore, Jésus dans *Mt* 7, 12 nous fournit le mode d'emploi :

> Tout ce que vous voulez que les hommes fassent pour vous, faites-le vous-mêmes pour eux ; c'est la Loi et les Prophètes.

Et ici encore nous pourrions ajouter, c'est le cœur même du message de Jésus.

Certes, les différentes Églises chrétiennes ne s'en sont pas tenues à des règles si simples. Elles ont beaucoup brodé autour de l'essentiel, si bien qu'on pourrait sans doute affirmer qu'il y a une morale catholique très préoccupée par les questions d'éthique sexuelle, une protestante plus axée sur l'éthique du travail et les problèmes de justice sociale, etc. Mais à tout bien peser, la morale chrétienne tient en peu de mots, en deux commandements qui ne sont pas des ordres, mais des appels à laisser parler et agir la meilleure part de nous-mêmes, toujours et partout.

La morale évangélique est un phare qui indique la voie. Au cours des siècles on a balisé la route de bien des panneaux de signalisation indiquant des culs-de-sac et des sens interdits, mettant en garde contre les possibles accidents de parcours, et on a prévu aussi des sanctions dans l'espoir de ramener dans le bon chemin les contrevenants. Ce code de la route est devenu, aux yeux de plusieurs, exagérément détaillé. Mais l'essentiel est au-delà de toutes les subtilités de la loi.

Aucune morale à mes yeux n'est aussi exigeante, aucune n'oblige à autant de discernement, parce qu'aucune ne s'appuie si fort sur la liberté humaine en tension vers l'absolu.

Le Credo *du christianisme*

Quand on sait les déchirements qu'ont connus les Églises chrétiennes au cours des siècles, on en vient à se demander si elles ont pu réussir à préserver, à travers toutes les querelles doctrinales qui les ont divisées, une formulation de leur foi qui leur soit commune, et qui leur permette ensemble de la confesser.

Ce que nous appelons le *Symbole de Nicée-Constantinople*, c'est précisément cette profession de foi capable de rassembler celles et ceux qui adhèrent au christianisme. Ce résumé de la doctrine chrétienne tire son nom de deux conciles qui se sont tenus à Nicée, en 325, et à Constantinople, en 381, alors que l'Église était déchirée par des querelles doctrinales, portant notamment sur la personne de Jésus et sur le rapport unissant entre eux le Père, le Fils et l'Esprit ou, pour le dire en deux mots : la Trinité. Voici le texte de ce *Credo*.

> ***Je crois en un seul Dieu, le Père tout-puissant, créateur du ciel et de la terre, de l'univers visible et invisible.***

Je crois en un seul Seigneur, Jésus-Christ, le Fils unique de Dieu, né du Père avant tous les siècles. Il est Dieu, né de Dieu, lumière, née de la lumière, vrai Dieu, né du vrai Dieu, engendré, non pas créé, de même nature que le Père ; et par lui tout a été fait. Pour nous les hommes, et pour notre salut, il descendit du Ciel ; par l'Esprit saint, il a pris chair de la vierge Marie, et s'est fait homme. Crucifié pour nous sous Ponce Pilate, il souffrit sa passion et fut mis au tombeau. Il ressuscita le troisième jour, conformément aux Écritures, et il monta au ciel ; il est assis à la droite du Père. Il reviendra dans la gloire, pour juger les vivants et les morts ; et son règne n'aura pas de fin.

Je crois en l'Esprit saint, qui est Seigneur et qui donne la vie ; il procède du Père et du Fils. Avec le Père et le Fils, il reçoit même adoration et même gloire ; il a parlé par les prophètes.

Je crois en l'Église, une, sainte, catholique et apostolique. Je reconnais un seul baptême pour le pardon des péchés. J'attends la résurrection des morts et la vie du monde à venir. Amen.

Dire « Je crois », c'est m'affirmer comme un sujet libre qui décide de faire confiance à quelqu'un d'autre. La foi n'est pas le résultat d'une preuve scientifique qui, par la clarté de sa démonstration et par le caractère inéluctable de sa conclusion, force en quelque sorte l'adhésion. L'objet de la foi, par définition, échappe à l'évidence et laisse place à la possibilité du doute. Ce qui est évident, je le **sais**, je n'ai plus à le **croire**. **Croire**, c'est renoncer à exiger des preuves, mais c'est en même temps réclamer des signes, de sorte que je puisse estimer avoir misé sur du solide et n'avoir pas fait confiance ni espéré en vain.

Le *Symbole de Nicée-Constantinople* exprime l'essentiel de la foi chrétienne dans le Dieu Trinité ; dans l'Église qui le propose à notre adoration, à notre louange et à notre action de grâce ; dans l'espérance de partager avec lui, par delà la mort, une vie qui n'aura pas de fin.

Je crois en Dieu le Père tout-puissant, créateur du ciel et de la terre, de l'univers visible et invisible.

Si nous appelons Dieu Père, c'est certainement parce que Jésus nous a invités à le prier en l'appelant ainsi, mais c'est aussi, à n'en pas douter, parce que nous le reconnaissons comme créateur et comme celui qui maintient et soutient dans l'existence toutes ses créatures, comme un père humain qui engendre et qui prend soin inlassablement des êtres auxquels il a donné la vie. Les mères, dira-t-on avec raison, en font autant ! Aussi Dieu pourrait-il aussi bien être appelé Mère. Mais c'est dans un univers patriarcal que la foi s'est élaborée, d'où le vocabulaire masculin privilégié pour parler d'un Dieu que, de surcroît, on dit tout-puissant.

Je crois en un seul Seigneur Jésus-Christ, le Fils unique de Dieu, né du Père avant tous les siècles.

Nous touchons ici au cœur de la foi chrétienne. Jésus de Nazareth est non seulement l'envoyé de Dieu, son Messie, son Christ, il est son Fils d'une manière unique. Alors que nous sommes toutes et tous enfants de Dieu, puisque nous tenons de lui la vie, lui a droit au titre de Seigneur. Il est la face visible de Dieu, tel qu'il s'est révélé au genre humain en un lieu et en un moment précis de l'histoire. Qui l'a vu a vu le Père (*Jn* 14, 9). Qui l'a vu, a vu l'amour, non seulement tel qu'il s'exprime à l'égard de la création, mais tel qu'il existe en lui-même.

Il est Dieu, né de Dieu, lumière née de la lumière, vrai Dieu né du vrai Dieu. Engendré, non pas créé, de même nature que le Père ; et par lui tout a été fait.

Ce développement peut aujourd'hui paraître redondant, mais il faut se rappeler dans quel climat de polémique s'est élaborée cette profession de foi. Arius niait que le Verbe, la deuxième personne de la Trinité, eût existé de toute éternité. Les auteurs du *Credo* ont donc tenu à le dire et à le répéter avec insistance.

Pour nous les hommes et pour notre salut il descendit du Ciel.

Si le Fils est venu dans le monde, c'est qu'il partage l'amour du Père pour l'humanité, qu'il veut mener à son plein épanouissement en lui apprenant de quel amour les femmes et les hommes que nous sommes sont aimés, en dépit de leurs limites. Dieu ne nous aime pas parce que nous sommes bons, mais nous pouvons le devenir parce qu'il nous aime.

Par l'Esprit saint, il a pris chair de la vierge Marie, et s'est fait homme.

Dans un siècle où pullulent les hérésies, la formule vise à renvoyer dos à dos à la fois ceux qui nient l'humanité de Jésus et ceux qui mettent en cause le fait qu'il soit de même nature que le Père. Pour les théologiens des premiers siècles chrétiens, affirmer que Jésus était né d'une mère demeurée vierge, c'était sauvegarder ses deux natures. Il était vraiment homme, puisque né d'une femme, et vraiment Dieu, puisque conçu du Saint-Esprit. Les anciens croyaient que toute la capacité d'engendrer venait de la semence masculine, et que la femme n'offrait qu'un nid propice au développement de la vie tout entière transmise par le père. Ils redoutaient, en reconnaissant un père biologique à Jésus, de ne plus, en quelque sorte, laisser aucune place à l'action de l'Esprit dans cette conception.

Nous ne sommes pas très à l'aise aujourd'hui devant une perspective aussi biologisante du mystère de l'Incarnation. Nous préférons entendre la virginité de Marie dans un sens plus spirituel, comme une ouverture de cœur à la volonté de Dieu. L'Ancien Testament d'ailleurs nous permet ce type d'interprétation. Pour parler du peuple fidèle à Yahvé, les prophètes ne parlent-ils pas de la **vierge** de Sion ? Savoir garder intacte sa foi au milieu des tribulations et des tentations de l'exil, c'est la virginité du cœur.

Certes, « rien n'est impossible à Dieu » (*Lc* 1, 37). Mais ce n'est pas lui faire injure que de penser qu'il peut aussi accomplir ses plus grandes œuvres en passant par les voies ordinaires qu'il a lui-même inscrites dans la nature.

Crucifié pour nous sous Ponce Pilate, il souffrit sa passion et fut mis au tombeau. Il ressuscita le troisième jour, conformément aux Écritures.

Par le rappel de sa passion, de sa mort et de son ensevelissement, les auteurs de cette confession de foi veulent rappeler aux fidèles que Jésus, malgré les circonstances mystérieuses de sa conception et de sa naissance, n'est pas un personnage mythique ; il s'est vraiment inscrit dans une histoire, et de surcroît une histoire tumultueuse. Mais celui que le Sanhédrin accusait de blasphème, celui qui fut crucifié sous un faux chef d'accusation, puisqu'il ne se prétendait pas le roi des juifs, celui-là, Dieu l'a reconnu comme sien, Dieu a posé en quelque sorte sur lui son sceau d'approbation. C'est cela que les apôtres ont finalement compris.

L'espérance et la foi dans la résurrection des morts, à la fin des temps, est une idée qui fit lentement son chemin dans la tradition d'Israël. Au temps de Jésus, cette conviction était largement répandue. Les Pharisiens la propageaient, alors que les Sadducéens refusaient d'y adhérer, pour cause de nouveauté théologique : ni Abraham, ni Moïse, ni David n'y avaient cru. Affirmer que Jésus est ressuscité, c'est proclamer que Dieu a déjà fait pour lui ce qu'il fera à la fin des temps pour tout Israël : il l'a arraché au shéol, ce lieu où les morts ne sont plus que des « ombres flasques », incapables même de louer le Seigneur.

Et il monta au ciel ; il est assis à la droite de Dieu.

Être assis à la droite de quelqu'un, c'est considéré comme un honneur. Les auteurs se sont donc servis de cette image pour nous faire comprendre que

Dieu a glorifié Jésus parce qu'il approuvait sa vie et son œuvre. Quant au ciel, ce n'est pas un lieu, mais un état, celui de la proximité de Dieu, de l'union avec lui.

Il reviendra dans la gloire pour juger les vivants et les morts ;
et son règne n'aura pas de fin.

Le *Credo* identifie ici Jésus au juge dont parle le prophète Daniel (*Dn* 7, 13), ce fils d'homme qui viendra juger les vivants et les morts. Dans les Évangiles, Jésus parle aussi du Fils de l'homme, en rapport avec la fin des temps. Glorifié par Dieu, Jésus règne désormais avec lui.

Quant au jugement qui nous attend, il doit être vu comme un corollaire de notre liberté. Nous pouvons choisir Dieu, et nous pouvons le rejeter. Le jugement, c'est la prise en compte par Dieu de notre option fondamentale. Si nous en croyons l'*Évangile selon Matthieu* (*Mt* 25, 31-46), c'est sur la façon dont nous aurons traité notre prochain que nous serons jugés. Et c'est à travers l'amour et le respect que nous lui manifestons, à travers les services que nous lui rendons que Dieu s'estime aimé, honoré et servi.

Je crois en l'Esprit saint, qui est Seigneur et qui donne la vie, il procède
du Père [et du Fils]. Avec le Père et le Fils, il reçoit même adoration
et même gloire, il a parlé par les prophètes.

L'Esprit, c'est le souffle de Dieu habitant en nous, nous inspirant le bien, nous aidant à parvenir à notre fin ultime, l'union à Dieu. C'est à travers les prophètes, ces femmes et ces hommes qui par leur prédication et leur exemple nous invitent à toujours être fidèles à la meilleure part de nous-mêmes que l'Esprit est à l'œuvre parmi nous. Il y eut les prophètes du Premier Testament, puis vinrent Jésus, Jean-Baptiste et tant d'autres voix qui, à travers les siècles jusqu'à aujourd'hui, nous ont invités à l'amour, à la justice, à la paix. À quelque tradition religieuse que ces femmes et ces hommes aient appartenu ou appartiennent, c'est l'Esprit de Dieu qui les anime.

Je crois en l'Église, une, sainte, catholique et apostolique.

L'Église est l'assemblée des personnes croyant en Jésus-Christ. Dire qu'elle est *une*, c'est affirmer que le même Esprit l'habite, même si, comme nous sommes bien obligés de le constater, elle connaît dans les faits des divisions qui la déchirent depuis trop de siècles.

Dire que l'Église est *sainte*, ce n'est pas affirmer que ses membres sont tous des modèles de vertu, ce qui serait une prétention absurde, puisque si aisément démentie par les faits. C'est dire qu'elle est appelée à la sainteté. « Il n'y a qu'une tristesse, écrivait Léon Bloy, c'est de n'être pas tous des saints. »

L'Église est *catholique*. À l'origine le mot catholique veut dire universel. L'Église se veut donc ouverte aux personnes de tous les continents. On lui reproche souvent d'être trop étroitement identifiée à l'Occident, et ce n'est pas sans peine qu'elle s'est implantée en Asie et en Afrique. Ce sont là les aléas de l'histoire. Le vocable catholique est aujourd'hui revendiqué par l'Église de Rome et aussi par la confession anglicane.

L'Église est *apostolique*, c'est-à-dire qu'elle s'appuie sur la foi des apôtres et sur leur témoignage, tel qu'il nous a été transmis par les écrits du Second Testament.

Je reconnais un seul baptême pour le pardon des péchés.

Les traditions religieuses ont coutume d'avoir un ou plusieurs rites initiatiques. Chez les chrétiens, c'est le baptême. Le baptême utilise la symbolique de l'eau pour signifier que la personne qui le reçoit est lavée, purifiée, qu'elle accède à une vie nouvelle, la vie même de Dieu, Père, Fils et Esprit. Elle renonce de ce fait au péché qui l'éloigne de Dieu. Le baptême, le premier sacrement, est comme la porte d'entrée dans la communauté chrétienne. Chez les orthodoxes, les catholiques, les anglicans, le baptême est habituellement conféré aux tout petits enfants. Dans les Églises de tradition protestante, la pratique n'est pas uniforme ; certaines l'administrent aux enfants, d'autres attendent que la personne ait atteint l'âge de prendre une décision libre et éclairée.

J'attends la résurrection des morts et la vie du monde à venir. Amen.

Même si plusieurs personnes ont tendance à confondre les termes, la résurrection qu'espèrent les chrétiens n'est pas identifiable à la croyance en l'immortalité de l'âme chère à la Grèce antique, ni à la réincarnation telle qu'elle est comprise dans plusieurs religions orientales.

La croyance à la résurrection des morts ne s'est que lentement développée en Israël. Elle vient répondre à un besoin de rétablir dans un monde à venir un ordre, une justice trop rares en ce monde-ci, où les justes bien souvent souffrent et où les mécréants prospèrent plus fréquemment qu'à leur tour. Au temps de Jésus, la foi en la résurrection des morts, quoique ne faisant pas l'unanimité, était tout de même partagée par une majorité de croyants juifs. Les Sadducéens, par conservatisme religieux, refusaient d'adhérer à cette croyance qu'on ne pouvait attribuer ni à Abraham, ni à Moïse, ni à David. Par contre, les Pharisiens la propageaient. Jésus semble lui aussi avoir partagé cette espérance. Ainsi, quand ses apôtres ont voulu exprimer leur conviction que Dieu avait approuvé la vie et l'œuvre de leur maître, lui qui, aux yeux de tous, était mort ignominieusement, ils ont affirmé que le Père l'avait glorifié, exalté, qu'il l'avait ressuscité des morts.

Pour illustrer cette vie nouvelle, les évangélistes ont choisi des narrations qui s'appuient sur le caractère concret de la résurrection. Paul, pour sa part, insiste plutôt sur l'aspect spirituel de cette glorification. Quand les Corinthiens, qui n'aspirent en rien à retrouver un corps prison de l'âme après la mort, demandent à Paul : « Comment les morts ressusciteront-ils ? », celui-ci se refuse à leur présenter des images concrètes. Tout ce qu'il consent à leur affirmer, c'est qu'entre ce qu'ils sont et ce qu'ils deviendront il y aura en même temps continuité et transformation radicale. L'exemple du grain semé en terre doit leur suffire. Du grain de blé à l'épi, il y a continuité, incontestablement. Mais comment imaginer l'épi à partir du grain ? Ainsi, comment imaginer ce que nous deviendrons dans « le monde à venir » à partir de ce que nous savons de la vie terrestre ? Tâche impossible. Croire en la résurrection des morts, c'est croire que Dieu, selon un mode dont nous ignorons tout, comblera totalement notre appétit d'amour et de bonheur. Comme le dit le psalmiste, il est un Dieu fidèle, éternellement. Théoriquement, nous pouvons refuser cet amour, c'est le mystère de la liberté. Mais comment croire que des êtres puissent, en toute connaissance de cause, renoncer à s'abandonner au Dieu fidèle, éternellement ?

Le *Credo* trace à grands traits le contenu essentiel de la foi chrétienne, ouvre la voie à l'espérance, et commande implicitement que celles et ceux qui s'en réclament en témoignent et en manifestent les fruits par leur amour du prochain.

Les rites dans le christianisme

Si la foi peut se vivre dans le secret du cœur sans déploiement de signes visibles, tels les rassemblements et les gestes ritualisés, par contre, selon Henri Bergson, « il n'y a pas de religion sans rites et cérémonies ». Toute l'histoire des religions est là pour lui donner raison. Le christianisme a su orchestrer ses rituels autour de deux temps : le temps astronomique qui règle le cours des jours, des saisons, des années, et le temps humain, si l'on peut dire, celui d'une vie et de son développement, de la naissance à la mort. Les rituels chrétiens investissent et accompagnent les étapes de ces deux temps pour conférer à leur portée psychologique, culturelle et sociale un surcroît de sens et de valeur, en ouvrant en quelque sorte l'éphémère à l'accueil de la transcendance.

En ses débuts, le christianisme usa de beaucoup de sobriété dans l'expression ritualisée de sa foi. Les premières communautés chrétiennes prirent tout simplement l'habitude de se réunir dans la maison de l'un ou l'autre de leurs membres. Paul (*Rm* 16) nous a transmis quelques-uns de leurs noms : Phoebé, Prisca et Aquilas, pour ne signaler que ceux-là.

Le premier jour de la semaine, ils commémoraient la résurrection de Jésus en partageant, au cours d'un repas, le pain et le vin en mémoire de lui. Selon la tradition d'abord rapportée par Paul, Jésus n'avait-il pas au cours de son dernier souper avec ses apôtres béni, à la manière juive, le pain et la coupe, et n'avait-il pas demandé de faire de ce geste un mémorial à jamais ? Selon l'évangéliste Jean (*Jn* 13, 4-5), à ces ultimes agapes Jésus avait plutôt lavé les pieds de ses apôtres pour les inviter à devenir les serviteurs de tous. Mais même si ce geste fait toujours partie de la cérémonie du Jeudi saint, il n'a pas conservé l'importance que Jésus, selon Jean, voulait lui attribuer. À l'humble signe du service on a préféré la symbolique héroïque du sacrifice à travers le pain et le vin, images du corps torturé et du sang versé. Les communautés chrétiennes issues du judaïsme eurent bientôt la nostalgie des spectaculaires célébrations telles qu'elles se déroulaient au Temple de Jérusalem. Et il fallut leur rappeler que Dieu n'exige pas de sacrifices sanglants ; ce qui lui plaît, c'est la conversion intérieure. Les chrétiens issus du paganisme n'eurent pas le loisir d'élaborer de fastueuses cérémonies, menacés qu'ils étaient par la persécution, et forcés souvent de se replier dans une quasi-clandestinité.

Mais quand l'Empire devint officiellement chrétien au début du IVe siècle, sous Constantin, les fastes de la liturgie purent se déployer dans des basiliques à l'architecture grandiose et à la décoration somptueuse.

Pour le peuple chrétien, l'année liturgique ne commence pas à une date fixe, comme l'année civile, mais avec l'Avent, une période qui débute à la fin de novembre ou dans les premiers jours de décembre, de façon à pouvoir compter quatre dimanches avant Noël. Pourquoi ce nombre ? Pour signifier les quatre mille ans qu'une pieuse légende et une parfaite ignorance des origines de l'humanité imaginaient avoir séparé l'apparition des humains sur terre de celle du Messie !

L'Avent prépare la grande fête de la naissance de Jésus que toutes les Églises chrétiennes célèbrent dans la joie ; c'est certainement la plus populaire de toutes. Les catholiques et les protestants ont retenu le 25 décembre, une date toute proche du solstice d'hiver qui symbolise la venue de la Lumière du monde. Les orthodoxes quant à eux, ayant conservé un autre calendrier, célèbrent plutôt Noël le 6 janvier.

Puis vient le temps du Carême, une période de pénitence d'une quarantaine de jours préparatoire à la plus grande fête chrétienne, celle de la Résurrection qui ouvre le temps de Pâques. Durant cette période on célèbre l'Ascension le 40e jour et 10 jours plus tard la Pentecôte, qui commémore la réception de l'Esprit par les apôtres. Le calendrier de ces fêtes est calqué sur celui qui marquait dans le monde juif quelques épisodes importants de l'histoire religieuse d'Israël.

Pour clore le cycle liturgique vient le temps dit ordinaire qui est marqué, comme le reste de l'année d'ailleurs chez les catholiques et les orthodoxes, par les fêtes des saintes et des saints, mais qui ne comporte aucune célébration d'une importance comparable à celles qui marquent le temps de Noël et de Pâques.

Mais le christianisme, nous le savons, a aussi élaboré un ensemble de rites qui viennent scander les diverses étapes de la vie humaine. Toutes les Églises chrétiennes pratiquent le baptême, qui marque l'entrée dans la communauté croyante. Il est habituellement conféré aux petits enfants, mais il peut aussi être administré aux adultes. Il constitue le rite initiatique qui, chez les catholiques et les orthodoxes, ouvre la porte aux six autres sacrements.

L'ensemble des Églises chrétiennes reconnaît aussi l'Eucharistie comme sacrement, sans toutefois partager la croyance des catholiques en la transsubstantiation, doctrine selon laquelle la substance du pain et du vin consacrés est changée en substance du corps et du sang du Christ. Orthodoxes et anglicans célèbrent l'Eucharistie comme les catholiques, mais sans professer la transsubstantiation. Chez les protestants, il y a une diversité de positions quant à la présence du Christ dans l'Eucharistie, et la présence du pasteur n'est pas partout nécessaire à la célébration de la sainte Cène.

La confirmation vient « confirmer » la grâce du baptême. Chez les orthodoxes elle est administrée en même temps que celui-ci. Le nouveau-né communie aussi à cette occasion. Chez les catholiques, on confère ce sacrement aux enfants. Les protestants estiment que le baptême a déjà apporté tous les dons de l'Esprit ; la confirmation n'apparaît donc pas nécessaire. Chez les anglicans, il s'agit d'un renouvellement des engagements du baptême, fait sous forme de profession de foi, à l'adolescence.

Chez les catholiques et les orthodoxes, le prêtre remet les péchés au nom de Dieu, c'est ce qu'on appelle le sacrement de la réconciliation ou de pénitence. Les protestants estiment que nul n'a ici-bas le pouvoir de remettre les péchés au nom de Dieu et, si les anglicans pratiquent la confession auriculaire, ils n'en font pas pour autant un sacrement.

Les catholiques et les orthodoxes reconnaissent le mariage chrétien comme un sacrement. Les premiers le prétendent toujours indissoluble, parce que signe de l'amour du Christ pour l'Église. Les seconds admettent en certains cas le divorce et le remariage. Les anglicans et les protestants considèrent le mariage comme un geste religieux, mais non comme un sacrement. En général, ils admettent la possibilité du divorce et du remariage.

L'onction des malades est, pour les orthodoxes et les catholiques, un sacrement, signe de l'amour et de la compassion de Jésus pour les personnes souffrantes. Protestants et anglicans considèrent qu'il faut apporter un soutien spirituel aux malades, mais ne font pas de cette aide offerte un sacrement.

Par le sacrement de l'ordre, catholiques et orthodoxes confèrent à certains de leurs fidèles, tous de sexe masculin, des pouvoirs sacrés : présider les cérémonies liturgiques, administrer les sacrements et prêcher. Les anglicans ne reconnaissent pas de caractère sacramentel à l'ordination, même si ce rite est nécessaire pour habiliter leurs prêtres à la célébration de l'Eucharistie. Les protestants reconnaissent uniquement le sacerdoce commun des fidèles. Pour présider l'Eucharistie, nul besoin pour eux d'être investi du « pouvoir de l'Ordre », il suffit d'avoir reçu de la communauté la mission d'exercer des tâches pastorales.

Tous les chrétiens se reconnaissent à un signe : celui de la croix. Ils tracent la croix sur leur poitrine, l'esquissent sur les objets sacrés, l'accrochent à leurs murs, la suspendent à leur cou et la hissent au sommet de leurs clochers. N'est-il pas paradoxal que cet instrument de supplice, symbole d'horreur et d'ignominie, soit devenu signe de fierté, de victoire et d'espérance ?

La célébration eucharistique, nous l'avons vu, est au cœur des liturgies chrétiennes, où est aussi proclamée la parole de Dieu à travers diverses lectures du Premier et du Deuxième Testament. La solennité des célébrations orthodoxes, où l'accent est mis sur le mystère sacré, est sans pareille. Les principaux gestes sacrés se font à l'abri du regard des fidèles, derrière l'iconostase, et les chants liturgiques, d'une beauté envoûtante, conjuguent expérience mystique et esthétique d'une manière exemplaire.

Les célébrations protestantes sont beaucoup plus sobres, se déroulant le plus souvent dans des temples dépouillés de toute ornementation susceptible de distraire de l'essentiel. L'accent est mis sur la proclamation de la parole de Dieu. Les catholiques romains et anglicans célèbrent l'Eucharistie de manière semblable. La tradition romaine a toujours voulu insister sur l'aspect sacrificiel de la messe, même si beaucoup de catholiques aujourd'hui s'attachent plutôt à rappeler que la communion est d'abord signe d'union et de partage de la foi, et manifestation de l'espérance dans la charité fraternelle.

Les membres des Églises chrétiennes soulignent avec solennité la mort et l'ensevelissement de leurs fidèles. Ils accueillent leur dépouille à l'église paroissiale et les accompagnent parfois jusqu'au cimetière. C'est le moment des funérailles, où se déploient des rites qui veulent à la fois signifier quel respect est dû aux corps des défunts, apporter une consolation aux familles endeuillées et susciter, raviver ou soutenir leur espérance ébranlée par l'épreuve.

Le christianisme propose au peuple croyant bien d'autres façons de manifester et d'entretenir sa foi : bénédictions, neuvaines, pèlerinages, vénération d'objets pieux comme les reliques, etc. Mais l'essentiel est ailleurs. Dieu est plus sensible à la générosité de nos gestes à l'égard du prochain qu'au nombre et à la diversité de nos signes extérieurs de dévotion. C'est l'Évangile qui nous le dit (*Mt* 5, 23-24 et *Mt* 15, 8-9).

LE RÔLE DES FEMMES DANS L'HISTOIRE DU CHRISTIANISME

La chronique officielle ne nous a guère habitués à attribuer un grand rôle aux femmes dans l'histoire du christianisme. Certes, nous avons eu droit à quelques têtes d'affiche, la plus aimée, la plus glorifiée, sinon la mieux connue étant Marie de Nazareth, la mère de Jésus, sans qui le christianisme ne serait jamais né. Toutes les Églises chrétiennes la vénèrent, mais le culte dont elle est l'objet chez les orthodoxes et chez les catholiques tout particulièrement, qui lui ont consacré deux des trois derniers dogmes définis par des pontifes romains, l'Immaculée Conception en 1854 et l'Assomption en 1950, en font un cas d'exception dans une tradition si fortement marquée par le patriarcat qu'elle a eu tendance à reléguer dans l'ombre la plupart des femmes qui ont jalonné son histoire. Il a fallu, par exemple, attendre la deuxième moitié du XXe siècle pour voir trois femmes devenir docteurs de l'Église de Rome, un privilège jusque-là réservé aux hommes. Pourtant Caterina Benincasa (1347-1380), que nous connaissons mieux sous le nom de Catherine de Sienne, fut non seulement une des grandes mystiques chrétiennes, mais elle joua au moment du Grand Schisme d'Occident (1378-1417) un rôle important. Elle ramena à Rome la papauté qui, depuis 1309, s'était « égarée » en Avignon. Teresa de Cepeda y Ahumada (1515-1582) est l'auteure d'œuvres mystiques qui ont traversé les siècles. On doit aussi à la plus célèbre des citoyennes d'Avila la réforme du Carmel. Et c'est à une autre carmélite, Thérèse Martin (1873-1897), dite de l'Enfant-Jésus, que Jean-Paul II a décerné en 1997 le titre de docteur, elle dont « la petite voie » continue à guider tant d'âmes sur le chemin de la sainteté.

Mais laissons là les vedettes dont l'aventure personnelle, parce que trop singulière, ne rend pas vraiment compte des rapports ambigus et complexes que les femmes ont entretenus avec les Églises chrétiennes.

Dans la communauté chrétienne primitive, les femmes semblent avoir vécu une sorte de lune de miel. Dans l'enthousiasme de ses commencements, les différences de classes sociales et de sexe avaient tendance à s'estomper, et les rôles qu'on confiait aux unes et aux autres dépendaient avant tout de leurs dons particuliers et de l'ardeur de leur zèle à mettre leurs charismes au service de la communauté. Saint Paul n'a vraisemblablement pas pris l'initiative de confier des ministères aux femmes ; rien dans son éducation ne le préparait à pareille audace, mais il semble avoir su respecter le dynamisme des assemblées chrétiennes réunies dans sa mouvance.

Dans l'Église de Jérusalem, dont les fidèles étaient issus non pas du milieu grec ou romain, mais du judaïsme, l'influence des pratiques du monde sacerdotal ne laissait pas, par contre, de place aux femmes. Pourtant, Jésus avait eu à leur égard une attitude étonnante, compte tenu des habitudes de son temps. Des femmes, nous le savons, se trouvaient dans son entourage immédiat, et le suivaient. Marthe et Marie de Béthanie sont ses amies. Marie de Magdala entretient avec lui une relation privilégiée. Des femmes sont guéries par lui, et aucun tabou religieux ou social ne semble être capable de l'éloigner d'elles. Peu importe qu'elles soient affligées d'une perte de sang, qu'elles soient prostituées ou adultères, elles deviennent des figures de proue de la révolution évangélique. Leur foi, leur générosité, leur repentir, leur amour leur valent d'être citées en exemple. De la fille publique qui le couvre de parfum, Jésus annonce qu'on fera « mémoire d'elle » (*Mc* 14, 9).

Fidèles à leur ami et maître, par delà la mort, on les retrouve au tombeau et c'est ainsi qu'elles deviennent auprès des apôtres les messagères de la résurrection. C'est à des femmes que les piliers de l'Église, ainsi que la Tradition s'est plu à qualifier les apôtres, doivent d'avoir été remis debout, eux qui se terraient « par peur des Juifs » après la crucifixion de Jésus.

Pendant l'ère des persécutions, c'est-à-dire jusqu'au règne de Constantin au début du IVe siècle, les femmes marchèrent au martyre avec un courage qui força l'admiration de leurs sœurs et frères chrétiens autant que celle de leurs bourreaux. Mais une fois passée cette période héroïque, et sous la poussée d'une sacralisation, d'une cléricalisation et d'une sacerdotalisation en constant développement au cours des deux siècles suivants, le patriarcat reprit tous ses droits. Les femmes avaient eu beau rassembler chez elles des communautés chrétiennes, comme le chapitre 16 de l'*Épître aux Romains* en témoigne clairement, avoir été ordonnées diaconesses, avoir prêché, avoir contribué à convertir les gens de leur maison, avoir soutenu de leurs deniers, quand elles étaient riches, la mission d'évangélisation, il leur fallait néanmoins revenir à « leur place », loin du sanctuaire, dans l'ombre et sous la tutelle des clercs savants et investis du pouvoir sacerdotal.

L'époque patristique fut une période de profonds malentendus entre les femmes et le christianisme. Le parallèle dressé entre Ève et Marie, que saint Justin au milieu du IIe siècle avait commencé à exploiter, fut repris avec un enthousiasme suspect par plusieurs Pères de l'Église. Marie fut alors présentée comme le prototype de la vraie et de la parfaite féminité, tout à la fois vierge et mère. Ève, comme l'archétype de la tentatrice, de la séductrice, celle par qui le péché et la mort sont à tout jamais entrés dans le monde. Comme aucune femme ne pouvait correspondre à l'idéal proposé – comment en effet être à la fois vierge et mère ? – chacune fut identifiée à Ève et vouée de ce fait à engendrer chez les hommes, et chez les clercs tout particulièrement, la peur et ses corollaires obligés : la méfiance et le mépris. En vouant leur virginité à Dieu, toutefois, les femmes pouvaient espérer retrouver l'estime et l'admiration que leur avaient vouées les hommes à l'ère des persécutions. La théologie de la valeur comparée des trois états de vie, que l'on doit à saint Augustin, plaçait la virginité au sommet de la pyramide, le veuvage en son milieu (ne constituait-il pas l'occasion de redorer le blason de sa vertu ?) et le mariage tout en bas. Celui-ci n'en comportait pas moins à son tour des degrés. Le plus parfait est celui dont on n'use pas, mais auquel on ne s'est soumis que par obéissance aux parents et non par concupiscence. Vient ensuite celui tout voué à la procréation. Quant aux unions où l'on cherche à dissocier plaisir et progéniture, elles sont assimilées à une sorte de prostitution.

En dehors de la virginité et de la maternité, les femmes semblent n'avoir pas de rôle, on oserait dire de justification, dans l'Église. À celles qui demeurent célibataires sans avoir prononcé de vœux religieux, aux femmes consacrées elles-mêmes, ainsi qu'à celles qui, bien que mariées, ne peuvent devenir mères, on proposera, pour remplir le plus pleinement possible leur vocation de femme, la maternité spirituelle, c'est-à-dire une vie d'oubli de soi et de dévouement au service des autres. Au Moyen Âge, quelques femmes jouirent d'un réel pouvoir ; ce furent les abbesses qui, issues de familles nobles, exercèrent leur pouvoir non seulement sur des couvents féminins, mais parfois aussi sur les monastères masculins qui y étaient associés.

De grandes mystiques marquèrent aussi l'époque et exercèrent de l'influence. On pense par exemple à Hildegarde von Bingen, à Julienne de Norwich, à Christine de Pisan. On redécouvre aujourd'hui avec autant d'émerveillement que de surprise la diversité de leurs dons et la richesse foisonnante de leurs œuvres.

Malheur cependant à celles qui ne se conformaient point aux normes, les siècles suivants sont là pour nous en convaincre. La chasse aux sorcières, de sinistre mémoire, témoigne de la crainte et de la haine qu'inspiraient les femmes qu'on accusait à tort et à travers de concocter des potions abortives ou minant la virilité des hommes, des philtres d'amour et des poisons en tous genres. L'imagination de leurs persécuteurs ne connaissant pas de limites, on les croyait responsables des épidémies qui frappaient villes et villages, et on les accusait d'entretenir avec les démons des relations lubriques. On les accusait d'hérésie et de blasphème, et tous les motifs semblaient bons pour allumer des bûchers. Ils finirent par s'éteindre, mais la méfiance qu'ont encore inspirée les femmes dans les siècles suivants reste très vive. Même vertueuses, celles-ci sont présentées souvent du haut de la chaire comme des êtres faibles, et parfois même pervers, dont les hommes doivent se méfier et contre lesquelles il faut se prémunir.

Puis vint le mouvement des femmes et leurs revendications en matière d'éducation, de droit de vote, d'accès aux postes électifs et de contrôle de leur fécondité. Les responsables de l'Église se méfièrent d'instinct du féminisme, qui paraissait remettre en cause ce que la Tradition définissait comme « la vraie féminité » et les vertus qui étaient censées en constituer la grandeur : humilité, obéissance, soumission, subordination, oubli et don de soi dans la maternité et la vie consacrée notamment. Mais devant l'irrésistible poussée de ce mouvement social, on finit par faire contre mauvaise fortune bon cœur, si bien qu'on voit aujourd'hui certains épiscopats nationaux, dont celui du Québec, prendre fait et cause pour les femmes, relativement à certaines de leurs revendications, quand elles ne s'opposent pas à la discipline de l'Église.

Au chapitre de l'accès aux ministères ordonnés, le fossé s'est creusé entre l'attitude des autorités catholiques et orthodoxes, d'une part, et celles de l'Église anglicane, d'autre part. Les confessions protestantes ne considèrent pas nécessairement le ministère pastoral comme un ministère « ordonné », puisqu'on ne reconnaît pas l'ordre comme un sacrement. Aussi, c'est d'abord dans ces Églises que les femmes ont progressivement, et parfois au prix de débats houleux, accédé aux fonctions pastorales. L'Église anglicane compte maintenant dans ses rangs non seulement des femmes prêtres, mais aussi évêques. La même observation vaut pour les Églises protestantes. Pour leur part, l'Église catholique et l'Église orthodoxe s'opposent farouchement à l'accès des femmes au sacerdoce. Rome en fait une affaire de doctrine, soi-disant irréformable. La cause est censée être entendue... Mais la voix des femmes continue à se faire entendre. Leur dévouement au service de leurs Églises permet à celles-ci de rendre à leurs fidèles des services qui, étant donné la pénurie de pasteurs masculins, ne seraient plus offerts autrement. Pour combien de temps encore pourra-t-on exploiter la force de travail des femmes et leur zèle pour la cause de Dieu, sans leur donner la part de pouvoir normalement associée à pareil service ?

Bien sûr, il est une question qu'on ne peut pas éviter chez les catholiques. Les femmes doivent-elles aspirer à s'insérer dans la structure hiérarchique de l'Église pour perpétuer un système de type monarchique, ou doivent-elles au contraire travailler à favoriser l'émergence d'une communauté chrétienne plutôt fondée sur les charismes de ses membres, sans se soucier s'ils sont hommes ou femmes, célibataires ou mariés ? Les avis à cet égard sont partagés.

Une chose toutefois est certaine : si le christianisme veut présenter un exemple d'équité, dans un monde blessé par tant d'injustices et d'inégalités, il devra cesser de traiter avec deux poids, deux mesures les femmes et les hommes marqués du sceau d'un même baptême et porteurs d'une même espérance.

Dans la mouvance de la théologie de la libération, la théologie féministe a pris un essor remarquable. Mais elle n'est pas née au XXe siècle. Si les trois docteurs de l'Église dont j'ai évoqué la mémoire au début de ce chapitre ne sont pas des théologiennes au sens rigoureux du terme, elles ont néanmoins marqué profondément le cours de l'histoire et de la pensée religieuses de leur temps. Catherine de Sienne dans son *Journal*, Thérèse d'Avila dans *Le chemin de la perfection* et Thérèse de Lisieux dans ses *Manuscrits autobiographiques* soulignent toutes les trois la discrimination qui frappe les femmes dans l'Église, et ne peuvent pas croire qu'elle soit le fait de la volonté de Dieu. C'est donc aux hommes qu'il faut attribuer cette injustice.

Au XIXe siècle, aux États-Unis, la protestante Elizabeth Cady Stanton a elle aussi compris la même chose et posé son diagnostic. Les hommes d'Église se dédouanent des injustices qu'ils font subir aux femmes en s'appuyant prétendument sur la parole de Dieu. Mais la Bible n'est-elle pas une réflexion religieuse élaborée dans un monde patriarcal, et ne reflète-t-elle pas davantage les préjugés des hommes que le jugement de Dieu ? Aussi entreprit-elle de réviser tous les passages bibliques défavorables aux femmes pour les relire dans une perspective féministe. Son travail a donné *The Woman's Bible*.

Mais le XXe siècle se signale par le nombre et la qualité des exégètes et des théologiennes féministes qui ont retourné toutes les pierres dans le jardin de la tradition patriarcale : exégèse, anthropologie théologique, dogmatique et éthique. Elles ont jeté sur tout un nouveau regard et tout animé d'un nouveau souffle. La théologie, qui s'était si longtemps élaborée au masculin singulier dans les cellules des moines, s'écrit maintenant aussi au féminin pluriel. Comment ne pas y voir un signe de santé et d'espérance ?

De la Contre-Réforme à nos jours

C'était écrit, sinon dans le ciel, du moins à Rome, la Réforme devait entraîner une réaction : la Contre-Réforme. Ce fut une histoire « pleine de bruit et de fureur », s'éternisant en chasses à l'hérétique et en guerres. Ce qui au départ aurait pu demeurer, dans le meilleur des cas, une querelle religieuse au sujet des mœurs de l'Église, de la pratique de monnayer les indulgences, de conceptions différentes du rapport entre la foi et les œuvres, entre l'Écriture et la Tradition – pour ne nommer que ces sujets de discorde entre Rome et les Églises réformées – a fini par dégénérer en guerres de religion longues et meurtrières.

Rome ne parut pas saisir tout de suite l'ampleur de la scission que Luther, Henri VIII et les autres réformateurs avaient déclenchée. Après le choc initial et les excommunications qui frappèrent ceux qui avaient osé se dresser contre l'autorité romaine, vint la convocation du concile de Trente qui se déroula en trois sessions entre 1545 et 1563. Ce concile proclame des « Décrets de réformation » des institutions ecclésiastiques pour répondre aux accusations de relâchement des mœurs ecclésiastiques. Il fixe à sept, et de manière définitive, le nombre des sacrements, contre les Protestants qui n'en reconnaissent plus que deux : le baptême et l'Eucharistie. Il proclame l'importance de la Tradition dans l'élaboration de la doctrine, alors que la Réforme fonde sa croyance sur l'Écriture seule. Le concile de Trente souligne l'importance des œuvres, contre ceux qui croient que la foi seule suffit au salut. Il justifie le culte des saints et des images, contre ceux qui ont renoncé à ces dévotions, et insiste sur le caractère sacrificiel de la messe en réponse à ceux qui la considèrent uniquement comme un mémorial.

La vigueur de la réaction catholique ne fera qu'exacerber les tensions entre Rome et les Églises issues de la Réforme.

Pendant que les querelles se perpétuent et s'enveniment entre catholiques et protestants, qu'en est-il du monde orthodoxe ? Du XVe au XVIIe siècle, il vit une sorte de Moyen Âge, pour reprendre l'expression d'Olivier Clément. L'Église orthodoxe grecque s'active à sauvegarder l'identité nationale dans l'Empire ottoman, et en Russie elle contribue à maintenir tout ensemble une mentalité traditionnelle et un attachement très fort au pays et à ses institutions.

Dans les Églises orthodoxes

La Réforme et la Contre-Réforme eurent des échos dans l'univers orthodoxe et provoquèrent quelques douloureuses divisions. Certains évêques orthodoxes d'Ukraine, notamment, demandèrent leur rattachement à Rome. Ils n'exigeaient pour ce faire que le maintien des coutumes et du rite d'Orient, consentant à reconnaître la primauté pontificale et à se rallier à la doctrine catholique qui avait scellé le schisme, celle du « Filioque ». Cette Église « uniate » est créée en 1596. Mais cette « union », on l'aura deviné, crée de la division à l'intérieur de l'Église ukrainienne. De semblables déchirements se produiront au début du XVIIIe siècle en Transylvanie. Plusieurs conciles, dont celui de Moscou en 1666-1667, situent l'orthodoxie entre Réforme et Contre-Réforme, en affirmant que l'Église est sacrement de salut, que l'Esprit est à l'œuvre dans tous les sacrements et que la liberté est le lieu d'accueil de la grâce divine.

Ce même concile de Moscou auquel participaient des évêques d'Alexandrie et d'Antioche « dénonça le messianisme national et le ritualisme magique ». La violence de l'attaque provoqua en Russie le schisme des « vieux croyants ».

Au XVIIIe siècle, l'emprise du tsar Pierre le Grand, et plus encore de Catherine II, sur l'Église se fait sentir. Le premier supprime le patriarcat, et soumet l'Église à un synode où le pouvoir est détenu par un laïc. La seconde sécularise les biens d'Église. Les monastères ne recrutent plus. L'Empire ottoman, qui s'estime menacé par la Russie, devient persécuteur.

Mais comme il arrive si souvent dans les temps difficiles, un vent de renouveau souffle à la fin du siècle. Renaît dans la prédication le souci de la justice sociale, et un puissant mouvement spirituel se développe, sous l'impulsion en particulier de Nicodème l'Hagiorite qui publie en 1782 *La Philocalie*, un important recueil de textes théologiques, mystiques et ascétiques.

L'Église avait sous l'Empire ottoman préservé non seulement l'identité religieuse des peuples qui vivaient sous son pouvoir, mais aussi leur identité nationale et leur culture. Elle contribuera aux luttes qui mèneront ces pays vers une autonomie longtemps espérée.

En Grèce, où la dynastie bavaroise méprise la civilisation issue de Byzance, des moines se consacrent à rétablir la culture religieuse qui a fait sa grandeur. L'intérêt pour les Pères grecs renaît. Apostolos Makrakis rêve de restaurer l'Empire byzantin en rassemblant toutes les communautés grecques en un même État. En 1922, les nationalistes turcs mettront brutalement fin à ce projet en battant l'armée grecque.

Pour l'Église russe, la révolution de 1917, qui se posait comme une lutte contre les injustices économiques et sociales, aurait pu paraître acceptable, si elle n'avait pas charrié avec elle une idéologie athée. Le don de sa vie pour le bien commun, la propriété collective des biens pouvaient se justifier par un recours aux sources chrétiennes, mais le rejet de Dieu devait appeler à la résistance. L'Église russe de 1943 à 1959 vit un renouveau, dans un pays où il y a distinction entre l'État et le Parti, si bien que le Parti peut mener sa propagande antireligieuse, alors que l'État assure la liberté de culte inscrite dans la Constitution.

Cependant, à partir de 1959, et pendant cinq ans, une persécution va sévir, menée par le Parti et par l'État. Le statut des paroisses est modifié ; de très nombreuses églises, des monastères et des séminaires sont fermés. On ne tue pas, mais on interdit les prêtres, on les enferme, on les interne. On ne verse pas le sang, mais on coupe l'oxygène...

Avec la « perestroïka », les libertés anciennes ont été retrouvées. Et l'on voit depuis la fin du régime communiste refleurir une orthodoxie qui a tout de même beaucoup de plaies à panser.

Dans l'Église grecque, le patriarche Athénagoras a beaucoup travaillé dans une perspective œcuménique. Mais on a pu aussi observer un courant intégriste, antimoderne et antiœcuménique, mené notamment par les moines du mont Athos.

Beaucoup d'orthodoxes sont venus en Amérique et sont allés en Europe, fuyant le totalitarisme soviétique ou les guerres civiles. Même s'ils ont suscité un certain nombre de conversions, surtout dans des milieux déchristianisés, ils n'ont pas vraiment fait de prosélytisme. Leur grande tradition mystique n'a sans doute pas fini d'exercer de l'attrait pour celles et ceux que le matérialisme occidental déçoit plus qu'il ne les comble.

LE PROTESTANTISME : DE LA CONTRE-RÉFORME À NOS JOURS

Le nombre et la diversité des confessions chrétiennes qui se réclament du protestantisme compliquent beaucoup une présentation simple, et surtout concise, des quatre siècles et demi qui constituent leur histoire.

Aujourd'hui, l'Église anglicane n'aime pas se voir identifiée au protestantisme. N'a-t-elle pas gardé un cadre ecclésiastique proche de celui du catholicisme, si l'on oublie son refus de se soumettre au pape comme à l'autorité suprême ? Pourtant, au XVIIIe siècle, elle est théologiquement protestante. Un vent de puritanisme souffle sur l'Angleterre. Un conflit entre le roi et le Parlement dégénère en guerre civile. Les puritains purs et durs obtiennent la mort de Charles Ier. Son procès et son exécution sont tout autant un acte religieux que politique : on a tué le représentant de Dieu sur terre. Le respect de la tradition qui avait prévalu est maintenant remplacé par l'idée de progrès. La « vraie Église » est à venir ; on entre dans la « Nouvelle Réforme ».

Sous Cromwell, l'Angleterre est une société assez tolérante. Mais, à sa mort, la crainte de l'ultrapuritanisme, d'une part, et la venue sur le trône d'un roi catholique, Jacques II, d'autre part, entraînent la « Glorieuse Révolution » qui avec Guillaume III d'Orange s'impose en 1688 pour rétablir « la religion protestante et les libertés d'Angleterre ». Ce sera en même temps la naissance du parlementarisme et la colonisation de l'Irlande, avec tous les déchirements qui se sont ensuivis jusqu'à nos jours.

En France, la révocation de l'édit de Nantes en 1685, par Louis XIV, vient sceller le triste sort des protestants qui, depuis le début de son règne, étaient harcelés, persécutés. Leurs pasteurs sont forcés de quitter le pays, et un quart environ du million de leurs fidèles fuient clandestinement le pays. On les retrouvera en Allemagne et en Hollande où ils contribueront à répandre les idées progressistes des lumières. Ceux qui restent pratiquent en secret le culte protestant, tout en faisant mine extérieurement d'accepter la doctrine catholique.

Il faut attendre un siècle pour qu'un « édit de tolérance » promulgué en 1787 reconnaisse l'existence des protestants. Pour ce qui est de la liberté de culte, il leur faudra patienter jusqu'à ce que la Révolution la leur accorde en 1791.

Sur le territoire que nous appelons aujourd'hui les États-Unis, le protestantisme s'installe en 1620, alors que les « Pères pèlerins » débarquent du Mayflower et fondent la première colonie britannique en Amérique du Nord. Venus de Hollande, où ils s'étaient un temps réfugiés, ces puritains anglais cherchaient une terre de liberté. Suivirent d'autres vagues d'immigrants, animés par une sorte d'utopie religieuse qui a laissé ses traces dans la société américaine jusqu'à nos jours. Les Indiens sont à leurs yeux des païens sous l'emprise du démon… Mais le Malin est aussi, selon eux, à l'œuvre partout et l'on verra tout à la fin du XVIIe siècle se multiplier les procès de sorcellerie en Nouvelle-Angleterre.

Des voix s'élèveront toutefois pour défendre les Indiens, celle de Roger Williams notamment, qui préconisera aussi la liberté religieuse. Les dissidents pourront trouver refuge en Pennsylvanie, fondée par le quaker William Penn. La prospérité économique étant vue comme le signe de la bénédiction de Dieu, on prospérera en paix.

Vers le milieu du XIXe siècle, on assiste à un « grand réveil » religieux. C'est là que se constitue l'identité du protestantisme américain de type évangélique. Les États-Unis d'Amérique sont mûrs pour la totale indépendance vis-à-vis de l'Angleterre, et l'influence du Siècle des lumières leur inspire, de surcroît, leur célèbre déclaration des Droits de l'homme.

C'est au XVIIIe et au XIXe siècle que les missions protestantes se répandent. Les sociétés vouées à cette œuvre d'évangélisation sur tous les continents prolifèrent, mais ce sont les États-Unis qui fournissent le plus fort contingent de missionnaires protestants, toutes confessions confondues : presbytérienne, congrégationaliste, pentecôtiste. Cela est encore vrai de nos jours. On observe une montée du protestantisme en Amérique latine, en Afrique et en Océanie, mais en Asie le succès est très mitigé.

L'évangélisation a souvent accompagné la colonisation, certes, mais elle a aussi encouragé l'éducation, valorisé la culture indigène en traduisant la Bible dans les différentes langues des peuples rencontrés, apporté une aide médicale et développé l'exportation des produits locaux, une façon, à l'origine, de combattre le commerce des esclaves.

Les divisions des Églises protestantes ont souvent nui à leur œuvre d'évangélisation, comme on pourrait le dire d'ailleurs de l'ensemble des Églises chrétiennes. Aussi les Églises protestantes ont-elles saisi la nécessité d'entreprendre une démarche œcuménique, d'abord à l'intérieur du protestantisme, puis avec les catholiques et les orthodoxes. Dès le XIXe siècle des regroupements se sont multipliés pour conjuguer les forces chrétiennes contre la montée du scientisme et de l'athéisme.

Après la Première Guerre mondiale, le protestantisme pense pouvoir prendre l'initiative d'un rapprochement avec les orthodoxes que la chute de l'Empire ottoman et la révolution en Russie ont beaucoup ébranlés. Le Vatican qui réprouve cette démarche, dans la conviction où il se trouve que l'unité ne peut se faire qu'à Rome et dans son giron, condamne l'œcuménisme par l'encyclique *Mortalium animos*, en 1928.

Le regroupement des Églises protestantes et orthodoxes donnera naissance en 1948 au Conseil œcuménique des Églises par la fusion de deux groupes. Le premier, fondé en 1925, le Mouvement du christianisme pratique, est orienté vers le témoignage chrétien pour une société plus juste, alors que le second, le Mouvement foi et constitution, s'intéresse, comme son nom le donne à comprendre, aux questions de doctrine et de structures.

Le rapprochement entre protestants et catholiques s'est fait d'abord sans sanction officielle ; il est l'œuvre de pionniers courageux qui ont suscité beaucoup de réserve, sinon de suspicion. Il a fallu attendre le concile Vatican II pour qu'un décret sur l'œcuménisme vienne reconnaître le protestantisme comme une façon légitime de professer la foi chrétienne, et encourage la poursuite des échanges. Les recherches théologiques ont favorisé un dialogue fructueux. De leur côté bien des fidèles ont pris l'habitude de prier ensemble à l'occasion de la Semaine de l'unité des chrétiens. Mais sur bien des dossiers chauds comme l'avortement, le divorce, la contraception, l'accession des femmes aux ministères ordonnés et le célibat ecclésiastique, les positions romaines sont irréconciliables avec celles des protestants. Aussi l'œcuménisme piétine-t-il depuis un certain temps, même si, officiellement, on prétend qu'il fait son chemin.

Le catholicisme : de la Contre-Réforme à nos jours

On associe spontanément la convocation du concile de Trente à la brusque entrée en scène de Luther qui, dans un mouvement d'indignation et de révolte, affiche le 31 octobre 1517, à la porte de l'église du château de Wittenberg, les 95 thèses qui devaient mettre le feu aux poudres. On l'a vu, il jugeait scandaleuse la vente d'indulgences effectuée par un dominicain, Teltzel, chargé par l'archevêque de Mayence de recueillir des fonds en Allemagne au profit de la reconstruction, à Rome, de la basilique Saint-Pierre. En un sens, on a raison, le concile de Trente est une réponse à la Réforme inaugurée par Luther, mais en vérité il avait été précédé par d'autres événements. Le concile n'entreprendra ses travaux que vingt-huit ans plus tard, soit en 1545, pour les suspendre en 1547, les reprendre en 1551, les suspendre à nouveau en 1552. La troisième session ne s'ouvrit que dix ans plus tard, en 1562, et se termina en 1563. Plusieurs pontifes eurent le temps de se succéder sur le trône de Saint-Pierre, et des luttes politiques auxquelles furent mêlés plusieurs souverains d'Europe expliquent en partie ces délais.

Avant même d'être préoccupé par le besoin de réforme dans l'Église, Luther l'avait été par la question de son propre salut. Il n'était pas le seul, bien sûr, à s'interroger sur l'amour de Dieu, sur la grâce et sur le rôle de la foi dans la quête de la rédemption personnelle.

L'Espagne, terre de mysticisme, indépendante et fière, allait voir surgir pour combattre le protestantisme naissant un homme de feu : Ignace Lopez de Recalde, né à Loyola en 1491. Sa carrière avait commencé comme celle d'un seigneur galant et épris de chevalerie. Il a trente ans quand il est blessé à Pampelune. Une longue convalescence lui permet de réfléchir aux vrais enjeux de l'existence. Il cesse de rêver à sa « princesse lointaine », se voue à la Vierge et à l'amour du Christ, puis regroupe quelques compagnons épris comme lui d'absolu. Ainsi naît la Compagnie de Jésus. Les jésuites, Ignace en tête, veulent promouvoir dans l'esprit des fidèles « le parti de l'honneur et de la gloire de Dieu », une attitude plus exaltante et plus susceptible de mener à la perfection chrétienne que l'obsession du péché qu'ils retrouvaient chez Luther. Ce qui ne les empêche pas de considérer avec sympathie les protestants.

Mais l'influence luthérienne se fait sentir partout, et jusqu'en Italie, surtout entre 1530 et 1540. La prédication de Jean Valdès, qui donna son nom à la secte des Vaudois, touche toutes les couches de la population. La crainte que le vent réformateur balaie, à partir de Naples, toute l'Italie devait entraîner l'Inquisition italienne, puis le concile de Trente.

Jean-Pierre Carafa, demi-frère de Jules II, autoritaire comme lui et ne répugnant pas à la violence, avait eu l'occasion d'observer, alors qu'il était nonce à Madrid en 1536, les méthodes efficaces utilisées par l'Inquisition. Aussi longtemps que vécut Paul III (†1549), le tribunal mis en place à Rome et exerçant sa juridiction sur toute l'Italie se montra d'une relative clémence. Mais quand Carafa devint pape sous le nom de Paul IV, l'Inquisition s'engagea alors dans « la voie des rigueurs atroces ».

C'est dans toute l'Europe qu'on poursuivit la chasse à l'hérétique, aux sorcières, accusées d'entretenir des relations coupables avec Satan, et qu'on éleva des bûchers. Période sombre, s'il en fut, dans l'histoire du christianisme. L'Église catholique sent aujourd'hui le besoin de demander pardon pour toutes les violences que le « le bras séculier » a commises dans la défense de ce que Rome considérait alors comme « la vérité ».

Le XVIe siècle catholique connaît de grands mystiques, comme Teresa de Cepeda y Ahumada, la réformatrice du Carmel, née à Avila, et Juan de Yepes, mieux connu sous le nom de Jean de la Croix, dont l'exaltation effraie la hiérarchie.

Avec François Xavier la foi chrétienne aborde sur les rives de l'Asie. La fameuse « querelle des rites », dont les péripéties se déploient pendant près d'un siècle et demi, se termine par une fin de non-recevoir définitive de la part des autorités romaines face aux suppliques des jésuites qui militent en faveur d'une inculturation de la foi catholique en Chine. « Acculturer », « inculturer », ces mots n'existaient pas à l'époque, mais l'intuition de la réalité qu'ils représentent hantait déjà l'esprit de saint Paul. Les jésuites souhaitaient donc que les bouddhistes convertis au christianisme puissent continuer à rendre un culte domestique aux ancêtres. Cette « querelle », dont le dénouement est marqué par l'expulsion d'un grand nombre de missionnaires, devient comme un fâcheux exemple de la difficulté qu'éprouve le catholicisme à intégrer des éléments culturels étrangers dans le mode de pensée occidental, qui lui a fourni, non seulement le cadre de son organisation hiérarchique, mais aussi l'ensemble des concepts qui l'ont outillé pour formuler sa foi et concevoir les rites pour la célébrer.

En Amérique, les missionnaires vinrent avec les premiers colonisateurs, une association qui ne fut pas toujours très heureuse. Les uns voulaient apporter la foi aux populations indigènes, les autres repartaient chargés des richesses du Nouveau Monde.

Mais les débats théologiques occupent aussi les esprits. On sait que catholiques et protestants se sont affrontés dès le début sur la place de l'Écriture sainte dans l'élaboration de la foi. Alors que les premiers tiennent à s'appuyer autant sur la Tradition que sur la Bible, les seconds ne reconnaissent comme fondement de la doctrine que l'Écriture seule. Mais les difficultés ne s'arrêtent pas là. Comment faut-il lire l'Écriture ? En prenant chaque mot au pied de la lettre, ou en faisant une critique historique des textes bibliques ?

Au XVIIe siècle, Richard Simon propose une lecture historico-critique de la Bible. Sa démarche soulève des tempêtes. Il est violemment condamné, par Bossuet, notamment, et il faudra attendre le XXe siècle, et les travaux de pionniers comme le père Lagrange, pour qu'après bien des débats et des condamnations la méthode historico-critique, qu'ont pratiquée les protestants depuis le XIXe siècle, soit enfin jugée acceptable par les autorités de l'Église catholique.

Le XVIIe siècle est aussi celui de la montée du jansénisme, où les grands débats qui avaient agité le christianisme au temps de Luther autour de la question de la grâce et du salut refont surface. Les jansénistes, qui tiennent leur nom de Cornelius Jansen, dit Jansenius, auteur de l'*Augustinus*, un ouvrage tendant à restaurer la doctrine de saint Augustin sur la grâce et la prédestination. Selon cet enseignement, Dieu, de toute éternité, aurait voué certaines personnes au salut et d'autres à la damnation. Les jésuites faisaient, de leur côté, la part plus belle au libre arbitre et aux mérites de l'homme. Par la bulle *In eminenti*, Urbain VIII, en 1642, condamne Jansenius et en 1656 Alexandre VII, par la bulle *Ad sacram*, condamne le jansénisme, malgré l'effort qu'avait déployé pour le sauver Blaise Pascal qui avait, dans les *Provinciales*, attaqué avec vigueur ses ennemis les jésuites. Mais l'histoire du jansénisme ne s'arrête pas là ; en France elle a été étroitement liée non seulement à celle de l'Église, mais à celle du royaume. Hostiles à l'absolutisme de Louis XIV, ses adeptes furent victimes de vexations, de spoliations, voire d'expulsion, de la part de l'État.

L'affaire Galilée secoua aussi le XVIIe siècle. Elle est trop connue pour que nous nous y attardions, sinon pour dire qu'elle constitue une tragique erreur historique dont les conséquences ne se sont vraiment jamais effacées. Elle reste, non seulement dans le monde scientifique, mais aussi dans l'imagination populaire, comme l'exemple type des énormes difficultés que le monde catholique éprouve à accepter la modernité.

Galileo Galilei, avec son télescope, a démontré que les récits de la *Genèse* ne nous fournissent pas d'explication scientifique sur les mystères du cosmos ; leur « vérité » est d'ordre théologique. On devrait pouvoir à la fois être croyant et respecter l'autonomie de la science, en tenant compte de ses constants développements. C'est avec les outils de la philologie que Richard Simon arrivait à des conclusions comparables dans son *Histoire critique du Vieux Testament*, publiée en 1678. Sa tumultueuse destinée a moins frappé l'imaginaire collectif que celle de Galilée, mais elle relève d'une même problématique : une méfiance tenace à l'égard de la modernité.

Plusieurs grandes figures ont illuminé le XVIIe siècle. Comment ne pas évoquer Marie Guyart, dite de l'Incarnation, venue au Canada en 1629 où elle fonda à Québec le premier couvent d'ursulines. Considérée comme l'une des plus grandes mystiques de son temps, elle a laissé une volumineuse correspondance et est aussi l'auteure de dictionnaires en langues amérindiennes. Saint Vincent de Paul, après des débuts mondains, devint l'apôtre des pauvres et fonda avec Louise de Marillac les Filles de la Charité, qui se vouèrent au soin des malades et des enfants trouvés. François de Sales, l'auteur de *L'Introduction à la vie dévote*, ouvrage de spiritualité écrit dans une prose élégante, sut conquérir la bonne société de son temps. Jeanne de Chantal, sous sa direction, fonda de son côté l'ordre de la Visitation.

On a appelé le XVIIIe siècle le Siècle des lumières. C'est aussi celui de l'Encyclopédie et de la Révolution. Les États-Unis d'Amérique s'émancipent de l'Angleterre (1776) et la France donne le coup d'envoi, en 1789, d'une série de bouleversements politiques qui ébranleront, non seulement en France, mais ailleurs aussi en Europe, les pouvoirs établis. L'esprit de ce siècle qui remet en question Dieu, l'État et la société pourrait se résumer en deux maximes. La première est empruntée à Kant : « Aie le courage de te servir de ton propre entendement. Voilà la devise des Lumières. » La seconde est de Diderot : « L'homme est le terme unique duquel il faut partir et auquel il faut tout ramener. »

Il est aisé de comprendre que le catholicisme était irréconciliable avec cet esprit-là et que les auteurs qui s'en firent les propagateurs virent leurs œuvres mises à l'index.

Quand on considère l'histoire du catholicisme au XIXe siècle, quelques événements clés retiennent l'attention : la publication du *Syllabus* ; le concile Vatican I et sa déclaration sur l'infaillibilité pontificale ; la montée d'une pensée sociale catholique, qui est certainement un retour à l'esprit évangélique, mais aussi une réaction au *Manifeste* de Marx et Engels (1848), sans oublier la crise moderniste qui déborda largement sur le XXe siècle.

Le *Syllabus*, publié par Pie IX le 8 décembre 1864, en même temps que l'encyclique *Quanta cura*, est un catalogue de 85 propositions portant sur le panthéisme, le rationalisme, le libéralisme, la liberté religieuse, le socialisme et la démocratie, entre autres choses. Chacune de ces propositions est vigoureusement condamnée. Le titre de l'ouvrage dit bien ce qu'il faut comprendre de toutes ces idées modernes : *Recueil des principales erreurs de notre temps*. Ce ne fut pas la moindre des erreurs de ce temps que la publication de ce document pontifical qui, s'il fit le bonheur des catholiques les plus conservateurs, laissa pantois les progressistes, et demeure encore aujourd'hui le triste symbole de l'obscurantisme romain au siècle dernier.

Les bourrasques révolutionnaires rendent terriblement frileuses les autorités ecclésiastiques. Or, un vent de démocratisation soufflait sur l'Occident. Le « droit divin des rois » était mis à mal depuis un certain temps. L'aspiration des peuples à l'autonomie et à la liberté appelait à la constitution de régimes démocratiques. Mais comme chacun sait, et comme d'ailleurs l'Église se plaît encore aujourd'hui à le répéter, elle n'est pas une démocratie. En fait, c'est une institution de type monarchique ou impérial. Comment ne se serait-elle pas sentie menacée par la chute des pouvoirs hiérarchiques traditionnels et par la montée des régimes démocratiques, elle qui avait fondé depuis Constantin sa force politique sur l'alliance du Trône et de l'Autel ? On ne comprend rien, nous semble-t-il, à la publication du *Syllabus*, ni d'ailleurs à la déclaration de 1870 sur l'infaillibilité pontificale, si on ne situe pas ces événements dans leur cadre historique. L'Église redoute de se trouver affaiblie par la remise en question des institutions politiques fortement hiérarchisées ; elle croit pouvoir parer les coups en proclamant haut et clair la suprême autorité de son chef quand il se prononce « ex cathedra », en tant que successeur de Pierre, sur des questions doctrinales. Si l'on fait exception du dogme de l'Immaculée Conception, promulgué par Pie IX seul, en 1854, c'est toujours à des conciles qu'était revenue la tâche de définir les vérités de foi. De la promulgation de 1854, on a pu dire qu'elle avait préparé les esprits à la proclamation de l'infaillibilité pontificale en créant un précédent quant au mode de procédure. En 1950, Pie XII proclamera de même le dogme de l'Assomption.

En 1871, Rome se voit dépossédée de son pouvoir temporel par l'État italien. Elle doit céder les États pontificaux, envahis et annexés par l'armée de Garibaldi qui, à partir de 1849, s'était lancé dans l'aventure de la réunification de la péninsule italienne. Le Vatican s'estime assiégé et résiste, en insistant sur le caractère intangible de son autorité. Ses réactions de défense ne sont certes pas étrangères à cette difficile conjoncture historique. En 1929, un concordat lui redonnera possession d'une faible part de son territoire.

L'Église catholique ne craint pas que la démocratie, elle redoute aussi le rationalisme qui accompagne le développement des sciences, elle a peur de la modernité. Ce qu'on a appelé la crise moderniste en est une des manifestations les plus claires.

Au XIXe siècle, les progrès scientifiques remettent en cause à la fois les origines de l'espèce humaine et, de ce fait même, la crédibilité des récits bibliques. On eut beau condamner Darwin, dès 1859 ses idées firent leur chemin, et sa théorie se révéla tout à fait défendable. Par ailleurs, à mesure que progresse la connaissance des langues anciennes, l'étude de la Bible prend une nouvelle tournure. On comprend que pour saisir le sens de l'Écriture il faut situer les textes dans leur contexte historique et différencier les genres littéraires. Cette approche, aux yeux des autorités ecclésiastiques, remet en question, d'une manière inacceptable, la conception traditionnelle de la Révélation. Si Pie XII, en 1943, donnera le droit à la critique exégétique de la Bible, dans son encyclique *Divino afflante*, dans *Humani generis* il condamnera le polygénisme, qui remet en cause l'idée que l'humanité entière puisse être issue d'un seul couple, comme le donne à entendre le livre de la *Genèse*.

Si le XIXe siècle s'est clos, en 1891, par la publication de *Rerum novarum* qui, tout en dénonçant l'idéologie socialiste, aborde la question ouvrière et pose le premier jalon du catholicisme social, le XXe siècle s'ouvre pour sa part par la condamnation du modernisme par Pie X, en 1907, dans l'encyclique *Pascendi domini*.

La vie du catholicisme au XIXe siècle ne se limite pas, bien sûr, à une suite de luttes politico-exégético-théologiques. L'époque se caractérise par un fort développement de l'activité missionnaire et par la fondation de nombreuses congrégations religieuses, surtout féminines, vouées à l'éducation, au soin des malades et des personnes laissées pour compte dans la société.

Le XXe siècle a été, du point de vue politique, une époque fort troublée : des révolutions, deux conflits mondiaux, des guerres civiles à ne plus pouvoir les compter ont mis à feu et à sang la planète, et plus particulièrement l'Occident chrétien et catholique. À travers tous ces bouleversements, les catholiques progressistes n'ont pas cessé d'espérer le changement et d'y travailler. Certains font porter leurs efforts sur la recherche théologique et exégétique, d'autres dans le mouvement de l'Action catholique cherchent à porter le message évangélique aux masses plus ou moins déchristianisées, plusieurs se lancent à fond dans l'action sociale. Néanmoins, les positions officielles de l'Église, sur bien des sujets, demeurent encore très proches des attitudes qui avaient caractérisé le XIXe siècle.

En 1937, Pie XI, dans l'encyclique *Mit Brennender Sorge*, condamne le nazisme, dont les ravages avaient déjà commencé à se faire sentir. Mais sous le règne de Pie XII aucune condamnation officielle n'émane du Vatican, alors que les horreurs des chambres à gaz sont pourtant connues. Certes, Rome permet à plusieurs Juifs de fuir les persécutions en leur fournissant de l'argent et en mettant à la disposition de certains d'entre eux les ressources d'une diplomatie bien rodée, mais la « prudence » qui retient le pape de parler, poussé, semble-t-il, par la crainte de représailles à l'égard des catholiques allemands, reste aux yeux de plusieurs comme une tache sur sa mémoire. Quand il s'éteint en 1958, après un règne long, et malgré tout glorieux, le conclave élit Angelo Giuseppe Roncalli. Il a déjà soixante-dix-sept ans, et on murmure qu'il sera un pape de transition. Déjouant toutes les prédictions de ceux qui se préparent à quelques années de calme plat, il décide d'ouvrir les fenêtres du Vatican aux courants d'air, de convoquer un concile pour procéder à un vaste *aggiornamento*, une « mise à jour » de l'Église. Annoncé en 1959, le concile Vatican II est inauguré en 1962. Jean XXIII meurt en 1963, non sans avoir eu le temps de publier deux encycliques qui ont de l'écho partout dans le monde. La première, *Mater et magistra* (1961), traite de l'enseignement de l'Église sur les questions sociales et la seconde, *Pacem in terris* (1963), appelle tous les peuples à la coexistence pacifique. À la mort de Jean XXIII, Paul VI hérite de la tâche de mener à bien le concile. Il s'y emploie avec zèle. La majorité des évêques réunis à Rome pour participer aux séances conciliaires sont favorables à certains changements dans l'Église, mais une minorité ultraconservatrice reste indéfectiblement fidèle aux orientations de Vatican I. La majorité triomphe officiellement, mais la plupart des documents conciliaires portent la trace des tensions qui ont marqué leur élaboration et leur rédaction finale. L'Église « société parfaite » de Vatican I fait place à l'Église « peuple de Dieu ». La liberté de conscience est réhabilitée ; l'œcuménisme est promu à l'intérieur des confessions chrétiennes ; les autres religions monothéistes sont saluées respectueusement, tandis que les diverses et grandes traditions religieuses sont reconnues comme des voies d'accès possibles vers Dieu. Quant à la démocratie, elle est belle et bonne. Mais ce n'est pas une raison suffisante pour transformer les structures de l'Église...

Quand il publie l'encyclique *Humanæ vitæ* (1968), qui reprend l'interdiction de la contraception, dite artificielle, qu'on trouvait déjà dans *Casti connubii* qui date du 31 décembre 1930, Paul VI déclenche parmi les catholiques une véritable secousse sismique. Une commission d'étude, nommée par le pape, avait conclu à la majorité qu'il était temps de laisser aux couples catholiques la liberté de choisir, en leur âme et conscience, les méthodes de régulation des naissances qui leur paraissaient les meilleures pour sauvegarder l'amour conjugal et le bien de la famille. Bien des pasteurs ayant déjà, dans la pratique, respecté la liberté des époux, des épiscopats nationaux, souvent embarrassés, proposent des positions nuancées. Chez les laïcs, les réactions ne se font pas attendre. Plusieurs, convaincus de n'être pas compris, abandonnent la pratique religieuse ; d'autres choisissent la fidélité à l'enseignement ecclésial ; un grand nombre, enfin, décident de rester, tout en faisant plus confiance à leur conscience qu'au discours officiel.

L'après-concile est marqué par une baisse prononcée de la pratique dominicale, par le retour à la vie laïque de très nombreux prêtres, religieuses et religieux et par la montée de la théologie de la libération en Amérique latine. La théologie féministe a aussi pris à ce moment-là son essor.

Quand il meurt en 1978, Paul VI laisse derrière lui une Église affaiblie. Jean-Paul Ier ne règne qu'un mois, et c'est Jean-Paul II, le pape polonais, qui tente depuis lors de remodeler l'institution selon ses vues. Karol Wojtyla a connu le régime nazi, puis la dictature communiste, et cela lui a forgé un caractère de lutteur. Aussi n'a-t-il pas cessé d'attaquer les problèmes sur tous les plans. En politique, il a cherché à établir des ponts avec les pays de l'Est. Il a soutenu des deniers du Vatican le mouvement Solidarité en Pologne, a multiplié les rencontres diplomatiques et les visites pastorales sur tous les continents, et est devenu une star des médias. Il attire les foules partout où il passe. On lui attribue en certains milieux la chute du rideau de fer... Il rêve depuis le début de son pontificat de rechristianiser l'Europe. Il vilipende le matérialisme de notre époque, et veut redonner à l'humanité du tonus moral. L'éthique catholique est à ses yeux la seule capable de pareil exploit. Aussi est-ce au monde entier qu'il propose sa vision des choses sur l'avortement, la contraception, la nature et la vocation des femmes, l'euthanasie et les nouvelles technologies de la reproduction, pour ne nommer que quelques-unes des questions qui préoccupent l'opinion mondiale. Sur tout, le catholicisme doit faire briller « la splendeur de la vérité ». Telle est la conviction de Karol Wojtyla.

Depuis un certain nombre d'années, l'Église catholique a demandé au monde pardon pour les erreurs historiques qu'elle a commises dans le passé. Il faut lui en savoir gré. Ce que ses fidèles attendent d'elle aujourd'hui, et avec eux beaucoup de femmes et d'hommes de bonne volonté, c'est qu'elle mette en pratique ce qu'elle prêche avec tant de ferveur, au sujet des droits de la personne et de l'abolition de toute forme de discrimination. Sa crédibilité et son rayonnement, à l'aube du troisième millénaire, en dépendent.

Bibliographie sélective

ÉTIEMBLE, R. (1966). *Les jésuites en Chine, La querelle des rites (1552-1773) présentée par Étiemble*, Paris, Julliard. (Archives)

HAZARD, Paul (1961). *La Crise de la conscience européenne I*, 1680-1715, Paris, Librairie Arthème Fayard. (Idées. NRF)

GROUSSET, R. et E.G. LÉONARD (dir.) (1958). *Histoire universelle 3, De la Réforme à nos jours*, Paris, Gallimard. (Encyclopédie de la Pléiade)

L'islam

Jean-René Milot

Mathieu Boisvert

*Tombeau (*dargah*) du saint musulman Saikh Salim Chishti. Le troisième empereur moghul, Akbar, avait visité cet éminent personnage au XVI*e *siècle pour s'assurer la naissance d'un fils. À la naissance de son fils Jehangir, Akbar établit sa capitale à Fatehpur Sikri, endroit où le* dargah *fut construit par la suite pour commémorer la sainteté de Saikh Salim Chishti.*

INTRODUCTION

Récite au Nom de ton Seigneur qui a créé ! Il a créé l'homme d'un caillot de sang. Récite !

Car ton Seigneur est le Très généreux qui a instruit l'homme au moyen de la plume, et lui a enseigné ce qu'il ignorait.

Bien au contraire ! L'homme est rebelle dès qu'il se voit dans l'aisance.

– Oui, le retour se fera vers ton Seigneur[1].

Tel est l'appel qu'entendit vers 610 ap. J.-C. Mahomet (Muḥammad Ibn 'Abd Allāh), un habitant de La Mecque, en Arabie. Selon la Tradition islamique, il s'agit de la première des révélations qu'allait recevoir, jusqu'à sa mort en 632 ap. J.-C., celui qui est considéré comme le fondateur de l'islam.

Déjà, ces quelques versets évoquent des traits caractéristiques de l'islam. Celui qui donne l'ordre de « réciter », c'est Allah, Dieu créateur, personnel, unique et tout-puissant, qui parle aux humains par l'intermédiaire d'un messager, d'un prophète, pour leur enseigner des choses que Lui seul sait et qui sont d'une importance capitale pour la destinée humaine. Malgré la faiblesse des hommes qui se laissent distraire par l'aisance, la générosité d'Allah finira par les ramener à Lui au Jour du jugement.

1. *Cor.* 96 : 1-8. Dans le présent chapitre, les références au Coran sont faites de la façon suivante : le chiffre qui suit « *Cor.* » indique le chapitre (sourate) du Coran, alors que le chiffre qui suit les « : » indique le(s) verset(s). Par exemple, ici, il s'agit du chapitre 96, versets 1 à 8. La numérotation des versets est celle du texte arabe officiel édité au Caire en 1923.

Ce qui est « récité », c'est le Coran ou *Qur'ān*[2], terme arabe qui signifie « la récitation », et qui en viendra à désigner l'ensemble des révélations reçues et transmises par le prophète Mahomet et réunies pour devenir *al-Kitāb*, « Le Livre ».

On est nettement en contexte judéo-chrétien, et cette première impression va peut-être s'accentuer quand nous examinerons de plus près les grands thèmes du Coran. Toutefois, nous constaterons en même temps que l'islam va se démarquer rapidement du judaïsme et du christianisme pour s'établir comme religion distincte et autonome tant par ses croyances que par ses pratiques.

Aujourd'hui, presque quatorze siècles après cette première révélation coranique, il y a pratiquement un milliard d'humains qui se réclament de l'islam et se disent musulmans.

La visée de ce chapitre n'est pas d'évaluer ou de juger l'islam, mais bien d'essayer de le comprendre. Il ne s'agit pas de savoir si Mahomet est un vrai prophète et si le Coran est bien une révélation divine. Il s'agit plutôt d'étudier ce qui se passe dans l'histoire de l'humanité et dans le monde actuel à partir du moment où des millions d'êtres humains croient, à tort ou à raison, que Mahomet est véritablement le messager d'Allah et que le Coran est l'ultime révélation divine.

Au départ, il nous semble important de signaler certains écueils dans l'usage des termes qui désignent l'islam et ses adeptes. Le terme *islam* lui-même en est venu à désigner à la fois une attitude, une religion et une collectivité. L'islam, c'est d'abord l'attitude de base, l'option spirituelle de se soumettre, de s'en remettre à Allah, dieu unique. C'est ensuite une religion, c'est-à-dire un ensemble de croyances, de pratiques et d'institutions mises en place pour expliciter et traduire en action cette attitude de base. Enfin, l'islam désigne aussi la collectivité, la communauté de ceux qui partagent cette attitude et professent cette religion.

Celui qui pratique l'islam, c'est un « musulman » (ou, en anglais comme en arabe, *muslim)*. On laissera donc de côté les vieux termes contorsionnés « mahométan » et « mahométanisme » qui ne sont pas utilisés par les musulmans et qui sont en porte à faux. Ce sont en effet des décalques

2. Pour les termes arabes, nous adoptons un système de translitération internationale, sauf pour les termes qui sont lexicalisés dans les dictionnaires usuels. En ce qui a trait à la prononciation, mentionnons les correspondances suivantes : dh = *th* anglais ; gh = r grasseyé ; j = dj ; s = s, même entre deux voyelles ; u = ou, et parfois o comme dans « mode » ; w = w anglais ; ' = arrêt vocal séparant deux sons ; ' = son guttural, sans équivalent français ou anglais ; ¯ = allongement d'une voyelle ; . = consomme emphatique.

de « chrétien » et « christianisme », qui laissent entendre que Mahomet occupe dans l'islam la même place que le Christ dans le christianisme, ce qui n'est pas le cas, comme nous le verrons plus loin.

Quant au terme « islamisme », dans son utilisation la plus récente et maintenant la plus courante, il réfère à une idéologie tirée de l'islam et mise au service de la prise du pouvoir politique par les « islamistes » ; ces derniers prétendent alors instaurer ce qu'ils disent être le « vrai islam », mais qui est en réalité une compréhension « pure et dure » de l'islam, une application littérale de certains éléments du Coran. Quoi qu'en disent les islamistes, il s'agit plutôt là d'une caricature, d'une maladie de l'islam, comme l'intégrisme est une maladie du christianisme. Les termes « islamisme » et « islamiste » ne sont donc pas interchangeables avec « islam » et « musulman » et devraient désigner uniquement la tendance radicale que nous venons de décrire et qui ne rallie qu'une infime minorité de musulmans. La majorité des musulmans ont une autre compréhension de l'islam et, au premier chef, du Coran.

Avant de nous tourner vers le contenu du Coran lui-même, nous allons voir comment et dans quel contexte ce livre sacré est apparu dans l'histoire en évoquant brièvement la vie et le rôle de Mahomet, prophète et fondateur de l'islam.

MAHOMET, FONDATEUR DE L'ISLAM

Les sources biographiques

Mahomet est né à La Mecque, en Arabie, vers 570 ap. J.-C. Même s'il est plus près de nous dans le temps que ne le sont Bouddha, Confucius, Moïse ou Jésus-Christ, l'étude de sa vie n'en présente pas moins des difficultés liées en bonne partie à l'utilisation des sources. En effet, les premières biographies écrites du Prophète datent de plus d'un siècle après sa mort. Le matériel abondant qu'elles présentent reflète sans doute des traditions primitives, mais il reflète aussi les enjolivements que la piété populaire avait ajoutés à ce noyau primitif pour combler la curiosité entourant les faits et gestes de celui qui était en passe de devenir un modèle, une norme de conduite pour la communauté musulmane. Ce matériel reflète également les réponses des apologistes musulmans aux questions et aux attaques des chrétiens qui comparaient Mahomet à Jésus, leur propre modèle. Il n'est donc pas toujours facile d'entrevoir les traits du personnage historique à travers les diverses strates des faits ainsi rapportés.

Par ailleurs, le Coran, document primitif beaucoup plus fiable, contient des allusions et des références à des situations concrètes qui se présentaient à La Mecque et plus tard à Médine dans la carrière du Prophète de l'islam. Même si, dans l'optique musulmane, le Coran a Dieu pour auteur et que l'objet de ces passages n'est pas de renseigner l'historien, ce dernier peut en tirer profit sans nécessairement présumer que le Coran est une création humaine, celle de Mahomet[3], qu'il suffirait de scruter pour retracer le caractère de son auteur.

La profusion du matériel, jumelée à la difficulté d'en jauger la fiabilité, explique en grande partie le fait qu'on se retrouve aujourd'hui devant des images si variées de Mahomet qu'en les comparant on a souvent peine à croire qu'il s'agit du même personnage. On a parfois l'impression que les musulmans, à diverses époques, ont en quelque sorte projeté sur la personne du Prophète les valeurs privilégiées par leur milieu. Les Occidentaux ont souvent fait la même chose en ciblant chez Mahomet ce qui confirmait leur perception positive ou négative de la religion en général ou de l'islam en particulier[4].

Mahomet à La Mecque

Au-delà des passions que soulève encore aujourd'hui la figure de Mahomet, force est de constater que sa vie et son action ont bouleversé l'Arabie du VIIe siècle ap. J.-C. et marqué l'histoire de l'humanité bien au-delà de cette époque. Terre inhospitalière et peu peuplée, l'Arabie était pour ainsi dire en marge de la vie des deux grandes puissances qui se disputaient le contrôle du Moyen-Orient, c'est-à-dire l'Empire byzantin et l'Empire perse sassanide. Fiers et farouchement indépendants, les Arabes de la péninsule ne connaissaient pas d'autorité politique au-delà de celle du chef de la tribu, le *shaykh* ; et là encore, ce dernier suivait généralement l'opinion du groupe plus qu'il ne la dirigeait. Il y avait bien des regroupements de tribus, des alliances plus ou moins durables, mais pas de pouvoir central unifié.

3. Cette supposition irait directement à l'encontre de ce qui est le cœur même de la foi musulmane, c'est-à-dire l'origine divine du Coran, dont Mahomet n'est que le transmetteur et aucunement l'auteur.
4. Pour des tableaux schématisant les diverses images de Mahomet selon les milieux et les époques, voir Jean-René Milot (1993), *L'Islam et les musulmans*, Montréal, Fides, deuxième édition, p. 24-26. Pour des textes typiques sur « Mahomet jugé par les grands esprits de l'Occident », voir Francesco Gabrieli (1965), *Mahomet*, Paris, Albin-Michel, p. 347-364.

La majorité des Arabes étaient des bédouins, des nomades qui vivaient de l'élevage de petit bétail et du pillage des caravanes. Mais il y avait aussi quelques villes nées de l'agriculture, comme l'oasis de Yathrib, ou encore du commerce, comme La Mecque. Cette dernière était devenue un important nœud caravanier pour les marchandises qui venaient de l'Orient par mer et qui étaient acheminées à dos de chameau à travers l'Arabie jusqu'à la Méditerranée et en Mésopotamie. La Mecque avait aussi le sanctuaire de la Ka'ba et le puits de Zamzam liés à la mémoire d'Abraham. C'était un lieu de pèlerinage pour diverses tribus de l'Arabie, généralement animistes, qui s'y rassemblaient pendant les mois de trêve sacrée.

Toutes ces activités lucratives avaient apporté la prospérité aux habitants de La Mecque mais aussi l'effritement des valeurs tribales, surtout de la solidarité, qui était une condition primordiale de survie dans l'âpre environnement du désert. La ville n'était plus gouvernée par un *shaykh* élu, mais par quelques grandes familles riches qui détenaient le pouvoir. Quant aux pauvres, ils gravitaient en quelque sorte autour des familles puissantes pour s'associer aux activités des caravanes, comme c'était le cas pour Mahomet. Ce dernier s'était acquis comme caravanier une réputation d'honnêteté et de fiabilité, si bien qu'une riche veuve, Khadija, lui proposa le mariage. Ayant accepté, Mahomet se trouvait à l'abri des soucis matériels, mais d'autres préoccupations l'amenèrent à se retirer souvent dans une grotte pour y méditer. C'est là qu'il reçut les premières révélations et l'ordre de les « réciter ».

D'abord hésitant, Mahomet commença à transmettre aux Mecquois les messages qu'il recevait. Parmi les habitants de La Mecque, certains répondirent à l'appel, mais la plupart demeurèrent indifférents et certains devinrent hostiles. On ne peut s'en étonner si l'on considère le contenu même du message. Tout en rappelant la bonté du Dieu tout-puissant qu'est Allah, le Coran fait de Mahomet un prophète, un « avertisseur » qui annonce la venue imminente du Jugement. Tentant d'arracher ses concitoyens à l'insouciance de l'au-delà et à ce qu'on appellerait aujourd'hui le « matérialisme », le Messager proclamait que le but de cette vie n'est pas de s'enrichir, mais bien de s'en remettre à Allah et d'obéir à ses commandements. Puis vint la condamnation des idoles et des déités vénérées dans le sanctuaire de la Ka'ba : Allah seul est Dieu. C'en était trop pour les puissants de La Mecque, surtout venant d'un homme ordinaire qui n'avait d'aucune façon voix au chapitre.

Mahomet à Médine

En proie aux vexations qui s'abattaient sur lui et sur ceux qui s'attachaient à l'islam, Mahomet dut finalement quitter La Mecque en 622 pour s'expatrier à Yathrib accompagné des premiers musulmans. Par la suite, Yathrib prendra le nom de Médine (*madīnat al-Nabī*, « ville du Prophète »). Cette année, 622, marque le début du calendrier musulman : c'est l'an 1 de l'hégire[5], c'est-à-dire de la « migration ».

À Médine, Mahomet continua de recevoir des révélations qui constituaient en partie des rappels des grands thèmes de la prédication à La Mecque, mais qui touchaient de plus en plus la bonne marche de la communauté de Médine. À son rôle de prophète s'ajoutait, pour Mahomet, celui d'homme d'État[6]. En effet, il avait été appelé à Médine pour y rétablir la paix et détenait une autorité reposant sur le fait qu'il était reconnu par certains comme prophète et par d'autres comme médiateur. Habile stratège militaire et fin diplomate, Mahomet finit par vaincre la résistance des Mecquois en même temps qu'il tissait un réseau d'alliances avec les tribus bédouines, si bien qu'à sa mort, en 632, il avait réalisé ce que personne avant lui n'avait réussi à faire : unifier pratiquement toute l'Arabie sous son commandement.

Il avait réuni un grand nombre d'adhérents à la cause de l'islam ; il avait établi et consolidé à Médine un État fondé sur la soumission active à Dieu et l'obéissance à son prophète. À travers les croyances, les pratiques, l'organisation religieuse et politique de cette collectivité, les éléments fondamentaux du Livre sacré, le Coran, devenaient praticables et viables, grâce à l'activité de Mahomet.

Mais le rôle du Prophète ne s'arrête pas avec sa mort. Au-delà de son rôle historique, il y a ce qu'on pourrait appeler son rôle métahistorique, qui transcende le temps et le rend présent aux croyants bien au-delà du laps de temps qu'il a vécu. Dans l'interprétation et la mise en pratique qu'elle fera du Coran, la communauté musulmane prendra comme guides les faits et gestes du Prophète. À travers les récits qu'on en avait, la conduite du Prophète prendra valeur de norme. C'est ainsi qu'on retrouve aujourd'hui dans

---

5. Le calcul des correspondances entre les dates du calendrier musulman (« A.H. », année de l'hégire) et les dates du calendrier chrétien (« A.D. », *Anno Domini* ou « après J.-C.) est compliqué du fait que l'année musulmane comporte 12 mois lunaires ou 354 jours, si bien qu'il y a environ 103 années musulmanes dans chaque siècle du calendrier chrétien. Il faut donc s'en remettre à des tables toutes faites qui fournissent ces correspondances.
6. Cette expression est empruntée à l'ouvrage maintenant classique de W.M. Watt (1962), *Mahomet, prophète et homme d'État*, Paris, Payot.

l'islam des éléments qui ne sont pas tels quels dans le Coran, mais qui sont perçus par les musulmans comme découlant du Coran à cause de la façon de faire ou des paroles personnelles que la Tradition attribue au Prophète.

Nous aurons l'occasion de souligner à nouveau l'importance de ce rôle encore actuel du Prophète quand nous parlerons de la Tradition islamique. Pour l'instant, après avoir vu sommairement comment le Livre sacré des musulmans a fait son entrée dans l'histoire en donnant naissance à l'islam, nous allons évoquer le caractère du Coran et les grandes lignes de son contenu.

LE CORAN, FONDEMENT DE L'ISLAM

De la « récitation » au Livre sacré

Avant d'être le livre qu'on connaît aujourd'hui, le Coran a été d'abord et avant tout une « récitation », c'est-à-dire des sons, des paroles en prose arabe que le Prophète entendait distinctement, même s'il était dans une sorte de transe, dans un « état second », serait-on tenté de dire aujourd'hui. Au sortir de cette expérience psychosomatique, la première préoccupation du Prophète n'était pas d'écrire ou de faire écrire ces paroles, mais bien de les transmettre à son entourage en les répétant telles qu'elles étaient fidèlement ancrées dans sa mémoire.

Dans une société où le verbe, le maniement de la parole, était pratiquement la seule forme d'art, les paroles reçues et répétées par Mahomet avaient un impact par leur forme même ; elles se démarquaient en effet des styles d'élocution auxquels on était habitué. Elles comportaient souvent des rimes et des assonances, mais leur agencement ne correspondait pas aux critères formels de la poésie arabe. Leur rythme envoûtant et leur force incantatoire pouvaient faire penser aux oracles du devin, mais les messages que livrait le Prophète étaient directement intelligibles, alors que les paroles du devin ne l'étaient pas et devaient en quelque sorte être décodées. Pour Mahomet comme pour son entourage, les paroles qu'il recevait et transmettait étaient perçues comme une sorte d'invasion du divin et étaient clairement distinguées des paroles qu'il pouvait prononcer à titre personnel, en son nom propre.

C'est de façon graduelle et non systématique que le Coran est passé de la forme orale à la forme écrite. Il a d'abord été mémorisé par ceux qui deviendront des « gardiens » (mémorisateurs) et des « récitants » du Coran, on pourrait dire des professionnels du texte sacré. Après l'arrivée du Prophète à Médine, des personnes pieuses ont commencé à mettre par écrit des passages du Coran sur les matériaux dont on disposait (omoplates de chameau, morceaux de cuir). Ce n'était pas là une pratique systématique, même si elle était encouragée par le Prophète.

Après la mort du Prophète survenue en 632, plusieurs des mémorisateurs et récitants du Coran ont perdu la vie lors des campagnes militaires de l'expansion musulmane. Préoccupé par le sort des révélations coraniques, le premier calife[7], Abū Bakr (632-634), a procédé à un premier regroupement des fragments écrits, regroupement qui allait servir de base à la recension systématique qu'a faite, une vingtaine d'années plus tard, le calife Othman (644-656). Cette dernière recension a pratiquement fixé le texte officiel du Coran pour les siècles à venir. Pour mettre fin aux variantes de lecture plus ou moins importantes qui pouvaient survenir, le système d'écriture a été amélioré sous le califat d'Abd al-Malik (685-705) par l'introduction de signes diacritiques pour différencier certaines consonnes entre elles et surtout pour les voyelles : à notre connaissance, le Coran est le seul texte arabe entièrement pourvu de voyelles écrites pour tous les mots. C'est dire le soin qu'on a mis à le conserver, si bien que le texte actuel du Coran offre globalement de bonnes garanties de fidélité par rapport aux paroles entendues et répétées par Mahomet.

Les traductions du Coran en langues européennes n'arrivent sans doute pas à rendre tout le souffle et la force d'interpellation de l'original arabe, mais elles ont le mérite d'en rendre le contenu accessible aux non-arabisants. Toutefois, le Coran n'en est pas pour autant facilement abordable pour des Occidentaux modernes, surtout s'ils s'en tiennent à une approche purement intellectuelle. D'une longueur qui correspond à environ le tiers de la Bible, le Coran comporte 114 chapitres ou « sourates » (*sūra*, « révélation », « texte écrit »), qui se divisent en versets appelés *āyāt* (« signes », « prodiges »). Les sourates sont de longueur très inégale, et elles sont classées par ordre de longueur décroissante. Le nom que porte chaque sourate pourrait laisser croire que les versets ont été regroupés par sujets, mais il n'en est rien : il s'agit d'un aide-mémoire plutôt que d'un titre, et le contenu d'une sourate peut être très disparate. Cet aspect touffu et désorganisé sous lequel se présente le Coran a découragé plus d'un lecteur.

---

7. De l'arabe *khalīfa*, « successeur » de Mahomet en tant que « commandeur des croyants », chef de la communauté musulmane.

Pour tenter d'apprivoiser ce livre où des millions d'humains puisent un sens à leur vie, des chercheurs occidentaux ont essayé de reclasser les chapitres du Coran selon leur séquence chronologique en se fondant sur le style et les thèmes des sourates[8]. Il est alors plus facile de suivre le développement des grands thèmes de l'univers coranique.

Dans l'optique musulmane, le Coran que détiennent les humains est une réplique partielle d'un original qui est gardé au Ciel et qui est appelé « Mère du Livre » ou Livre-Mère (*Cor.* 85 : 21-22). De ce livre éternel, Allah a révélé aux humains ce qu'ils devaient savoir pour franchir cette vie en se conformant à l'ordre d'Allah pour ainsi mériter le paradis. Il ne faut donc pas chercher dans le Coran un enseignement systématique dispensé selon une logique humaine. Le Coran n'est pas un traité de philosophie ou de théologie, mais fait plutôt penser à une série de « flashes » laissant entrevoir, de façon discontinue, les fragments du Livre céleste susceptibles d'orienter et de motiver l'agir de l'homme en fonction de l'au-delà.

Même s'il n'est pas un exposé systématique de l'islam, le Coran en est le fondement et, pris de façon globale, il recèle un ensemble cohérent qui caractérise la foi et la religion des musulmans. Nous allons maintenant esquisser un survol des grands thèmes sous lesquels on peut regrouper les lignes de force du Coran.

Dieu

À la veille de l'islam, les Arabes connaissaient *Allāh*, forme contractée *d'al-ilāh*, « le dieu », qui trônait sur un panthéon de déités astrales et animistes. En le purifiant de toute attache polythéiste, le Coran fait d'Allah, jusque-là figure vague et distante, un Dieu non seulement suprême mais unique, transcendant, tout-puissant, et en même temps très personnel. D'adjectifs arabes tirés du Coran et qui décrivent Allah comment étant, par exemple, Celui qui entend, donne, guide, etc., les musulmans vont faire les quatre-vingt-dix-neuf « plus beaux noms » d'Allah, que certains d'entre eux se remémorent en égrenant le chapelet musulman fait de nœuds dans une corde.

8. Voir, par exemple, la traduction de Régis Blachère (1947-1951), *Le Coran*, 3 vol., Paris, Maisonneuve, ainsi que son ouvrage *Le Coran* (1966), Paris, PUF (Que sais-je ? nº 1245). Pour un tableau schématisant ce genre de présentation, voir Jean-René Milot (1993), p. 54.

Le monothéisme coranique est très strict. Bien qu'il soit par excellence le miséricordieux, celui qui pardonne, Allah devient pour ainsi dire intraitable envers quiconque lui « associe » (*shirk*) un être créé, car c'est là un crime impardonnable (*Cor.* 4 : 216). L'esprit humain n'arrive pas à circonscrire la physionomie incommensurable d'Allah et, s'il parvient à s'en faire une idée, c'est souvent à travers des traits antinomiques esquissés par le Coran. Par exemple, Allah est mystérieux, il est « Celui qui demeure caché » (*Cor.* 57 : 3), « les regards des hommes ne l'atteignent pas » (*Cor.* 6 : 103) et, en même temps, il est proche de l'homme, « plus près de lui que la veine de son cou » (*Cor.* 50 : 16), et sa présence entoure l'homme (*Cor.* 2 : 115) ; il demeure à la fois proche et insaisissable, comme le suggère le « verset de la Lumière » (*Cor.* 24 : 35), parabole favorite des mystiques musulmans.

Les humains peuvent aussi trouver la trace d'Allah dans la création. Tout-puissant, Allah crée ce qu'il veut par la seule force de sa Parole : « Lorsque nous voulons une chose, nous n'avons qu'à lui dire : sois et elle est » (*Cor.* 16 : 40). C'est ainsi qu'il a créé le ciel et la terre (*Cor.* 27 : 60-61). En contemplant l'univers créé et les phénomènes de la nature, l'homme devrait y voir autant de « signes » qui l'invitent à « comprendre » que le Créateur est à la fois unique, tout-puissant et généreux (*Cor.* 2 : 163-164 ; 3 : 190-191).

Hommes et femmes ont, eux aussi, été créés par Allah (*Cor.* 4 : 1). Au moment où il crée un être, Allah lui donne un *amr*, un « ordre », c'est-à-dire à la fois un commandement et une place qui lui est assignée pour la bonne marche globale de l'univers. Au Jour du Jugement, chaque créature aura à répondre de cet ordre. Cela est particulièrement vrai des humains qui, souvent rappelés à l'ordre par les Prophètes, seront punis ou récompensés selon leurs actions (*Cor.* 40 : 15-16 ; 7 : 8-9). Juge impartial, Allah est aussi le Compatissant, le Clément, le Miséricordieux, celui qui pardonne.

Les anges

Créés avant l'homme, les anges sont présentés par le Coran comme les messagers d'Allah, envoyés notamment auprès d'Abraham, de Lot, de Zacharie et de Marie mère de Jésus. L'ange Gabriel, quant à lui, sert d'intermédiaire entre Allah et Mahomet dans la transmission des paroles du Coran (*Cor.* 2 : 97-98). Créés par Allah à partir du feu, les anges célèbrent ses louanges nuit et jour (*Cor.* 21 : 20), tout en protégeant le ciel des incursions indiscrètes des démons (*Cor.* 37 : 1-10). En vue du Jour du Jugement, deux anges se tiennent de chaque côté de l'homme pour faire le compte de ses actions et en témoigner, tout en intercédant pour lui auprès d'Allah (*Cor.* 40 : 7-8).

Au moment où il a créé Adam, le premier homme, Allah a ordonné aux anges de se prosterner devant Adam, pour reconnaître la suprématie de l'homme sur eux. Tous se prosternèrent sauf Iblis, appelé aussi Satan (*Shaytān*), qui reçut la malédiction divine et entreprit, pour se venger, de tromper les humains, de leur montrer le chemin du mal (*Cor.* 15 : 28-31, 34-35, 39-40).

Les hommes

Le Coran parle aux humains, les interpelle continuellement, mais il parle peu des humains eux-mêmes. Ce n'est pas étonnant, puisque le Coran est d'abord et avant tout un « Livre d'avertissement et de direction », et non un traité de philosophie ou d'humanisme. On pourrait dire que la visée centrale du Coran n'est pas de dire à l'homme qui il est, sur le plan métaphysique, mais bien de lui dire ce qu'il doit faire, sur le plan moral, dans la trajectoire périlleuse qui le mène de sa création à son retour vers Allah. C'est précisément pour éclairer et baliser cette trajectoire de la vie humaine qu'Allah a envoyé aux hommes des prophètes et des Livres (Révélation), ce qui laisse entrevoir une conception de l'homme sous-jacente à ces interventions.

Si l'homme a besoin de Livres et de prophètes, c'est que, laissé à lui-même, il n'arrive pas à diriger sa vie terrestre en fonction de sa destinée dans l'au-delà. Cette incapacité ne provient pas d'une « faute originelle » qui l'aurait affaibli[9], mais de sa nature même : il a été créé ainsi, faible, impatient, instable, misérable, téméraire[10]. Voilà pourquoi il a besoin, dès le moment de sa création, qu'on lui dise comment il doit agir : pour le Coran, Adam est un prophète par qui Allah communique sa volonté aux humains et avec qui il conclut un pacte (*Cor.* 20 : 115). C'est ainsi que s'amorce un cycle qui se répétera plusieurs fois dans l'histoire – ou, dirions-nous, la métahistoire – de l'humanité : dans sa bonté Allah envoie aux hommes un messager pour leur montrer le chemin à suivre, mais le messager est rejeté, persécuté, et le message vite oublié ; l'homme se retrouve alors dans l'égarement, jusqu'au moment où Allah envoie à nouveau un

9. Le Coran raconte la tentation et la désobéissance d'Adam dans le Jardin (*Cor.* 20 : 117-123) ; mais ce récit, plus court que celui de la Bible, ne semble pas avoir la même portée.
10. Voir *Cor.* 4 : 28 ; 30 : 54 ; 21 : 37 ; 70 : 19 ; 90 : 4 ; 33 : 72.

prophète chargé de rappeler le message. L'histoire humaine est ainsi ponctuée d'interventions divines qui sont cristallisées dans les livres transmis par certains des prophètes.

Les prophètes

Le Coran fait mention explicite de vingt-huit prophètes, dont dix-huit sont des figures bibliques de l'Ancien Testament et trois du Nouveau Testament (Zacharie, Jean le Baptiste et Jésus). Dans cet ensemble, quatre prophètes prédominent, à part Mahomet : Noé, Abraham, Moïse et Jésus fils de Marie. Noé est « soumis à Dieu » (« musulman »), et son arche représente la reprise, après le déluge, du pacte primordial fait avec Adam. Envoyé par Allah pour avertir ses compatriotes de l'imminence du Jugement, il est victime de leur incrédulité (*Cor.* 11 : 27 ; 23 : 24), comme Mahomet le sera.

On retrouve le même genre d'argumentation indirecte, comme support à la mission de Mahomet, dans l'histoire d'Abraham. Ce dernier, « ami d'Allah », est le messager de la foi en un Dieu unique : on voit le jeune Abraham briser les idoles qu'adoraient les siens et contester la croyance des anciens, comme le fera Mahomet ; comme lui également, il doit s'expatrier (*Cor.* 19 : 46-48). Parfaitement soumis à Allah, Abraham est prêt à lui immoler son fils[11], quand Allah l'en empêche en substituant le « sacrifice solennel » à cette immolation. Comme nous le verrons plus loin, la mémoire d'Abraham est intimement liée au sanctuaire de La Mecque et aux rites du pèlerinage qui s'y déroule.

Si Abraham est « l'ami d'Allah », Moïse est « l'interlocuteur d'Allah » (*Cor.* 4 : 164), qui lui parle comme « à un confident » (*Cor.* 19 : 52). Son histoire est, en substance, celle du Moïse de la Bible : sauvé des eaux (*Cor.* 19 : 52), choisi par Allah (*Cor.* 20 : 39), il affronte Pharaon et réussit à traverser la mer Rouge avec les Hébreux (*Cor.* 20 : 77) ; pendant le séjour de quarante ans du peuple au désert du Sinaï, Moïse va à « la rencontre d'Allah », qui lui remet les Tables de la Loi (*Cor.* 7 : 142-145).

Dans le Coran, Jésus est fils de Marie, il n'est ni Dieu ni fils de Dieu[12], même si, comme prophète, il occupe une place privilégiée. Sa vie, à commencer par sa naissance virginale (*Cor.* 19 : 17-26), est une suite de prodiges

11. Ajoutant à ce que dit le Coran, la Tradition musulmane affirme que ce fils était Ismaël, que la Bible considère comme l'ancêtre des Arabes, et que le Coran mentionne parmi les prophètes (*Cor.* 19 : 54-55).
12. Voir *Cor.* 5 : 17 et 72 ; 9 : 31 ; 4 : 171 ; 9 : 30 ; 19 : 34-35.

et de miracles[13] (*Cor.* 5 : 110-115) destinés à convaincre ses compatriotes incrédules de l'authenticité de son message. Il n'a pas été crucifié par les Juifs : ce n'était là qu'une « apparence[14] » (*Cor.* 4 : 157), et il ressuscitera au Jour du Jugement, comme les autres mortels (*Cor.* 19 : 33), alors qu'il apparaîtra comme « un signal de l'Heure » (*Cor.* 43 : 61).

Dans l'optique coranique, Mahomet prend la relève des prophètes qui l'ont précédé, à titre d'avertisseur, d'annonciateur, de témoin. Le Message qu'il apporte rappelle et confirme les Livres antérieurs, mais en même temps il les complète en mettant un point final à la Révélation, puisque Mahomet est le dernier des prophètes, celui qui scelle la Révélation (*Cor.* 33 : 40). À la vision qui marqua les débuts de sa mission (*Cor.* 53 : 1-12) est reliée l'expérience du « voyage nocturne » qui mène le Prophète de La Mecque à Jérusalem (*Cor.* 17 : 1)[15].

Le Coran présente toutefois Mahomet comme « un simple mortel semblable aux autres » (*Cor.* 18 : 110 ; 41 : 6), qui n'est pas sans faute (*Cor.* 40 : 55), à qui aucun miracle n'est attribué, pas même l'inimitabilité du Coran (*Cor.* 17 : 88), qui est un prodige d'Allah et non de Mahomet. N'étant pas l'auteur du message mais simplement l'instrument de sa transmission, il ne peut d'aucune façon faire de compromis sur son contenu dans l'intention de se rallier ses compatriotes (*Cor.* 10 : 15), même s'il est très préoccupé de leur sort et que leur incrédulité l'afflige énormément (*Cor.* 6 : 35 ; 18 : 6). Son Message, en effet, comme celui des autres prophètes, dérange les bien nantis, qui tentent de justifier leur opposition en contestant la personne du Messager (*Cor.* 34 : 34-35). Ce message est fondamentalement le même que celui prêché par les autres prophètes et dont le Coran invite les musulmans à reconnaître l'authenticité (*Cor.* 2 : 136).

Les divers stades de ce processus de Révélation sont représentés par des livres donnés à certains des grands prophètes, comme la *Tawrāt* (Torah juive) donnée à Moïse, le *Zabūr* (les Psaumes) donné à David, l'*Injīl* (l'Évangile) donné à Jésus, le Coran donné à Mahomet et qui clôt la Révélation.

---

13. Ces récits ressemblent à ceux qu'on trouve dans les Évangiles apocryphes.
14. C'est aussi ce qu'avaient affirmé des chrétiens, les docètes, pour qui Jésus-Christ n'aurait eu que l'apparence d'un corps ; cette conception avait été écartée par le concile de Chalcédoine en 451.
15. La Tradition musulmane a visualisé cette expérience dans une description détaillée de « l'Ascension » du Prophète : accompagné de l'ange Gabriel et porté par une monture mystérieuse, Mahomet traverse les « sept cieux » pour se retrouver devant le Trône d'Allah. Les mystiques verront là le prototype du voyage vers Allah qu'est la vie mystique.

Le Jugement et la vie future

Si les prophètes interpellent leurs compatriotes, c'est pour les avertir de la venue du Dernier Jour marqué par la fin du monde, la résurrection des morts et le Jugement dernier qui conduira les humains au ciel ou en enfer pour l'éternité. L'eschatologie coranique a de quoi effrayer les plus endurcis : le « Jour du Retour » des humains vers Allah est un jour terrible, redoutable : ciel et terre seront bouleversés par des cataclysmes, les morts sortiront de la terre entrouverte (*Cor.* 50 : 44), ressuscités par Allah (*Cor.* 22 : 7). Le Coran, en effet, affirme plusieurs fois, face aux incrédules, la réalité de la résurrection et en montre la congruence (*Cor.* 19 : 66-67 ; 46 : 33 ; 30 : 50).

Puis Allah procédera au Jugement et le sort de chacun sera fixé à tout jamais : autant l'horreur et les tourments de l'enfer réservés aux impies ont de quoi effrayer et dissuader de faire le mal, autant les délices du Paradis, la Demeure de Paix (*Dar al-Salām*), sont de nature à combler les élus et à motiver les humains à obéir à Allah. Dans le « jardin » (*janna*[16]) réservé aux élus coulent à flot l'eau, le vin, le lait, le miel (*Cor.* 47 : 15) ; approvisionnés en fruits et en breuvages par des jeunes gens immortels qui les servent (*Cor.* 76 : 13-20), les élus auront pour épouses des Houris, vierges au charme incomparable (*Cor.* 56 : 22-26, 35-38). Qu'il s'agisse de l'enfer ou du paradis, on est en contexte sémitique : les réalités moins connues sont suggérées par des images connues plutôt que d'être définies à partir de concepts abstraits. Le paradis évoqué ici n'est pas celui des philosophes, mais celui des bédouins : à travers l'image d'un jardin luxuriant, chose qui leur manque terriblement et dont ils rêvent en plein désert, ils voient miroiter la réalité d'une vie future pleine de bonheur.

L'agir des croyants

Pour atteindre le Paradis, le croyant doit conformer sa vie à la volonté d'Allah exprimée sous forme d'obligations religieuses et de prescriptions qui régissent la vie personnelle, familiale et sociale. Il y a d'abord les cinq devoirs fondamentaux appelés « piliers de l'islam » : la profession de foi, la prière rituelle, le jeûne, l'aumône et le pèlerinage à La Mecque. Le Coran établit aussi des interdits et fait de la lutte pour l'islam (*jihād*) un devoir. Nous donnerons plus loin des précisions sur ces divers éléments[17].

16. Le terme français « paradis » vient du grec *paradeisos*, qui signifie, lui aussi, « jardin ».
17. Voir p. 184.

On trouve dans le Coran les bases du statut personnel des musulmans et des musulmanes[18] sous forme de mesures légales touchant le mariage et les successions. En ce qui concerne les successions, le Coran demande au croyant de faire un testament tout en précisant la façon de répartir les biens entre les héritiers et en protégeant les biens des orphelins (*Cor.* 2 : 180-182 ; 4 : 7-12 ; 5 : 106-108).

De façon globale, l'éthique proposée par le Coran met l'accent sur des valeurs comme la justice, l'égalité, la générosité, la protection des faibles et des démunis. De plus, on peut parler d'une sorte de pédagogie ou d'andragogie qui respecte la liberté individuelle et prend en compte la situation existante de façon réaliste en pointant clairement vers un idéal sans toutefois l'imposer ; cela a pour effet d'infléchir graduellement l'agir des croyants en fonction de ce qui plaît à Allah et mérite récompense à ses yeux. Par exemple, tout en reconnaissant la loi du talion prescrite dans la Torah, le Coran ajoute : « mais celui qui abandonnera généreusement son droit obtiendra l'expiation de ses fautes » (*Cor.* 5 : 45). L'abolition de l'esclavage étant tout simplement impensable dans le contexte de l'époque, le Coran en atténue les effets en permettant à l'esclave de racheter sa liberté (*Cor.* 24 : 33) et en recommandant comme acte méritoire et réparateur aux yeux d'Allah l'affranchissement d'un esclave (*Cor.* 90 : 10-16 ; 4 : 92).

Ces exemples illustrent en même temps un trait caractéristique très important de l'islam : l'absence de compartimentation entre ce que nous appelons le religieux et le séculier, le temporel et le spirituel, l'islam étant à la fois *dīn wa dawla*, « religion et société ». Aujourd'hui, cette compénétration peut nous sembler problématique, mais à l'époque on ne pouvait imaginer qu'il en soit autrement. En effet, ni le Coran ni la Tradition du Prophète ne prévoient la mise en place d'une institution centrale distincte de l'État et qui aurait autorité en matière religieuse, à la manière de la papauté dans le christianisme. Le modèle de société dérivé de l'activité du Prophète à Médine, c'est celui de l'*umma*, la Communauté qui englobe l'ensemble de la vie des croyants, ici-bas comme dans l'au-delà. Toutefois, le Coran ne fournit pas pour autant un système éthique envisageant tous les actes humains. Ce dernier rôle sera celui de la *sharī'a*, la Loi islamique, qui, idéalement, étend l'emprise du Coran et de la Tradition à tout l'agir humain en passant systématiquement en revue les diverses situations de la vie individuelle et collective des croyants, comme nous allons maintenant le voir.

---

18. Ce qui a trait au statut des femmes dans le Coran sera abordé plus loin, p. 187.

L'ISLAM AU CREUSET DE L'HISTOIRE : TRADITION ET LOI ISLAMIQUE

Le Coran et l'activité de Mahomet constituent la base, le point de départ de l'islam, mais ils ne suffisent pas à rendre compte de l'islam tel qu'on le connaît aujourd'hui. On peut en effet concevoir que le Coran et le Prophète sont une sorte de potentiel initial qui aurait pu donner lieu à d'autres formes d'islam. Si l'islam est devenu ce qu'il est actuellement plutôt qu'autre chose, c'est en raison du vécu de la collectivité des croyants, qui a porté le Livre à travers l'histoire et en a explicité les virtualités à partir de situations concrètes auxquelles elle était confrontée. S'il est vrai de dire que l'islam a façonné un large segment de l'histoire de l'humanité, il est aussi vrai de dire que l'histoire a façonné en grande partie le développement de l'islam.

Au départ, le Coran était reconnu comme l'autorité suprême par l'ensemble des croyants. Mais, devant des situations nouvelles non envisagées explicitement par le Coran, la question qui s'est graduellement posée aux croyants était de savoir quel genre d'autorité pouvait cautionner l'interprétation qu'on faisait du Coran et surtout les applications qu'on en tirait sur le plan d'un agir collectif qui tendait à se diversifier. On peut envisager trois types d'autorité possibles dans une société[19] : le type charismatique, le type rationnel et le type traditionnel.

Le type d'autorité charismatique repose sur les qualités et les dons personnels d'un individu. Le fait d'avoir reçu le Coran conférait ce type d'autorité à Mahomet, ce à quoi s'ajoutaient des qualités personnelles marquantes. Ce type d'autorité sera aussi celui dévolu à l'imām à l'intérieur du chiisme et au *shaykh* à l'intérieur du soufisme.

L'autorité de type rationnel se légitime comme représentant ce que la majorité des gens estiment être vrai et correct. Ce type d'autorité sera à l'œuvre dans la réflexion théologique et philosophique, qui aboutira à la formulation des doctrines, de même que dans la recherche personnelle par raisonnement analogique, qui contribuera à l'édification de la Loi islamique.

L'autorité de type traditionnel se justifie comme étant un maillon dans une chaîne. À travers la *sunna* et le *ḥadīth* (la « coutume » du Prophète contenue dans des récits), ce type d'autorité finira par s'imposer de façon si dominante que les acquis des deux autres types d'autorité seront retenus et acceptés dans la mesure où ils seront formellement sanctionnés par la Tradition, comme nous allons maintenant le voir.

19. Selon Max Weber (1996), *Sociologie des religions*, Paris, Gallimard, p. 370-376.

La Tradition

Avant l'islam, la tradition occupait une place importante dans la vie des Arabes. En effet, chaque tribu était fière de la « coutume » (*sunna*, comportement habituel) de ses ancêtres et lui conférait une valeur de norme, d'autorité. La venue de Mahomet et du Coran n'a pas changé ce type d'autorité de la Tradition, mais l'a plutôt investi d'un nouveau contenu : la coutume des ancêtres allait être remplacée par la coutume du Prophète. Cette dernière se situe elle-même à l'intérieur d'une chaîne dont la séquence théorique satisfait à la conception de l'autorité de type traditionnel : le Coran parle de l'éternelle *sunna* (« coutume ») d'Allah, premier maillon qui est pour ainsi dire le point d'ancrage bien solide de la chaîne ; transmise par le Coran, la coutume d'Allah se reflète dans la coutume du Prophète, qui se traduit dans la coutume de la Communauté de Médine, puis dans le système d'usages sociaux et légaux que le consensus de la Communauté reliera au Prophète par le truchement des *ḥadīth* (récits) rapportant les faits et dires du Prophète.

La séquence théorique que nous venons de décrire correspond au besoin qu'ont les croyants de savoir que leur façon de faire est la bonne du fait qu'elle est liée à celle d'Allah. Sur le plan historique, toutefois, la séquence n'est pas aussi simple, et on pourrait presque dire qu'elle a fonctionné en sens inverse. Il semble en effet que la *sunna* désignait d'abord la « coutume » de la Communauté, elle-même formée des usages retenus du passé et de ceux établis par le Prophète, tels que transmis oralement et distingués de ceux contenus dans le Livre écrit, le Coran. La prépondérance de la coutume de la Communauté s'explique par des raisons historiques : converties un peu rapidement à l'islam, les tribus arabes ne connaissaient pas vraiment la coutume du Prophète, et il était normal qu'elles se tournent vers la coutume de la Communauté primitive, celle de Médine, pour savoir quelle devait être la conduite d'un musulman.

L'accélération de l'histoire allait bientôt amener les musulmans à remplacer l'importance fonctionnelle de la coutume de Médine par la valeur normative de la coutume du Prophète. En moins de vingt ans après la mort du Prophète (632-650), les Arabes avaient conquis l'Est méditerranéen : Syrie, Palestine, Égypte et Tripolitaine (Lybie actuelle) et, plus à l'est, tout l'Empire perse. À peine un siècle plus tard (vers 750), les conquêtes musulmanes se seront étendues au Maghreb, puis à l'Espagne, et, vers l'est, au Turkestan et à l'Indus.

Cette vague fulgurante de conquêtes a amené l'éparpillement des groupes musulmans, si bien que la coutume de la Communauté a commencé à prendre des directions divergentes, la *sunna* de Médine n'étant plus unanimement reconnue. Pour éviter que la Tradition s'effrite au profit de coutumes locales et rivales, les experts de la Tradition ont pour ainsi dire haussé la barre au-dessus de la mêlée en affirmant que le terme *sunna* devait être réservé à la coutume établie par le Prophète lui-même dans ses paroles ou ses actions, et en postulant implicitement que ces dernières couvraient les questions soulevées par les pratiques établies aux quatre coins du monde musulman[20].

La valeur normative ainsi conférée aux faits et dires du Prophète a eu des répercussions importantes sur les récits (*ḥadīth*) qui véhiculaient la *sunna* du Prophète. Pendant le premier siècle de l'islam, la vénération et la curiosité des croyants pour la personne de Mahomet les avaient poussés à transmettre et à collectionner les détails de sa vie sous forme de petits récits qui comportaient habituellement deux parties : la chaîne (*isnād*) des transmetteurs qui remontait à un des compagnons du Prophète, et le contenu, la matière (*maṭn*) du récit[21]. Quand on réunit sous le nom de Tradition les deux termes *ḥadīth* et *sunna*, on désigne en même temps ce qui est transmis, « traditionné » (la *sunna*), et le véhicule de la transmission (le *ḥadīth*).

À mesure que la coutume (*sunna*) du Prophète s'affirmait comme base d'autorité dans la Communauté, l'intérêt pour les récits (*ḥadīth*) s'accroissait à un point tel que moins de trois générations après la mort du Prophète une multitude de récits ont été mis en circulation, attribuant au Prophète des paroles de plus en plus précises et catégoriques concernant des points de loi et de doctrine, à l'appui d'opinions politiques ou de courants religieux. Il a bientôt fallu se rendre à l'évidence que la Tradition subissait une invasion assez massive de récits forgés qui n'avaient pas l'intention biographique de raconter la vie authentique du Prophète[22], mais plutôt celle d'authentifier, de légitimer la vie de la Communauté en la situant comme un maillon dans une chaîne qui la reliait au Prophète, et par là au Coran et à Allah.

20. Ce réflexe des experts musulmans fait penser à la fiction juridique qu'on trouve dans la période formative (1066-1485) de la *Common Law* en Angleterre : les juges supposent qu'existe une « loi commune » qu'ils appellent « la coutume immémoriale du royaume », par opposition aux coutumes locales souvent divergentes.

21. Voici un exemple de *ḥadīth*.
Il nous a été rapporté par 'Abdallah ibn Yousouf, qui disait que cela lui avait été rapporté par al-Layth, qui le tenait de Yazid, qui le tenait lui-même de 'Oqba ibn Amir, qui disait :
« Quelqu'un donna un vêtement de soie au Prophète, qui le porta pendant les prières. Mais, au moment de l'enlever, il l'arracha violemment, dans un geste de dégoût, en disant : "Ceci ne convient pas à des gens qui craignent Dieu !" »

22. En revanche, ces récits constituent de précieuses sources historiques en ce qui a trait au vécu de la collectivité musulmane à l'époque où ils ont été mis en circulation.

Sentant bien, pourtant, que cette prolifération de *ḥadīth* ne pouvait continuer indéfiniment sans saper l'autorité même de la Tradition, les experts de cette discipline ont établi une méthode de contrôle de la chaîne des transmetteurs qui a donné naissance à une classification s'appliquant à la transmission et non au contenu du *ḥadīth*. L'activité phénoménale de ces experts a produit des recueils de récits jugés *ṣaḥīḥ* (« sains », « solides »). Deux de ces recueils, celui de Bukharī[23] (mort en 870) et celui de Muslim (mort en 875), devaient rapidement acquérir une grande autorité, reconnue encore aujourd'hui : le recueil de Bukharī vient immédiatement après le Coran dans la vénération des musulmans. Comme il restait encore des points de loi ou de pratique qui n'étaient couverts ni par le Coran ni par ces deux recueils, quatre autres compilations ont assoupli les règles strictes appliquées précédemment et ont fourni un support aux experts de la Loi islamique qui s'élaborait. Dans leur gigantesque travail de recherche, ces experts exprimaient ce qui leur semblait être l'islam authentique dans des situations historiques inédites et face à des tendances déviantes. Le mécanisme ou le détour du *ḥadīth* a servi à légitimer et à donner autorité aux résultats de cette recherche en les reliant au point d'ancrage ferme et devenu indiscutable que représentait la *sunna* du Prophète.

Sur le plan dogmatique et intentionnel, le Coran demeure l'autorité suprême en islam, mais on peut se demander si, sur le plan historique, dans le fonctionnement passé et actuel de la Communauté musulmane, l'autorité exercée pratiquement par la Tradition n'est pas plus décisive et déterminante, au sens où c'est la Tradition qui a infléchi le potentiel initial ouvert du Coran en fonction de facteurs historiques reflétés dans les *ḥadīth* pour donner à l'islam les contours définis qu'on lui connaît maintenant.

Par ailleurs, l'autorité ainsi conférée aux *ḥadīth* et à la *sunna* du Prophète a eu comme conséquence doctrinale le fait de lui attribuer une sorte d'infaillibilité dans ses faits et dires, et comme conséquence pratique la conviction que tout ce qui se fait dans une société musulmane, encore aujourd'hui, doit pouvoir être relié d'une manière ou d'une autre au Prophète, faute de quoi les institutions et les pratiques modernes risquent d'être tôt ou tard rejetées ou sérieusement hypothéquées.

---

23. Des quelque 200 000 *ḥadīth* que Bukharī a examinés, il n'en a retenu que 2762 comme « sains, solides », ce qui donne une idée de l'ampleur qu'avait prise la pieuse fabrication de *ḥadīth*.

L'origine de la Loi islamique : conception doctrinale

L'impact majeur de la Tradition s'est fait sentir dans l'élaboration de la Loi islamique (*sharī'a*), monument par excellence de la pensée religieuse musulmane au Moyen Âge. À la période moderne, toutefois, la *sharī'a* était presque tombée en désuétude sous l'impact de la modernisation, jusqu'au moment où, à la suite de la révolution iranienne, elle est devenue le fer de lance de la réislamisation prônée par les mouvements islamistes. Là où ces mouvements réussissent à prendre le pouvoir, le rétablissement de la *sharī'a* est présenté comme la panacée aux maux de la société moderne, tandis que l'application pure et dure de certains contenus matériels de cette loi suscite la crainte et la réprobation chez ceux, musulmans aussi bien que non-musulmans, qui ne partagent pas la vision islamiste de la *sharī'a*.

On traduit habituellement *sharī'a* par « Loi islamique ». Mais il faut noter, dès le départ, que la *sharī'a* comporte deux différences majeures avec ce qu'on entend par « loi » au sens moderne occidental du terme. Tout d'abord, sur le plan de son origine, la *sharī'a* n'est pas, selon la doctrine, le produit de la volonté humaine d'une société, mais plutôt le modèle divin de l'agir humain. Ensuite, sur le plan de son contenu, elle englobe des éléments qui, pour nous, ne font pas partie du domaine légal, puisqu'elle vise idéalement, à titre de doctrine infaillible, l'ensemble de la vie religieuse, politique, sociale, domestique et privée des musulmans.

Sur la question de l'origine de la *sharī'a*, on se retrouve devant deux conceptions qui ont tendance à s'affronter. D'une part, la conception doctrinale voit dans la *sharī'a* un code de vie donné, ou à tout le moins cautionné par Dieu[24], tandis que, d'autre part, la perception historique considère la *sharī'a* comme étant la création des juristes musulmans, la résultante d'un processus d'assimilation sélective et d'islamisation d'éléments de provenances diverses[25]. Cette question d'origine n'a pas qu'un intérêt historique, à savoir d'où vient la *sharī'a*. Elle a aussi une portée actuelle importante, liée à l'utilisation qu'on doit en faire aujourd'hui, compte tenu du caractère divin ou humain, immuable ou réformable qu'on lui reconnaît selon qu'on adopte l'une ou l'autre de ces conceptions. C'est ce qui nous amène à considérer l'évolution du concept de *shari'a* et le processus de formation de la Loi islamique.

---

24. Cette conception trouve son expression traditionnelle dans la théorie des « sources de la Loi » (*uṣūl al-fiqh*), que nous allons brièvement exposer plus loin.
25. C'est ce qui ressort de l'ouvrage fondamental de Joseph Schacht (1959), *The Origins of Muhammadan Jurisprudence*, Oxford, Clarendon Press, point de vue repris au début de son ouvrage *An Introduction to Islamic Law*, Oxford, Oxford University Press, paru en 1964.

Le sens premier du terme arabe *sharī'a* est « chemin », « voie ». Dans le contexte religieux issu du Coran, cette voie, c'était celle qui menait à Allah et que le croyant devait suivre pour modeler son agir en conformité avec la volonté d'Allah. Au départ, la recherche de la voie, du « bel agir », mettait à contribution les ressources de la Tradition (*sunna* et *ḥadīth*) et celles de la raison. Cette recherche se concrétisait dans le cadre des deux activités que connaissait alors la pensée religieuse : la loi (*fiqh*) et la « théologie » (*kalām*) ; et le terme *sharī'a*, peu utilisé, ne désignait pas plus l'une que l'autre. Au moment où il devint d'usage commun, ce terme a été en quelque sorte emporté dans le remous de la controverse déclenchée par un mouvement de type rationaliste, celui des mu'tazilites (IXe siècle). Ces derniers faisaient une distinction entre *'aql* (voie de la raison) et *sharī'a* (Voie révélée), et, pour eux, la théologie et la recherche des principes fondamentaux de la morale pouvaient être confiées à la raison humaine. Dans leur optique, le bien et le mal n'étaient pas déterminés par une décision de la volonté divine, mais étaient plutôt inhérents à la nature des choses, si bien que la raison humaine pouvait, en scrutant cette nature, y déceler le bien et le mal sans l'aide de la Révélation.

Pour la majorité des musulmans, la façon de voir des mu'tazilites restreignait la toute-puissance de la Volonté d'Allah. Aussi, en réaction aux thèses mu'tazilites[26], le terme *sharī'a* allait désormais être appliqué à la loi (*fiqh*) plutôt qu'à la théologie (*kalām*). Ainsi, les musulmans ne risqueraient pas de voir leur raison s'égarer en cherchant par ses seuls moyens des principes de morale. Ils n'avaient qu'à regarder du côté des prescriptions de la loi qui, elle, s'enracinait dans le Coran et dans la Tradition. Cette loi devenait donc LA Loi, la Voie tracée par Dieu pour guider les croyants.

Axée sur la conviction que la Loi islamique constitue le modèle divin de l'agir humain, la conception théologique ou doctrinale de l'origine de la *sharī'a* s'est finalement cristallisée dans la théorie des « sources de la Loi » (*uṣūl al-fiqh*). Selon cette théorie, la Loi islamique est issue de quatre composantes : le Coran, la *sunna* (Tradition véhiculée dans les *ḥadīth*), l'analogie (*qiyās*) et le consensus (*idjmā'*). Dans cette optique, le Coran est la source primordiale et la Tradition (coutume du Prophète) est une source complémentaire. À titre purement subsidiaire intervient l'analogie, qui

26. À la hantise du rationalisme s'ajoutait le traumatisme laissé par l'inquisition qu'institua contre les chefs religieux le calife al-Ma'mun (813-833) après avoir érigé les thèses mu'tazilites en credo d'État.

consiste à appliquer à un nouveau problème la solution qu'établit le Coran ou la Tradition pour un problème semblable. Le consensus vient valider les opinions issues de l'analogie.

Cette théorie correspond à la conviction que la Loi islamique vient d'Allah, directement ou indirectement, mais toujours sous sa mouvance. La *sharī'a* n'est donc pas, à l'encontre des lois courantes, le produit de la volonté humaine d'une société. Une fois que le contenu en a été établi et précisé, elle n'est plus sujette à changement, puisqu'elle est la concrétisation de la Volonté d'Allah, Volonté éternelle qui ne change pas au gré du temps et des circonstances. La Loi islamique n'est pas susceptible d'amendement et il n'y a pas d'institution habilitée à la modifier. Par sa rigidité et son étanchéité, cette approche doctrinale et théologique de l'origine divine et du caractère immuable de la *sharī'a* semble laisser peu de marge de manœuvre aux gouvernants musulmans actuels soumis aux pressions intégristes : ou bien ils ignorent complètement la *sharī'a,* ou bien ils l'appliquent intégralement.

L'origine de la Loi islamique : perception historique

À l'opposé de la conception doctrinale, la perception historique de l'origine de la *sharī'a* voit dans cette dernière le résultat d'un processus d'assimilation sélective mis en œuvre par les juristes musulmans des premiers siècles. Ce processus peut donc se réactiver à la période moderne, dans la mesure même où l'on permet aux juristes de faire aujourd'hui ce qu'ont fait à l'origine leurs prédécesseurs, c'est-à-dire assimiler dans un cadre islamique les pratiques et les contenus légaux modernes qui leur semblent les plus compatibles avec leur foi religieuse.

Dans une optique historique[27], la genèse de la *sharī'a* remonte d'abord aux coutumes des Arabes avant l'islam. Puis, le Coran met en place des normes de conduite de base, introduit de nouvelles règles sur certains points particuliers, mais ne constitue d'aucune façon un code légal complet. Le prophète Mahomet, lui, agit en quelque sorte comme juge suprême et règle les problèmes légaux à mesure qu'ils se présentent, en interprétant les dispositions du Coran. L'impact global du Coran et de l'activité du Prophète est alors simplement d'infléchir, de modifier le droit coutumier arabe, non de le supprimer.

27. Pour une présentation succincte et éclairée de l'histoire et du contenu de la *sharī'a*, voir l'article « Islamic Law », de N.J. Coulson (1984), dans *Encyclopaedia Britannica*, vol. 9, p. 938-943.

Depuis sa capitale de Damas, la dynastie des califes omeyyades (661-750) gouverne un vaste empire militaire et voit à la nomination de juges dans les provinces et les districts. Pivots de cette première organisation judiciaire, les juges (*qāḍī*) fondent leurs décisions sur les règles du Coran, lorsqu'elles sont pertinentes. Mais, comme l'horizon de l'empire devient rapidement beaucoup plus vaste que celui de Médine, les juges se considèrent d'abord comme les porte-parole de la loi locale ; c'est cette loi qu'ils appliquent habituellement, à moins qu'elle n'aille manifestement à l'encontre du Coran. C'est par ce biais que des emprunts substantiels au droit romain byzantin ainsi qu'au droit persan des Sassanides, notamment, sont absorbés dans la pratique légale musulmane dans les territoires conquis.

Le début du VIIIe siècle voit s'amorcer une réaction à cette situation quand de pieux docteurs se demandent si la pratique légale des Omeyyades correspond bien à l'éthique religieuse de l'islam. Ils auront l'occasion de passer à l'action avec l'arrivée au pouvoir de la dynastie des Abbassides (750-1250). S'étant engagés à mettre en place une société vraiment islamique, ces derniers patronnent les activités des juristes qui s'attellent à la tâche d'islamiser la Loi en passant au crible du Coran les pratiques légales courantes. Les deux premières grandes écoles de loi sont l'école malikite, fondée par Malik Ibn Anas (713-795) à Médine, et l'école hanafite, fondée par Abū Ḥanīfa (699-767) à Kufa en Irak.

Comme il fallait s'y attendre en raison d'environnements socioculturels très différents, les doctrines de ces deux écoles divergent au point de faire éclater un conflit profond au niveau d'un principe fondamental : l'école hanafite soutient qu'en dehors des cas explicitement visés par le Coran les juristes peuvent librement se livrer à la recherche personnelle (*ijtihād*) et faire usage de la raison pour établir leur opinion et définir la Loi, tandis que pour l'école malikite de Médine la seule loi valable, à part le Coran, ce sont les précédents établis par le Prophète lui-même.

Pour remédier à ces divisions qui risquent de devenir des schismes et pour assurer une plus grande uniformité à la Loi, al-Shafi'ī (767-820), fondateur de l'école shafi'ite, élabore une théorie ferme des sources dont la Loi devrait être dérivée : il s'agit précisément de la théorie des « sources de la Loi » (*uṣūl al-fiqh*) dont nous avons parlé plus haut[28]. Pour Shāfi'ī, la connaissance de la *sharī'a* n'est accessible que par la révélation divine qui se trouve dans le Coran ou dans la coutume (*sunna*) divinement inspirée du Prophète telle que consignée dans des récits (*ḥadīth*) authentiques. Dans

28. Voir p. 167.

cette optique, le rôle de la raison humaine doit être confiné à la déduction analogique qui met en parallèle une situation nouvelle et un cas étroitement semblable couvert par le Coran ou par la *sunna*.

Cette théorie est donc elle-même un produit de l'évolution historique de la *sharī'a*, et non ce qui, dès le départ, aurait présidé à son élaboration, comme le laisse entendre la conception doctrinale de l'origine de la *sharī'a*. La quatrième école de loi, l'école hanbalite fondée par Aḥmad Ibn Ḥanbal (780-855), pousse encore plus loin la rigidité : en réaction contre le jugement personnel et la libre recherche (*ijtihād*), elle met l'accent sur les *ḥadīth*. En conséquence, le consensus, élément dynamique qui avait favorisé l'adaptation, se trouve détourné des pratiques légales vers les récits : ce sur quoi s'entendent la majorité des experts, ce n'est plus une pratique, mais l'authenticité d'un récit (*ḥadīth*).

Dans la mesure où les *ḥadīth* apportent des réponses toutes faites, de plus en plus précises, à tous les problèmes, la recherche personnelle validée par le consensus devient pratiquement inutile. Dans bien des cas, par le mécanisme du *ḥadīth*, les vues des juristes sont projetées sur la personne du Prophète pour leur donner une autorité incontestée. Au terme de cette évolution, lorsqu'on aura trouvé assez de *ḥadīth* pour couvrir l'ensemble des pratiques légales, on déclarera final et définitif le consensus atteint et, à partir du Xe siècle, « la porte de l'*ijtihād* sera close ». Concrètement, cela veut dire que les juristes sont dorénavant liés par le contenu des manuels de loi qui font autorité et remplacent pour ainsi dire le jugement personnel et la libre recherche.

Ce qui se trouve ainsi légué aux générations futures, ce n'est plus une structure créatrice favorisant l'adaptation aux situations socioculturelles nouvelles, mais son produit qu'on juge achevé, complet et désormais immuable. Ainsi se trouve consacrée la conception théologique, doctrinale, de l'origine divine de la *sharī'a*, qui mènera à l'immobilisme et à la quasi-désuétude de la Loi islamique à la période moderne. L'approche historique, elle, met en lumière le fait que la *sharī'a* a plutôt été l'œuvre des juristes musulmans, œuvre monumentale par laquelle ont été sélectivement intégrées à l'islam des pratiques de provenances diverses que la collectivité croyante avait adoptées d'instinct devant des situations nouvelles. En revendiquant le droit de « rouvrir la porte de l'*ijtihād* », les réformistes modernes tenteront de renouer avec la dynamique d'adaptation historique qui avait caractérisé la période formative de la *sharī'a*.

Emprise et contenu de la Loi islamique

Il faut par ailleurs souligner le fait qu'en pratique la *sharī'a* n'est pas aussi rigide et monolithique que sa structure théorique pourrait le laisser croire. Il y a d'abord le fait que les quatre grandes écoles de loi qui se partagent les territoires sunnites (groupe majoritaire) se reconnaissent mutuellement comme valides, au-delà des différences parfois importantes de leurs contenus de droit ; à ces variantes s'ajoutent celles de l'école de loi propre aux chiites. Le degré d'emprise de la théorie sur la pratique a varié considérablement selon les secteurs du droit : forte en ce qui a trait au statut personnel, à la famille, aux successions, l'emprise de la *sharī'a* a été moyenne en matière d'obligations et de contrats, tandis qu'elle a été plutôt faible en matière de droit pénal, fiscal et constitutionnel.

Ainsi, en dépit du fait que la *sharī'a* vise idéalement à régir toute la vie des croyants, la pratique légale en islam a toujours reconnu des juridictions autres que celle des *qāḍī* (juges de la *sharī'a*), particulièrement en droit criminel, en droit immobilier et en droit commercial. Pour faire contrepoids à l'immobilité de la théorie, des mesures particulières ont été fréquemment utilisées ; on pense, entre autres, aux *ḥyal* (expédients légaux), aux *fatwā* (avis juridiques donnés par un jurisconsulte, le *muftī*), aux *qānūn* (ordonnances d'un gouvernant). L'effet global des ces divers facteurs a été de laisser libre cours au développement de secteurs légaux qu'on pourrait appeler « séculiers », en marge de la Loi islamique théoriquement souveraine.

En ce qui a trait au contenu de la *sharī'a*, la Loi islamique englobe les *'aqā'id* (les croyances, le dogme), les *'ibādāt* (les rites, le culte rendu à Dieu) et les *mu'amalāt* (les relations, les actes envers autrui). Seule cette dernière catégorie est proprement légale au sens moderne du terme. On y retrouve une matière qui n'est évidemment pas organisée selon les grandes divisions de la science légale moderne, mais qui correspond sensiblement à la matière couverte habituellement par ces divisions : les personnes, la propriété, les obligations et les contrats, la famille, les successions, le droit pénal. Le système judiciaire traditionnel de la *sharī'a* privilégie la preuve testimoniale et ne comporte pas de tribunaux d'appel. En matière criminelle, il y a présomption d'innocence.

Ce que nous avons vu jusqu'ici s'applique à la Loi islamique traditionnelle. Nous verrons plus loin[29] qu'à la période moderne la plupart des pays musulmans ont procédé à des réformes de leurs systèmes légaux pour

29. Voir p. 197.

les moderniser, tandis que, plus récemment, l'application pure et dure de la *sharī'a* prônée par les islamistes radicaux va souvent à l'encontre non seulement des droits de la personne, mais aussi de la façon dont la *sharī'a* était traditionnellement appliquée par les juristes musulmans des siècles passés.

LE SOUFFLE DE L'ÉSOTÉRISME : CHIISME ET SOUFISME

Le développement de la *sharī'a* et, comme on le verra[30], celui du *kalām* répondaient à des besoins assez pressants de la Communauté musulmane. Ces deux disciplines explicitaient et rapportaient certains aspects du Coran, mais, en même temps, elles voilaient ou laissaient dans l'ombre d'autres aspects du Livre.

Dans l'islam, comme dans les autres grandes religions, on trouve deux composantes, deux tendances : l'exotérisme et l'ésotérisme. L'exotérisme vise ce qui est extérieur, apparent, accessible à tous ; il fait appel à la pensée rationnelle, qui essaie de systématiser, d'expliciter et de démontrer la cohérence du contenu du Livre, et qui se traduit dans des raisonnements, des principes, des doctrines. Quant à l'ésotérisme, il s'attache à découvrir ce qui est intérieur, caché et réservé aux initiés ; il fait appel à la pensée intuitive, qui repose sur le sentiment religieux, sur l'imagination et se traduit dans des affirmations simples et surtout dans des images, des symboles. Entre ces deux formes de compréhension, il y a complémentarité, mais souvent, aussi, tension, et parfois même conflit.

Le chiisme

Dans le cas du chiisme, la tension a d'abord été politique, avant de devenir doctrinale. Le chiisme a en effet débuté par un conflit au sujet de la succession du Prophète à la tête de la Communauté. Les chiites, c'étaient à l'origine les partisans d'Ali (*shī'at 'Alī* : « le parti d'Ali »), gendre de Mahomet. En 656, à la mort du troisième calife, Othman, Ali lui succéda, mais il dut faire face à la résistance des partisans d'Othman qui tenaient le clan d'Ali pour responsable de l'assassinat d'Othman. À l'affrontement armé entre les deux camps, en 657, succéda l'arbitrage, au terme duquel Ali fut déposé. Mais ses partisans continuèrent à le considérer comme le calife légitime, lui, et plus tard son fils Hosayn. L'islam primitif se trouvait donc divisé en deux groupes principaux : les partisans de l'Omeyyade Mu'āwiya, opposant

30. Voir p. 178.

d'Ali, qui s'appelleront « sunnites » (actuellement, 90 % des musulmans), et les partisans d'Ali, les chiites (actuellement, un peu moins de 10 % des musulmans). À ce stade sunnites et chiites ne se distinguaient que par leur allégeance politique. Mais des différences doctrinales allaient bientôt faire écho aux divergences politiques.

Perdants malheureux et souvent malmenés par la majorité sunnite, les chiites allaient graduellement se donner, pourrait-on dire, la théologie de leur situation politique et sociale. Le parti politique arabe des débuts allait se transformer en mouvement religieux qui exprimait, sur le plan de la religion, le mécontentement des nouveaux convertis, surtout les Persans, vis-à-vis de la classe arabe dominante. Au terme de son évolution, le chiisme présente une façon d'interpréter et de vivre le Coran qui se distingue de celle des sunnites par trois traits principaux : le principe de l'imamat, l'idée du messianisme et la notion de Passion (souffrance rédemptrice).

Le principe de l'imamat comporte deux volets : le volet politique et le volet religieux. Sur le plan politique, compte tenu du fait qu'Ali avait pour épouse Fatima, fille du prophète Mahomet, il s'agit d'une transposition du principe de succession dynastique qui a pour effet de réserver à Ali, premier imam[31], et à ses descendants le droit de diriger la Communauté musulmane. Sur le plan religieux, ce dirigeant détient des connaissances que Mahomet aurait transmises à Ali, et que ses descendants et successeurs se transmettent les uns aux autres. L'évolution du concept d'imam chez les chiites est longue, complexe et très controversée. On peut en retenir que l'imam est le détenteur du sens caché du Coran, le « mainteneur du Livre », celui par qui le monde survit malgré sa méchanceté. C'est précisément à cause de cette méchanceté que le dernier des imams reconnus[32] est disparu (*ghayba*) ; il est occulté aux regards extérieurs, mais il est mystérieusement présent et parle aux cœurs des croyants ; il a pour porte-voix les docteurs de la religion (*āyatullāh, mullah*).

Sunnites et chiites partagent la croyance au *Mahdī* (littéralement : « celui qui est guidé »), une sorte de messie qui doit venir à la fin des temps pour purifier la communauté, rassembler les croyants et convertir le monde à l'islam. Pour les chiites, le *Mahdī* est le dernier des imams reconnus ; caché au monde visible, il reviendra instaurer une ère de justice et de paix.

31. Il faut noter que chez les sunnites, qui forment le groupe majoritaire en islam, le terme « imam » désigne simplement celui qui dirige la prière.

32. Pour les chiites duodécimains (ou « imamites »), ceux qui reconnaissent douze imams, le dernier imam est Muḥammad Montazar (mort en 873), tandis que pour les septimains (ou « ismaéliens »), ceux qui reconnaissent sept imams, le dernier imam est Ismā'il de Ja'far (mort en 765).

Sous le califat des Abbassides, le chiisme devient le point de ralliement des faibles et des opprimés. C'est alors que s'ajoute la notion de Passion avec, pour conséquence, la glorification de la souffrance et du martyre. Dans cette optique, la Passion de l'imam, particulièrement celle d'Ali et de son fils Hosayn, tous deux morts assassinés, a valeur de rachat pour le monde corrompu qui attend le retour du *Mahdī* ; elle soutient et rend précieuse la souffrance des croyants chiites. Chaque année, pendant le mois du *Muḥarram*, ces derniers commémorent le martyre de Hosayn (en 680) à Kerbela par dix jours de deuil au cours desquels les fidèles pleurent et se flagellent en participant à des processions de pénitence ; dans certaines régions de l'Iran et de l'Inde, ils participent également au jeu de la Passion (*ta'zīya*) qui emprunte certains personnages à la Bible et représente l'affrontement du Bien et du Mal[33].

Issus très tôt d'un schisme de l'islam primitif, sunnisme et chiisme ont eu, au cours de leur histoire, une profonde influence l'un sur l'autre, par une sorte d'osmose, surtout par l'entremise du soufisme.

Le soufisme

Le terme « soufisme » (*taṣawwuf*), qui désigne la mystique en islam, est une appellation qui provient très probablement de la robe de laine rude (*ṣūf*) que portaient les premiers mystiques musulmans. Cela reflète les pratiques ascétiques qui ont marqué l'apparition du soufisme aux VIIIe et IXe siècles dans des centres culturels d'Irak et de Perse. Il s'agissait alors d'un idéal de purification morale et de piété, une réaction intériorisante, une sorte de retrait face aux développements plutôt légalistes de la religion officielle et au caractère mondain des tendances politiques. Ce mouvement allait bientôt s'infléchir dans une direction plus spécifiquement mystique en mettant résolument le cap sur la communion avec le divin.

Dès le départ, la vie de pauvreté des groupes d'ascètes était liée à une attitude morale d'abandon et de confiance en Dieu qui se traduisait, entre autres, par la pratique du *dhikr*, c'est-à-dire la répétition du nom d'Allah accompagnée de la récitation du Coran, dont elle s'inspirait (*Cor.* 73 : 2-4, 8). D'abord individuelles, ces pratiques donnèrent naissance à des regroupements visant la recherche d'expériences d'intimité avec Dieu, expériences

33. Une actualisation bien orchestrée de ce rituel a contribué à la prise du pouvoir par l'āyatullāh Khomeyni face au *chah* d'Iran lors de la « révolution islamique » de 1979. Voir Jean-René Milot (1993), p. 188-189.

qui prendront même la forme d'une union d'amour avec Dieu[34]. Les écoles mystiques ainsi formées virent s'étendre leur influence, mais, en même temps, la méfiance des autorités religieuses à leur égard se traduisait par des tensions au sein de la Communauté musulmane.

La tension atteignit un point culminant avec l'exécution du célèbre mystique al-Ḥallāj en 922. Rompant avec la prudence de ses prédécesseurs, al-Ḥallāj était d'avis que l'amour de Dieu devait être prêché à la masse de croyants et pas seulement à une élite. Son activité fut toutefois perçue comme une menace pour l'ordre religieux et social ; accusé de s'être dit l'égal de Dieu, il fut trouvé coupable, condamné à mort et exécuté.

Contrastant avec le climat habituel de tolérance de la Communauté, cet événement-choc se solda par une attitude de conciliation entre le soufisme et l'islam officiel. Les soufis entreprirent d'exposer ce qu'était la voie du soufisme en montrant qu'ils ne rejetaient pas l'islam officiel et la voie tracée par la Loi islamique, mais les portaient plutôt à leur plénitude. C'est ainsi que furent composés les grands traités du soufisme classique, œuvres remarquables par la finesse de leur analyse des états d'âme et par la description systématique des étapes qui balisent le parcours de la voie mystique.

Pour le soufisme classique[35] tel qu'il apparaît dans ces traités, la voie mystique se trouve du côté de la connaissance *(ma'rifa)* intuitive et savoureuse inspirée par Dieu plutôt que du côté de la science *('ilm)* fabriquée par l'intelligence humaine. L'entrée dans la voie mystique suppose une ascèse, un détachement, non seulement par rapport au monde extérieur, mais aussi et surtout par rapport au moi intérieur, de façon à libérer le cœur de toute attache à ce qui est autre que Dieu.

Dans l'itinéraire spirituel, les soufis distinguent plusieurs étapes qui sont de deux types : il y a les *maqām*, « stations », « relais », qui sont acquis par l'effort personnel, tandis que les « états » *(aḥwāl)* sont des dons provenant de la bonté divine. La voie mystique n'est pas un chemin facile ; elle est parsemée d'embûches et celui qui s'y engage doit être guidé par un maître expérimenté, le *shaykh*. Sous la conduite rigoureuse de ce dernier, le disciple parcourt les étapes de la voie, mais toute son activité n'est toutefois

34. L'islam primitif n'avait pas développé ce genre de spiritualité, mais ses tenants pouvaient se réclamer du Coran (5 : 54) : « Dieu fera bientôt venir des hommes ; il les aimera et eux aussi l'aimeront. »

35. Nous adoptons ici la distinction des périodes du soufisme suggérée par Fritz Meier dans son texte. « La tradition soufie », dans Bernard Lewis (1976), *Le monde de l'Islam*, Paris, Elsevier, p. 119-142 : soufisme préclassique, VIIe-VIIIe siècles ; soufisme classique : IXe-XIe siècles ; soufisme postclassique : à partir du XIe siècle.

qu'une préparation qui rend possible, mais non due, l'illumination venant de Dieu. C'est donc cette action divine qui, en bout de piste, arrache le mystique à sa propre conscience ; ainsi, dans l'extase, la personnalité du mystique disparaît à elle-même, « s'annihile » *(fanā')*, transfigurée par Dieu en qui elle subsiste *(baqā')* à la fine pointe de sa conscience.

Ayant ainsi présenté ses lettres de créance, le soufisme finit par être accepté des *'ulamā'* (docteurs de la Loi et de la Tradition), grâce, en particulier, à l'œuvre d'al-Ghazzali (1058-1111). Théologien et homme de loi réputé, ce dernier s'était converti au soufisme, entreprenant ensuite de revivifier la religion officielle par l'apport d'un soufisme expurgé de ses aspects déviants. Il a ainsi concilié en sa personne la pensée religieuse officielle et la pratique de la mystique, jetant un pont entre la Voie de la Loi *(sharī'a)* et la voie mystique *(ṭarīqa)*.

Avec al-Ghazzali prend fin ce qu'on peut appeler le soufisme classique. Après lui, le soufisme va bifurquer en deux lignes distinctes de développement et d'influence qu'on pourrait appeler le soufisme intellectuel et le soufisme populaire. Le soufisme intellectuel résulte en bonne partie de l'apport des philosophes. Faute d'être reconnue pour elle-même, comme on le verra plus loin[36], l'activité de ces derniers trouva dans le mouvement soufi une terre d'accueil. Sous l'influence de la philosophie néo-platonicienne, par exemple chez Ibn al-Arabi (1165-1240), l'union mystique se présente sous les traits d'une sorte de monisme de l'être où la distinction entre l'âme et Dieu, pourtant maintenue même par al-Ḥallāj, disparaît pratiquement.

Dans leur effort pour dire l'indicible de l'expérience mystique, les soufis trouvent dans la poésie un véhicule privilégié. C'est ainsi que l'expression poétique du soufisme devient un genre littéraire à partir du XIe siècle. Le vocabulaire et les thèmes de la littérature profane, comme la liaison amoureuse et le vin, sont transposés pour évoquer la relation entre l'âme et Dieu. Ce courant connaîtra des sommets avec l'Arabe Ibn al-Farid (1182-1235), surnommé le « sultan des amoureux », et le Persan Djalal al-Din al Roumi (1207-1273), considéré comme un des plus grands poètes mystiques de l'histoire.

Par ailleurs, à partir du moment où le soufisme s'ouvre à l'ensemble des croyants, le mouvement populaire qu'il déclenche s'organise en confréries ou ordres qui se répandent rapidement aux quatre coins du monde

36. Voir p. 181.

musulman. La structure de la confrérie repose essentiellement sur la personne du *shaykh* (maître spirituel) et sur la *ṭarīqa* (voie, règle) qu'il propose aux disciples. Après sa mort, le *shaykh* continue d'être vénéré par ses disciples ; on en vient à lui attribuer des pouvoirs miraculeux et à le considérer comme un saint[37]. En s'étendant au niveau populaire, ce phénomène donne naissance au culte des saints et à la pratique du pèlerinage à leurs tombeaux.

En raison de leur emprise sur les masses, les ordres soufis deviennent une force sociale aussi bien que religieuse. Les associations d'artisans regroupés en un tiers ordre sous la bannière de leur saint patron seront à certains moments les seuls organismes assez articulés pour faire contrepoids au despotisme de certains gouvernements ou au chaos généré par les invasions barbares.

Les confréries soufies ont grandement contribué à la diffusion de l'islam. Tel que présenté par les soufis, l'islam avait de quoi séduire les nomades turcs qui s'étaient infiltrés dans le monde musulman. Les membres des confréries ont ensuite suivi les pas des conquérants turcs, et plus tard mongols, pour répandre l'islam en Inde, en Asie centrale et en Anatolie, non sans faire de compromis avec les pratiques et les attitudes religieuses des populations locales.

À la longue, le libéralisme qui avait fait le succès des ordres soufis fut aussi ce qui les amena hors de l'orbite de l'expérience mystique initiale. Leur dégénérescence a contribué à l'ankylose dans laquelle l'islam s'est retrouvé au seuil de la période moderne. Le soufisme est ainsi devenu la cible des réformistes, aussi bien modernistes que fondamentalistes, et pour la plupart des musulmans il est objet de suspicion ou, au mieux, d'indifférence. Dans certaines régions éloignées, des confréries soufies continuent d'exercer une influence à la fois sociale et religieuse. En milieu urbain, des intellectuels se regroupent secrètement en cellules soufies, tandis que d'autres groupes s'affichent ouvertement comme soufis en faisant montre d'un éclectisme prisé davantage par les Occidentaux que par les musulmans de souche. Déclenché par des spécialistes occidentaux comme Louis

---

37. L'autorité de type charismatique dont jouit le *shaykh* soufi se prolonge donc au-delà de sa vie terrestre, tout comme celle de l'imam pour les chiites. On pourrait d'ailleurs tracer un parallèle intéressant entre ces deux personnages ; ainsi, les chiites disent : « Celui qui connaît son imam connaît son Seigneur », alors que les soufis disent : « Celui qui connaît son *shaykh* connaît son Seigneur », se référant à la connaissance intuitive et initiatique reçue et communiquée par ces guides.

Massignon, le renouveau d'intérêt pour la pensée mystique musulmane se manifeste aussi chez des chercheurs musulmans qui s'associent de plus en plus à l'étude et à l'édition de textes du patrimoine soufi.

L'EMPREINTE DE LA RAISON : THÉOLOGIE ET PHILOSOPHIE

En même temps qu'elle contribuait à l'édification de la Loi islamique par le truchement de l'opinion et du raisonnement analogique, l'autorité de type rationnel était encore plus explicitement mise en œuvre dans la réflexion théologique (*kalām*) et philosophique (*falsafa*). Issues de la découverte de la pensée grecque, ces deux disciplines restèrent toutefois mineures, comparées à la Tradition (*sunna* et *ḥadīth*), à la Loi islamique (*sharī'a*) et à la mystique (soufisme).

Théologie : le kalām

Pris au sens technique, le terme *kalām* désigne une des sciences religieuses de l'islam, à savoir l'exposé systématique de la foi musulmane et l'argumentation rationnelle qui appuie cette croyance. Ce deuxième aspect, plus près de l'apologétique que de la théologie proprement dite, sera pratiquement dominant. En effet, la formulation des doctrines de la foi musulmane n'a pas été le résultat d'une réflexion paisible et désintéressée sur les contenus du Coran, mais bien davantage le fruit de polémiques et d'affrontements sociopolitiques. Ce genre de recherche intellectuelle n'était sans doute pas la première préoccupation des croyants, leur instinct religieux étant moins attiré par les exposés théoriques arides des docteurs du *kalām* que par les questions pratiques de la Loi, d'une part, et le mouvement mystique des soufis, d'autre part.

Sur le plan interne, le développement du *kalām* tentait de répondre aux interrogations suscitées par les passages moins clairs ou apparemment contradictoires du Coran. Au-delà de l'intérêt proprement religieux, ces discussions avaient des enjeux politiques face aux interrogations que suscitait le régime des califes omeyyades (656-750).

Sur le plan externe, dans des centres comme Damas et Basra, des polémistes chevronnés de diverses religions utilisaient l'arsenal de la pensée grecque pour attaquer les formulations doctrinales encore inchoatives de la jeune religion qu'était alors l'islam. En se servant des mêmes outils philosophiques que leurs adversaires, les théologiens musulmans se trouvaient pratiquement mis en demeure de choisir entre « essence » et « existence », « substance » et « accidents », « nature » et « attributs » pour qualifier ce que le Coran leur disait d'Allah en des images simples et directes. Ils ont ainsi été acculés à des choix qui ont cristallisé en doctrines rigides et univoques les catégories fluides, ouvertes et ambivalentes qui étaient celles du Coran.

La première question débattue par les précurseurs du *kalām* officiel était celle du libre arbitre : qui a pouvoir sur les actes humains, la volonté libre de l'homme ou la volonté divine préexistante ? En réponse à cette question, trois tendances s'affirment en fournissant un support théologique à des positions politiques face au califat omeyyade. Pour les jabarites, partisans du pouvoir divin de contrainte (*jabar*), seule la volonté divine est vraiment agissante, si bien que les Omeyyades, comme les autres humains, ne sont pas libres ; tout « pécheurs » qu'ils soient, ils restent musulmans, détiennent le pouvoir par la volonté de Dieu, et les croyants doivent leur rester soumis. Par contre, l'opposition au régime omeyyade était soutenue par l'argumentation des qadarites, partisans du plein pouvoir (*qadar*) de l'être humain sur ses actes : étant souverainement juste, Dieu ne peut punir ou récompenser l'homme pour des actes qui ne seraient pas issus de sa volonté propre. Quant aux mourdji'ites, ils « remettaient » à Dieu le sort du pécheur, n'osant se prononcer sur le plan théologique, et appuyaient le pouvoir établi des Omeyyades.

La première véritable école de *kalām* fut celle des mu'tazilites, dont nous avons évoqué certaines positions précédemment[38]. Connus comme « tenants de l'Unicité et de la Justice » de Dieu, ils affirmaient la libre volonté humaine, en se fondant, comme les qadarites, sur le fait que Dieu, dans sa grande justice, ne pouvait que se conformer au bien qui existe dans les choses elles-mêmes et qui est décelable pour la raison humaine. Quant à l'unicité ou à la simplicité de Dieu, les mu'tazilites excluaient toutes les représentations d'Allah qui, pour eux, le réduisaient à la catégorie de créature ou lui associaient des créatures. Ainsi, les anthropomorphismes utilisés par le Coran devaient être compris au sens allégorique et non au sens littéral, tandis que « les quatre-vingt-dix-neuf beaux noms », qualificatifs donnés à Allah par le Coran, ne pouvaient être considérés comme des attributs distincts de l'Essence divine, sous peine de donner à Dieu des « associés » égaux, incréés et distincts.

38. Voir p. 167.

Les vues des mu'tazilites ne furent pas adoptées telles quelles par la majorité de la Communauté musulmane, sans doute à cause de l'inquisition par laquelle ils voulurent imposer ces vues sous le califat d'al-Ma'mun (813-833). La position qui devint officielle, l'ash'arisme, représente une réaction de rejet, mais en même temps une absorption sélective d'éléments du mu'tazilisme. Ancien mu'tazilite converti à la Tradition, al-Ash'ari (873-941) tentait de concilier ces deux allégeances en disant, par exemple, que s'il faut croire, c'est parce que « cela est écrit », ce qui ne laissait pas beaucoup de place à la raison. Plus habile, un autre chef d'école du *kalām* acceptable pour la majorité, al-Maturidī (mort en 944), disait que le devoir de croire en Dieu est fondé sur le commandement divin, mais que celui-ci peut être perçu par la raison humaine.

Pour l'ash'arisme, les attributs de Dieu ne sont pas lui, mais ne sont pas autres que lui, « sans qu'on puisse savoir comment », formulation plutôt imprécise sur le plan intellectuel, mais qui rend bien compte, sur le plan religieux, du caractère insaisissable d'Allah dans le Coran. En ce qui a trait au libre arbitre, l'ash'arisme soutient que les actes humains sont créés par Dieu mais sont attribués à l'homme, « acquis » (*kasb*) par lui, si bien que la Volonté toute-puissante d'Allah réduit à peu près à rien la volonté libre de l'homme. Les matouridites, eux, reconnaissent la liberté humaine presque sans réserve, mais sans explication.

Malgré la revivification des sciences religieuses opérée par al-Ghazzali (1058-1111), ash'arisme et maturidisme se figèrent assez tôt dans la répétition scolaire des thèses acceptées. Ils n'en demeurent pas moins, aujourd'hui encore, la base de l'enseignement religieux officiel.

La philosophie

Alors que les experts du *kalām* considéraient la pensée grecque comme un moyen au service d'une présentation ordonnée et convaincante de la religion, un autre groupe de penseurs, appelés « philosophes » (*falāsifah*), encore plus imbus de la pensée grecque, semblaient s'intéresser à cette dernière pour elle-même, préoccupés par les problèmes spéculatifs qui y foisonnaient. En voulant unir pensée grecque et foi musulmane, ces penseurs musulmans s'assignaient une tâche assez difficile, si bien qu'ils se trouvèrent bientôt en conflit avec la majorité de la Communauté sur des points importants.

Au-delà des points particuliers sur lesquels la pensée des philosophes heurtait les conceptions religieuses de l'ensemble des croyants, il y avait un enjeu plus vaste, à savoir une conception de Dieu, de la création et de l'homme. En effet, la pensée grecque qui fascinait les philosophes musulmans et qu'ils croyaient être celle d'Aristote et de Platon était en réalité celle du néoplatonisme, courant issu d'une jonction entre les influences rationnelles de la Grèce et les influences mystiques d'origine hindoue et juive. Cette pensée reposait sur un dualisme opposant Dieu, Un, pensée pure, et la matière, multiple, éternelle et incréée. Le fossé séparant ces deux éléments était comblé par une série d'intermédiaires, émanations successives et nécessaires de l'Être suprême.

Les philosophes musulmans retenaient de ce système la conception de Dieu, Intelligence pure, dont l'activité ne connaît pas de limites. Toutefois, en admettant l'existence éternelle du monde, émanation continue mais nécessaire de l'essence divine, ils allaient nettement à l'encontre de l'idée de création, chère au Coran comme à la Bible, et qui explique l'origine du monde par un acte libre de Dieu tirant le monde du néant et le façonnant selon sa volonté libre et personnelle.

On comprend facilement que les « gens de la Tradition » voyaient dans l'activité des philosophes une entreprise suspecte, et, au mieux, inutile. Paradoxalement, cela n'a pas empêché d'éminents philosophes arabes musulmans d'acquérir en Occident chrétien une notoriété et une écoute dont témoignent, par exemple, les écrits du grand théologien Thomas d'Aquin. On pense ici à des noms comme Avicenne (Ibn Sīnā, 980-1037) et Averroès (Ibn Rushd, 1126-1198).

Après l'attaque d'al-Ghazzali (1058-1111) contre les thèses des philosophes, ces derniers durent se réfugier dans deux champs d'action acceptés : le *kalām* et le soufisme (mystique). Ce dernier s'est avéré une terre d'accueil féconde pour un nouveau mouvement philosophique mené cette fois par des penseurs musulmans iraniens. Cette nouvelle lignée, qu'on peut qualifier de « philosophie religieuse » ou de « théosophie », débute avec l'œuvre de Shibab al-Din al-Suhrawardi (1155-1191)[39], qui apparaît comme une résurrection de la philosophie de l'ancienne Perse, une philosophie de

39. L'originalité de ce courant de pensée a été particulièrement mise en relief par Henri Corbin, notamment dans son *Histoire de la philosophie islamique* (Paris, Gallimard, 1964) et dans son œuvre maîtresse *En Islam iranien, aspects spirituels et philosophiques* (Paris, Gallimard, 1971-1973, 4 vol.).

l'illumination. Cette dernière connaît sa formulation achevée dans l'œuvre d'al-Shirazi (mort en 1640), elle-même profondément influencée par le mystique Ibn al-'Arabi (1165-1240).

Une des doctrines originales de cette école de pensée, c'est celle du « monde imaginal » ou « domaine des similitudes ». Il s'agit d'un monde ontologique intermédiaire entre les réalités spirituelles et les réalités matérielles, une sorte de carrefour où les réalités spirituelles d'en haut prennent la forme d'images concrètes et où les corps matériels grossiers se changent en corps subtils et en images. Plus réel que le monde palpable et visible, cet univers est celui où se déroulent les événements de la métahistoire qui reconduit l'homme à sa destinée, à « l'Orient des lumières », l'arrachant aux ténèbres de « l'exil occidental ».

La vie de la Communauté : rituels, pratiques, groupes

L'intérêt relativement mineur accordé à la théologie (*kalām*) et à la philosophie reflète peut-être le fait que l'islam est une religion tournée vers l'engagement pratique plus que vers la spéculation, que les musulmans sont plus préoccupés de foi en action que de motivations métaphysiques. Cela se manifeste dans l'attachement aux rituels et aux pratiques, qui sont relativement simples et sobres, le plus souvent dépourvus d'éclat et de faste.

Les « cinq piliers de l'islam »

Appelées les « piliers de l'islam », les cinq prescriptions fondamentales de l'islam sont la profession de foi (*shahāda*), la prière (*ṣalāt*), le jeûne (*ṣawm*), l'aumône (*zakāt*) et le pèlerinage (*ḥajj*). Le musulman a l'obligation de professer sa foi en récitant simplement la formule : « Il n'y a de Dieu qu'Allah, et Mahomet est le Prophète d'Allah. » La prière rituelle quotidienne, deuxième pilier de l'islam, s'effectue cinq fois par jour : à l'aube, au milieu du jour, dans l'après-midi, au coucher du soleil et le soir. Étant avant tout un acte d'hommage et de louange, cette prière n'implique pas l'idée de demande ou encore de relation intime avec Dieu ; ce dernier aspect appartient plutôt à la sphère du soufisme (mystique) ou de la piété personnelle. Chaque séance de prière est précédée d'ablutions visant la pureté rituelle et comporte deux à quatre *rak'a* (« séquence ») selon l'heure ; chaque séquence comprend des paroles et des gestes (inclinaison, prosternation, etc.). La prière peut se faire à domicile ou dans tout autre endroit, pourvu que le fidèle se tourne vers La Mecque et sacralise le lieu choisi en le délimitant par un tapis pour le séparer du reste du monde. Le vendredi midi, la prière se fait à la mosquée (*masjid* : « lieu où l'on se prosterne ») et elle est suivie d'un sermon prononcé par l'imam[40]. Ce rassemblement à portée sociale aussi bien que religieuse constitue l'acte par excellence de la Communauté.

Le jeûne, troisième pilier de l'islam, occupe tout le neuvième mois (*Ramaḍān*) du calendrier musulman. Entre le lever et le coucher du soleil, le croyant doit s'abstenir de manger, de boire, de fumer et d'avoir des relations sexuelles. Le jeûne est destiné à libérer le croyant des passions pour le rapprocher d'Allah.

Le quatrième pilier de l'islam, l'aumône, est placé par le Coran (*Cor.* 2 : 254, 262-265) sur le même pied que la prière. On distingue l'aumône légale (*zakāt*) que la Tradition assimile à une « dîme » obligatoire, et l'aumône spontanée (*ṣadaqa*).

Pour se conformer au cinquième pilier de l'islam, tout musulman[41] qui le peut doit faire le pèlerinage à La Mecque au moins une fois dans sa vie. Le pèlerinage comporte deux séries de rites : l' *'umra* et le *ḥajj*. Centré sur la Ka'ba, l' *'umra* correspond aux rites préislamiques selon lesquels le pèlerin fait sept fois le tour de la Ka'ba (édifice rectangulaire qui contient la « pierre noire »), boit de l'eau du puits zamzam et fait sept fois l'aller-retour entre la colline de Safa et celle de Marwa. Le *ḥajj*, quant à lui, est centré sur la montagne 'Arafa et sur le personnage d'Abraham. Le rite central est la « *station* debout », qui dure de midi jusqu'au coucher du soleil. Parmi les autres rites, mentionnons la lapidation d'une stèle appelée « le grand démon » et le sacrifice d'une victime (agneau, volaille) ; au même moment, des sacrifices semblables associent l'ensemble des croyants à la « grande fête ».

Le pèlerinage donne également aux croyants l'occasion d'aller à Médine pour y vénérer le tombeau du Prophète. Au-delà de ses composantes proprement religieuses, le pèlerinage comporte une dimension sociopolitique très marquée : il stimule chez les musulmans le sentiment d'appartenance à l'*umma* (Communauté musulmane), la fierté devant

40. Il s'agit ici de celui qui dirige la prière, qui a un rôle fonctionnel. Il ne faut pas le confondre avec l'imam chiite, qui a un rôle doctrinal, spirituel, comme on l'a vu précédemment (ci-dessus, p. 173).
41. Le territoire sacré de La Mecque est interdit aux non-musulmans (*Cor.* 2 : 28).

l'expression spectaculaire de la force et de l'unité de l'islam. Le sentiment d'égalité entre tous les humains, peu importe leur race ou leur statut social, est symbolisé par le fait que tous les pèlerins portent une simple tunique blanche.

Autres prescriptions, interdictions et coutumes

Outre les cinq piliers, l'islam comporte d'autres prescriptions et coutumes. C'est à la collectivité musulmane, et non à chaque individu, qu'incombe le devoir de lutter pour la défense ou pour l'établissement de l'islam, activité nommée *jihād* par le Coran (*Cor.* 2 : 190-193 ; 9 : 36). À l'origine, à Médine, il s'agissait d'une lutte armée contre les polythéistes. Mais bientôt, faisant suite à l'expansion rapide de l'islam, la Tradition musulmane transposera cette obligation au plan moral en considérant la lutte armée comme le « petit *jihād* » et le combat contre les vices et les passions comme le « grand *jihād* ». Un courant moderne voit dans l'activité prosélytique un accomplissement du devoir de *jihād*, tandis que certains groupes islamistes radicaux tentent de récupérer le *jihād* à des fins politiques pour justifier leurs attentats terroristes.

Le Coran interdit aux croyants de manger de la viande de porc (*Cor.* 2 : 173), de boire du vin et de s'adonner aux jeux de hasard (*Cor.* 5 : 90-91). Ces deux derniers représentaient des plaies sociales dans l'Arabie préislamique, et ils en amenaient souvent une troisième, l'endettement lié à des emprunts à des taux d'intérêt excessifs ; le Coran condamne donc la pratique du prêt à intérêt (*Cor.* 2 : 275-276, 278-280) qui multiplie la dette initiale[42]. Même si elle n'est pas mentionnée dans le Coran, l'interdiction de représenter les êtres vivants par des images est apparue assez tôt en islam. En effet, on voyait dans la création d'images d'êtres animés un danger d'idolâtrie aussi bien qu'une forme de concurrence à la Puissance créatrice d'Allah.

42. Le droit musulman traditionnel a recours à des expédients imaginatifs pour contourner cette interdiction, tandis que des musulmans modernistes soutiennent que ce qui est condamné, sous le terme *riba*, ce n'est pas le prêt à intérêt, mais bien son excès, le prêt usuraire, fléau qui sévissait à La Mecque au temps du Prophète.

La vie des musulmans est balisée par des rites de passage. Au-delà des particularités locales, des pratiques traditionnelles marquent les moments les plus importants de la vie des croyants. Ainsi, la naissance d'un enfant est soulignée par la cérémonie du *tasmīya* (imposition du nom)[43].

Le mariage musulman comporte deux étapes. La première fête souligne l'établissement du contrat de mariage scellé par le consentement des conjoints. La deuxième constitue la célébration principale, quelques jours plus tard, lorsque la fiancée est conduite en grand apparat à la maison de son promis. Les festivités peuvent alors s'étaler sur plusieurs jours, parfois au prix d'un endettement considérable.

La Loi demande que la profession de foi soit récitée à l'oreille du croyant qui est à l'article de la mort. Après le décès, le corps est lavé comme chez les Juifs, et il n'est pas embaumé ; on récite ensuite des passages du Coran parlant de la résurrection des morts (*Cor.* 36 : 12, 48-65). Puis, sans plus attendre, le cortège se rend à la mosquée pour une prière, et de là au cimetière où le défunt est enseveli la tête tournée vers La Mecque.

Le déroulement de l'année est ponctué de fêtes dont les deux principales sont l' *'id al-Fitr*, ou « Petite fête », et l'*id al-Adha*, ou « Grande fête ». Célébrée avec plus d'éclat que la « Grande fête », la « Petite fête » marque la fin du jeûne du Ramadan ; fiers et bien vêtus, les croyants se donnent l'accolade au sortir de la mosquée et échangent cadeaux et cartes de souhait. Soixante-dix jours plus tard, c'est la « Grande fête », où les familles musulmanes s'associent au sacrifice des pèlerins de La Mecque en offrant une victime ; il y a aussi échange de cadeaux, de visites et repas de fête. Outre ces deux fêtes, des célébrations commémorent l'anniversaire de naissance du Prophète, la « descente » du Coran comme révélation, l'« Ascension » ou « voyage nocturne » du Prophète au ciel.

L'unité et le sentiment d'appartenance de la Communauté musulmane sont aussi favorisés par des institutions comme la mosquée (*masjid*) et l'école coranique (*madrasa*). Mais cette unité n'est pas monolithique ; elle cohabite avec une assez grande diversité manifestée dans l'existence de groupes ou sectes ainsi que dans les différences culturelles, régionales et nationales.

43. La circoncision n'est pas prescrite par le Coran, mais par la Tradition. La pratique de l'excision du clitoris n'est mentionnée ni par le Coran ni par la Tradition ; antérieure à l'islam, cette coutume appartient à certaines cultures locales aussi bien non-musulmanes que musulmanes et n'a rien de proprement islamique, même si certaines musulmanes en sont venues à croire qu'il s'agit là d'un devoir religieux auquel on ne doit pas se soustraire, quel que soit le milieu où l'on vit.

Pluralité religieuse, ethnique et culturelle

Outre les chiites, dont nous avons parlé plus haut[44], il y a des groupes qui ont fait leur apparition plus récemment, et qu'on peut considérer comme des sectes. Le XIXe siècle voit surgir trois sectes largement syncrétistes : le mouvement *Ahmadiyya* en Inde, le babisme et le baha'isme en Iran. Le mouvement *Ahmadiyya*, fondé en Inde par Ghulam Ahmed (1839-1908), est marqué par des influences hindoues et occidentales, et son aile missionnaire très active, l'*Ahmadiyya Anjuman*, fait des convertis dans plusieurs pays d'Asie, d'Europe et d'Amérique.

Sur un fond chiite, le babisme s'est présenté comme une religion nouvelle quand, en 1844, Mirza Ali Muhammed s'est proclamé *Bab*, c'est-à-dire la « porte » ouvrant sur des connaissances divines. Réprimé par le gouvernement iranien, le mouvement a refait surface sous la forme d'un nouveau mouvement institué en 1863 par Baha'Ullah, qui se donnait pour tâche de fondre toutes les religions en une religion universelle fondée sur l'amitié et l'égalité afin de réconcilier tout et tous dans l'amour de Dieu. Aujourd'hui connu sous l'appellation de « foi bahaï » ce mouvement a intégré des idées humanitaires modernes et s'est répandu comme religion distincte de l'islam en Afrique, en Europe et en Amérique.

Aux États-Unis, les Black Muslims ont pour origine l'activité d'un colporteur blanc, W.D. Fard, qui, en 1930, commença à prêcher que l'islam est la « religion de l'homme noir ». Sous son successeur, Elijah Mohammed, le mouvement a connu un essor phénoménal, en particulier auprès des militants noirs. Un rapprochement avec la communauté musulmane internationale pendant les années 1960, en particulier le pèlerinage de Malcolm X à La Mecque, a assoupli les conceptions des Black Muslims et a fait s'estomper l'image de violence et d'agitation parfois liée au mouvement par l'opinion publique américaine. Plus récemment, Louis Farrakhan s'est fait le propagandiste d'un nouveau mouvement, « The Nation of Islam », qui suscite à la fois l'admiration par sa capacité de mobilisation auprès des jeunes Noirs qu'il arrache à la délinquance, mais aussi une certaine perplexité en raison d'une composante raciale qui rappelle celle des Black Muslims à leurs débuts.

Au-delà des groupes et des sectes, la diversité que l'on trouve dans l'islam réside surtout dans le pluralisme culturel provenant des divers peuples et nations qui, tout en adoptant l'islam officiel, lui impriment

44. Voir p. 172.

l'empreinte des mentalités et des coutumes locales. Présente tout au cours de l'histoire, la capacité d'adaptation et d'inculturation de l'islam est évidente encore aujourd'hui, par exemple en Afrique, et contribue sans doute à faire de l'islam la religion qui connaît la plus grande croissance en ce qui a trait au nombre d'adeptes.

Pluralisme et souplesse d'adaptation, ces traits qui, croyons-nous, caractérisent l'islam, sont loin d'être évidents pour l'observateur occidental dont le champ de vision est souvent obnubilé par l'image de la femme musulmane voilée. L'islam se conjugue au pluriel par ses mille et un visages, mais se conjugue-t-il au féminin ? La situation de la femme dans l'islam se réduit-elle à l'occultation ?

La femme, face cachée de l'islam ?

Pour peu qu'on élargisse l'horizon, on constate que la condition des femmes musulmanes n'est pas uniforme et n'est pas statique : elle varie considérablement d'un pays musulman à l'autre et elle peut changer en un laps de temps relativement court dans une région donnée. Ces variantes nombreuses et importantes sont donc un coefficient qui affecte les considérations générales qui suivent.

Le Coran

Dans la société patriarcale qu'était l'Arabie du VIIe siècle, le Coran et l'action du prophète Mahomet ont amené une amélioration dans la condition de la femme en remplaçant l'arbitraire masculin des coutumes flottantes par des lois et des droits fixés dans le Livre sacré.

Avant l'islam, la naissance d'une fille était considérée comme une déveine que les pauvres tentaient parfois de corriger en enterrant les filles à la naissance. Le Coran (*Cor.* 16 : 57-59 ; 6 : 137) condamne cette pratique comme étant un affront à la générosité d'Allah. Pour le Coran, l'homme et la femme sont, l'un pour l'autre, un vêtement (*Cor.* 2 : 187). Les femmes ont des « droits équivalents à leurs obligations », même si les hommes ont une certaine prééminence sur elles (*Cor.* 2 : 238), et que « les hommes ont autorité sur les femmes », notamment en raison de leur rôle de pourvoyeurs. Les femmes peuvent agir comme témoins, mais il faut le témoignage de deux femmes pour remplacer celui d'un homme (*Cor.* 2 : 282). En matière de succession la part allouée à une femme est la moitié de celle d'un homme (*Cor.* 4 : 176). Ayant les mêmes devoirs religieux que les hommes, les croyantes auront droit à la même récompense, le Paradis.

En ce qui a trait au mariage, le Coran rejette la polygamie illimitée en réduisant à quatre le nombre d'épouses qu'un musulman peut légalement avoir, et cela à condition de pouvoir les traiter de façon équitable (*Cor.* 4 : 3), ce qu'un autre passage affirme être pratiquement impossible (*Cor.* 4 : 129)[45]. Tout en recommandant l'arbitrage entre les époux quand il y a discorde (*Cor.* 4 : 35), le Coran (*Cor.* 2 : 227-232) réglemente la répudiation (divorce prononcé par le mari) de façon que cette démarche ne soit pas faite à la légère et que les avantages ne soient pas tous du côté de l'homme.

La Loi islamique

La Loi islamique traditionnelle (*sharī'a)* reprend les dispositions du Coran et en précise les modalités d'application. En ce qui a trait au mariage, il convient de mentionner l'institution du *mahr* (douaire, cadeau nuptial) que le mari s'engage à verser à l'épouse et non au père de l'épouse, comme c'était le cas avant l'islam. Cette somme d'argent représente une forme de sécurité pour la femme et vient limiter la liberté du mari de la répudier. En effet, la forme la plus courante de divorce consiste en un acte unilatéral et extrajudiciaire, c'est-à-dire la répudiation (*ṭalāq*) de la femme par le mari, qui doit alors verser le douaire, s'il ne l'a pas déjà fait. L'épouse, elle, peut obtenir le divorce par entente avec son mari, moyennant libération mutuelle des obligations financières, ou en rachetant sa liberté. Elle peut aussi s'adresser au juge (*qāḍī*) pour demander la dissolution du mariage pour des motifs précis et limités, comme l'impuissance du mari, son absence prolongée, son défaut de pourvoir aux besoins de la famille. Mais, avant d'en arriver au divorce, on doit avoir recours à l'arbitrage demandé par le Coran (*Cor.* 4 : 34).

Toujours selon le droit musulman traditionnel, un musulman peut épouser une non-musulmane parmi les « gens du Livre », c'est-à-dire une juive ou une chrétienne ; les enfants sont alors considérés comme musulmans et doivent être éduqués dans la foi musulmane. Une musulmane, elle,

45. En rapprochant ces deux passages par un syllogisme, les musulmans modernistes soutiennent que le Coran favorise la monogamie. La loi tunisienne du statut personnel de 1957 poussera encore plus loin ce raisonnement en prohibant la polygamie.

ne peut épouser qu'un musulman ; en contexte de famille patriarcale, où l'épouse passe à la famille du mari, le mariage d'une musulmane avec un non-musulman équivalait pratiquement à une apostasie.

La situation actuelle

Les dispositions du Coran et de la Loi islamique traditionnelle ont apporté une nette amélioration à la situation de la femme musulmane et ont conféré à celle-ci des droits à tout le moins comparables à ceux qu'avaient les femmes en Europe à la même époque. Mais, à la période moderne, ces mêmes dispositions, si elles sont appliquées à la lettre, vont à l'encontre de nombreuses revendications féministes et tout simplement aussi, dans bien des cas, à l'encontre de l'égalité et des libertés reconnues par les chartes modernes des droits de la personne.

Il devient donc très important de distinguer entre, d'une part, les données du Coran et de la Loi islamique traditionnelle et, d'autre part, la façon dont les musulmans comprennent et appliquent ces données en contexte moderne. On ne peut présumer que les dispositions du Coran et de la Loi représentent la situation de fait qui a cours aujourd'hui dans les pays musulmans. Comme nous allons le voir un peu plus loin, l'islam a connu au XIXe et surtout au XXe siècle des réformes qui ont transformé bien des secteurs de la vie des musulmans, y compris celui des relations entre hommes et femmes. On pense en particulier aux mesures, prises par la plupart des pays musulmans, visant à abolir la polygamie, le mariage des enfants, la répudiation unilatérale par le mari, et visant globalement à promouvoir l'égalité entre hommes et femmes dans la vie publique aussi bien que familiale.

On ne peut en même temps s'empêcher de constater que plus récemment, à partir des années 1980, la modernisation de l'islam a été remise en cause par la montée de l'islamisme (intégrisme de certains groupes musulmans). Dans les pays où les islamistes arrivent à prendre le pouvoir ou à exercer des pressions suffisantes sur le gouvernement en place, sous le couvert d'un retour au Coran et à la Loi islamique, la situation de la femme devient d'autant moins enviable que l'application du Coran et de la Loi est plus littérale que ce qu'avait connu l'islam traditionnel.

Le voile

L'image de la femme voilée en est venue à symboliser ce qui, pour les uns, est un recul vers le Moyen Âge aux dépens des droits de la personne et, pour les autres, un pas en avant dans le rétablissement des droits de Dieu. On peut s'étonner qu'un bout de tissu en apparence aussi banal que le foulard dit islamique soulève autant de passions et d'affrontements, en particulier en Europe et en Amérique. Mais l'histoire peut aider à comprendre toute la charge émotive véhiculée par le voile[46] à partir du moment où, en plus de son caractère fonctionnel, il a acquis une valeur de symbole.

Le port du voile existait en Arabie bien avant l'islam, mais il n'était pas généralisé, et répondait d'abord au besoin de protection contre les rigueurs du climat au désert. Le Coran recommande aux épouses du Prophète de « se couvrir de leurs voiles » (*Cor.* 33 : 55, 59). Dans le contexte matériel modeste et rudimentaire qui était celui de la maison du Prophète à Médine, le port du voile protégeait les femmes du Prophète des regards indiscrets des visiteurs qui affluaient à certains moments pour traiter avec le Prophète. Un autre passage du Coran (*Cor.* 24 : 31, 60) étend cette recommandation aux croyantes en général en liaison avec le devoir de modestie qui leur incombe.

Par la suite, le port du voile s'est répandu chez les musulmanes, mais pas partout, et sans constituer un signe distinctif de l'appartenance à l'islam : que ce soit en Inde ou en Europe, il y avait des non-musulmanes qui portaient le voile, et, chez les musulmanes, le Coran était interprété et appliqué par des docteurs qui tenaient compte de la culture et des coutumes locales. Il ne s'agissait donc pas d'une obligation religieuse stricte s'appliquant de façon universelle comme l'étaient, par exemple, la prière et les autres « piliers de l'islam ».

À la période moderne, le port du voile a été particulièrement touché par les réformes et par la modernisation. En Turquie, cas le plus poussé de sécularisation, dans la foulée de l'abolition du califat (1924), de la suppression du statut de religion d'État pour l'islam, de l'abolition de la *sharī'a* et de la suppression des ordres soufis, le port du voile a été interdit[47]. Ailleurs, le port du voile a connu un déclin à mesure que se faisait sentir l'influence

46. Nous utilisons ici le terme « voile » (*ḥijāb*) en un sens générique qui s'applique aux différentes formes (*pordah*, *tchador*, *bourqou*, *litham*, etc.) que prend le voile selon les aires culturelles et le statut social ou économique de celles qui le portent, depuis le petit foulard qui couvre les cheveux jusqu'à la tunique qui couvre des pieds au sommet de la tête avec des orifices pour les yeux. Notons aussi que les termes qui désignent un même type de voile varient d'un pays à l'autre, et qu'un même terme peut désigner des formes différentes.

47. Le caractère draconien de ces mesures a amené des réactions et, en 1950, des modifications ont été apportées à certaines de ces mesures.

occidentale. Associé à la modernisation, l'abandon du voile est ainsi devenu une sorte de symbole de l'émancipation de la femme musulmane, de son entrée dans le monde moderne des valeurs occidentales.

Dans la mesure où l'abandon du voile a été associé à la mise en veilleuse de l'islam dans la vie publique au profit de valeurs et d'institutions occidentales, il ne faut pas s'étonner que le retour au port du voile, obligatoire ou spontané, soit devenu un des éléments les plus visibles et les plus médiatisés de ce qu'on a appelé « le renouveau islamique » ou « la révolution islamique ». Présenté par les intégristes islamistes comme étant un devoir religieux strict et universel, le port du voile est souvent imposé par la force et parfois par la violence et les menaces. Souvent aussi, il s'accompagne de mesures limitant l'accès des femmes à l'éducation et au travail, ainsi que d'une application littérale du Coran et de la Loi islamique en matière de statut personnel, de droit de la famille et de droit pénal.

Pour bien des gens, musulmans et non-musulmans, le port du voile est devenu le symbole du rejet des valeurs modernes occidentales, d'un retour à l'islam dans une version pure et dure que les islamistes présentent comme l'islam traditionnel. On ne peut évidemment présumer que telle ou telle musulmane qui porte le voile condamne le monde occidental, souscrit au courant islamiste et manifeste sa soumission à la domination masculine[48]. Mais si elle se trouve en Europe ou en Amérique, ses motifs personnels risquent fort d'être occultés par les connotations de discrimination et de violence à l'égard des femmes, connotations grossièrement ou subtilement associées à l'image de la femme voilée.

Signe polyvalent et ambigu, le voile reflète une ambivalence encore plus fondamentale, qui est celle de l'islam face à la modernité. Dans les valeurs et les institutions modernes, beaucoup de musulmans reconnaissent des valeurs qui font partie du patrimoine traditionnel de l'islam et qui leur appartiennent aussi bien qu'au reste de l'humanité. Mais, en même temps, ils ressentent un malaise du fait que la modernité s'est présentée à eux sous les traits étrangers de l'occidentalisation. En principe, il n'y a pas d'opposition entre islam et modernité. Mais, dans le concret de l'histoire où la modernité passe en bonne partie par l'occidentalisation, jusqu'où peut-on

48. Aussi paradoxal que cela puisse paraître, certaines voient même dans le port du voile une forme de « féminisme islamique », une façon de se démarquer des féministes occidentales tout en revendiquant face aux hommes une égalité que leur confère l'islam « s'il est bien compris ».

être moderne tout en conservant son identité comme musulman ? La modernité a de quoi attirer et en même temps de quoi remettre en question. En ce sens, elle constitue une épreuve, un test d'identité pour l'islam.

L'ÉPREUVE DE LA MODERNITÉ

Comment peut-on expliquer que les musulmans, après avoir été pendant des siècles à l'avant-garde de la civilisation et du progrès et avoir permis le surgissement de la Renaissance européenne, se soient retrouvés à la remorque de l'Occident à l'orée de la période moderne ?

Le déclin de l'islam et la mainmise coloniale

Si l'islam s'est trouvé en si fâcheuse position, c'est qu'il avait connu un déclin attribuable à divers facteurs. Sur le plan religieux, on a signalé précédemment une sorte de stagnation de la pensée religieuse et d'institutions comme la *sharī'a* (Loi islamique), ainsi que la dégénérescence du soufisme.

Sur le plan sociopolitique, on peut invoquer, comme suite aux invasions mongoles du XIIIe siècle, l'affaiblissement du pouvoir central du califat, le morcellement en empires régionaux plus ou moins indépendants. Sur le plan économique, l'agriculture a connu un affaiblissement notable à cause des invasions, mais aussi à cause d'une surexploitation du sol et des forêts se traduisant par une désertification progressive de vastes territoires arables. Le commerce a lui aussi subi une baisse marquée par suite des découvertes navales des Européens. En contournant l'Afrique du Sud pour atteindre l'Inde et la Chine, ces derniers pouvaient dorénavant éviter la Méditerranée, dont le contrôle avait été si profitable aux musulmans. En même temps, les incursions européennes en Amérique eurent pour effet d'inonder d'or et de métaux précieux les marchés financiers et de faire dévaluer les réserves des empires musulmans.

Profitant du déclin musulman, les grandes puissances européennes allaient progressivement établir leur mainmise sur la plupart des territoires musulmans et entreprendre de les mettre à l'heure de l'Europe en les faisant entrer, de gré ou de force, dans l'ère moderne.

Il ne faudrait toutefois pas croire que la période moderne de l'islam est essentiellement l'histoire de l'impact de l'Occident sur une masse musulmane passive, victime de sa propre inertie. Une telle simplification peut être à la fois flatteuse pour le triomphalisme colonial et commode pour ceux qui veulent rendre le colonialisme responsable de tous les maux modernes de l'islam ; mais cette conception est démentie à tout le moins par l'existence de ce qu'on peut appeler les mouvements de réforme prémodernistes[49].

Les mouvements de réforme prémodernistes

Avant même les premières tentatives du modernisme musulman pour mettre en harmonie la religion avec les valeurs modernes en réponse au défi européen, des mouvements avaient surgi de l'intérieur même de l'islam, aux XVIIIe et XIXe siècles, pour faire face au déclin interne et remettre l'islam sur ses pieds.

On pense spontanément au mouvement wahhabite en Arabie, qui a fini par donner naissance au régime puritain qui prévaut encore aujourd'hui sous l'égide de la dynastie d'Ibn Séoud[50]. Mais des mouvements analogues se sont manifestés, parallèlement, avant ou après, aux quatre coins du monde musulman. En Inde, les plus connus ont été les mouvements de Shah Wali Allah de Delhi (1702-1762) et de son disciple Ahmed Barelawi (1782-1831). En Afrique du Nord, Ahmed Ibn Idris (mort en 1837) a été à l'origine d'un mouvement néo-soufiste que poursuivra son disciple al-Sanousi (1791-1859).

Que ce soit en Arabie, en Inde, en Afrique du Nord ou ailleurs, ces mouvements indiquaient un « réveil » de l'islam, réveil bientôt brusqué par l'intrusion des Occidentaux, mais qui révélait une vitalité et une capacité d'autocritique issues de l'islam lui-même. Au-delà de leurs différences régionales ou idéologiques, ces mouvements présentaient des caractéristiques communes. Tout d'abord, l'objectif visant à purifier la religion de la superstition, du laxisme moral et des écarts du soufisme. Ensuite, l'activisme sociopolitique pour réaliser cet objectif de réforme religieuse et sociale : au nom même de la foi religieuse, les croyants étaient invités à investir leurs énergies pour améliorer la situation politique, économique et sociale du monde musulman. Enfin, le modèle de société proposé par cet activisme réformateur : c'était l'islam primitif, celui du Coran et de la

---

49. L'expression est de Fazlur Rahman, *Islam*, Londres, p. 193-211 ; voir aussi Milot (1993), p. 167-171.
50. À cause des lieux saints de La Mecque et de Médine, l'Arabie, berceau de l'islam, demeure un haut lieu de l'islam. Mais la situation actuelle de l'Arabie est typique non pas de l'islam en général, mais plutôt du puritanisme en islam.

Communauté de Médine. Ce sont là des traits qui referont surface dans les mouvements islamistes des dernières années, avec la même capacité de mobilisation des masses.

Réponses à la modernité sur le plan de la pensée

L'impact de l'intrusion coloniale sur l'islam s'est fait sentir à la fois sur le plan de la pensée et sur le plan des faits. Sur le plan de la pensée, on peut, en simplifiant considérablement, repérer quatre grands courants : le traditionalisme, le réformisme, le fondamentalisme et le modernisme ; ces tendances interagissent et parfois s'entremêlent, la réalité étant beaucoup plus complexe que les représentations typologiques que l'on peut s'en faire. La première tendance, le traditionalisme, est celle des chefs religieux traditionnels et de l'islam officiel : ils considèrent que la Loi et la théologie de l'islam sont toujours valables en contexte moderne ; on n'a pas à les modifier, mais plutôt à s'en imprégner davantage. Pour eux, le problème n'est pas dans l'islam lui-même, mais plutôt chez les musulmans.

Pour d'autres, par contre, c'est l'islam lui-même qui pose problème et qui a besoin d'être réformé et reformulé. La première vague de réformisme, au XIXe siècle, a poursuivi deux objectifs. Il s'agissait d'abord, sur le plan religieux, de purifier la foi et la pratique religieuses et de hausser le niveau intellectuel des musulmans en rendant l'éducation moderne accessible au plus grand nombre d'individus. Ensuite, sur le plan politique, il fallait supprimer les causes de divisions entre les musulmans de façon à faire front commun pour défendre la foi islamique face à l'Occident. C'est ce que proposait al-Afghani (1838-1897), connu pour la vigueur de sa pensée et de son action. Pour lui, il fallait emprunter à l'Occident les moyens modernes, mais non la « philosophie matérialiste » qui les sous-tend. Son activité infatigable en a fait le promoteur du « panislamisme », idéologie qui visait à regrouper tous les musulmans sur la base de l'appartenance à l'islam pour assurer leur libération collective de la domination coloniale.

Un disciple d'al-Afghani, l'Égyptien Muhammed Abduh (1849-1905), a distingué la réforme politique de la réforme religieuse, et en particulier de la reformulation de l'islam. Il est particulièrement connu pour cette dernière : en mettant l'accent sur le rôle de la raison, il réinterprétait l'islam de façon à permettre l'acquisition des connaissances modernes. Ce faisant, sa formation d'expert en sciences religieuses lui permettait d'être écouté à la fois par les traditionalistes, pour qui il représentait une continuité avec le passé, et par les progressistes en quête d'idées nouvelles.

L'ambivalence de Muhammed Abdouh a donné naissance à une bifurcation du réformisme vers deux tendances différentes qui s'affrontent encore aujourd'hui : le fondamentalisme, qui veut réformer l'islam par un retour aux sources, et le modernisme, qui veut réformer l'islam en y introduisant des idées et des institutions modernes occidentales. Le Syrien Rashid Rida (1865-1935), disciple de Muhammed Abdouh, a été le chef de file du mouvement salafi, qu'on peut considérer comme un cas type de fondamentalisme. Comme les modernistes, Rashid Rida rejetait l'autorité des écoles de loi médiévales et faisait appel à la libre recherche (*ijtihād*) pour comprendre le Coran et la *sunna* du Prophète, les deux seules autorités qu'il reconnaissait. Mais, contrairement aux modernistes, il rejetait tout emprunt au libéralisme et au rationalisme occidentaux. L'influence de Rashid Rida s'est concrétisée dans l'apparition de fraternités « revivalistes » comme les « Frères musulmans », qui jouissaient d'une grande faveur auprès des masses. C'est en bonne partie à cause de ses assises populaires que le fondamentalisme a tenu en échec le modernisme, a freiné la modernisation et est devenu une composante importante des mouvements islamistes.

Alors que le fondamentalisme veut réformer l'islam pour ainsi dire par en arrière, en retournant aux fondements originels que sont le Coran et la *sunna*, les modernistes, eux, entendent réformer l'islam par en avant, en prenant comme critères et comme point de départ les idées et les institutions modernes, pour ensuite donner de l'islam une version qui soit compatible avec la modernité. Un promoteur typique du modernisme a été l'Indien Sir Sayyid Ahmed Khan (1817-1898), haut fonctionnaire du gouvernement britannique en Inde. Pour lui, la vraie justification de l'islam était sa conformité à la nature et aux lois de la science ; en conséquence, rien de ce qui va à l'encontre de ces deux principes ne pouvait être vraiment islamique. Sur cette base, il a entrepris, d'une part, de montrer aux coloniaux anglais que l'islam n'était pas ennemi du progrès et, d'autre part, de persuader les musulmans que la science et l'éducation moderne ne signifiaient pas la renonciation à l'islam mais plutôt sa protection. Il a fondé un collège à Aligarh (1875) dans lequel éducation religieuse et études scientifiques modernes allaient de pair.

Un autre Indien, Amir Ali (1849-1928), a publié en 1891 son livre *The Spirit of Islam*, qui popularisait le modernisme théologique et social. Trois des positions qu'il adoptait sont devenues courantes dans la pensée musulmane moderne. Tout d'abord, le prophète Mahomet était dépeint comme la personnification de toutes les vertus humaines (qui ressemblaient fort à celles d'un gentleman victorien...). Ensuite, l'enseignement du Prophète était formulé en des termes qui reflétaient l'idéal social du libéralisme anglais. Enfin, l'islam était présenté comme étant à l'avant-garde du progrès qui a permis plus tard à l'Europe de se démarquer. En conséquence, en adoptant la science et l'éducation occidentales, les musulmans ne faisaient que reprendre possession de leur propre héritage.

Le modernisme a influencé surtout les classes dirigeantes et s'est signalé moins par sa reformulation explicite de l'islam que par son action politique et sociale. Cette dernière devait aboutir à la conquête de l'indépendance, donnant naissance à des États-nations habituellement calqués sur le modèle occidental. À cet égard, le modernisme a favorisé le processus de sécularisation au sens où, tout en souscrivant aux dogmes fondamentaux de l'islam, les modernistes confient à l'État le bien-être et la destinée des citoyens ici-bas, tandis que leur bien-être spirituel et leur destinée dans l'au-delà sont laissés à la religion.

Contexte psychologique

Traditionalisme, réformisme, fondamentalisme et modernisme s'entrecroisent et souvent s'entrechoquent en raison du contexte psychologique dans lequel la modernité et le progrès se sont présentés, contexte très différent de celui des premiers siècles qui avaient propulsé l'islam à l'avant-garde du progrès. Sur le plan externe, aux premiers siècles, les musulmans étaient maîtres chez eux et décidaient eux-mêmes de ce qui était bon pour eux, tandis qu'à la période moderne ce sont d'abord les pouvoirs coloniaux qui ont décidé et imposé ce qu'ils croyaient être bon pour les musulmans. Sur le plan interne, les premiers musulmans n'avaient pas de tradition religieuse et socioculturelle très développée et ils pouvaient choisir parmi les idées et les institutions qu'ils trouvaient sur leur passage sans avoir l'impression d'abandonner une partie de leur patrimoine. À la période moderne, par contre, les musulmans ont souvent eu l'impression qu'ils devaient sacrifier un patrimoine religieux et social bien enraciné et éprouvé pour faire place à des nouveautés venues d'ailleurs. Dans la mesure où le progrès s'est présenté sous les traits d'une mise en tutelle, on peut penser que la résistance des musulmans a porté non sur le progrès lui-même, mais sur la façon dont il leur a été imposé. C'est à la lumière de ce contexte et de ces tendances qu'il faut comprendre, dans les faits, le processus de modernisation et de sécularisation qui a marqué l'islam moderne.

Modernisation et sécularisation dans les faits

Dans les faits, la modernisation est allée plus loin que ce que le modernisme est parvenu à légitimer sur le plan des idées. La lutte pour l'indépendance a été menée surtout par des classes dirigeantes éduquées à l'occidentale, qui s'appuyaient sur des principes sociopolitiques implantés par le pouvoir colonial. Le nationalisme a été la grande force motrice qui a secoué le joug colonial, si bien qu'au lendemain de l'indépendance les musulmans se sont retrouvés constitués non pas en califat ou en sultanat traditionnels, mais bien en États-nations souverains de type occidental.

Dans la plupart des cas, les nouveaux dirigeants politiques ont poursuivi la modernisation entreprise sous le régime colonial. Cela s'est traduit par l'adoption et l'adaptation d'institutions empruntées à l'Occident. Sur le plan politique, la plupart des pays musulmans ont retenu ou mis en place un système de représentation à l'intérieur d'une république ou d'une monarchie constitutionnelle, avec la distinction entre les pouvoirs législatif, exécutif et judiciaire. Sur le plan social, l'éducation a fait l'objet d'une modernisation de façon à inclure en particulier l'étude des sciences modernes, ce qui a souvent eu pour effet de marginaliser les écoles coraniques traditionnelles. Des mesures ont été prises pour améliorer la condition de la femme et lui donner accès à la vie publique. Sur le plan économique, on a procédé à des réformes agraires pour remplacer le système féodal, on a développé l'utilisation des technologies modernes et on a mis en place des infrastructures industrielles et commerciales en utilisant dans bien des cas les revenus du pétrole.

La réforme de la *sharī'a*, du droit musulman traditionnel, peut être considérée comme un cas type de modernisation. Beaucoup de changements ont été effectués EN FAIT en fonction du monde moderne, que ce soit en droit civil, commercial ou pénal. Le droit de la famille, fortement marqué par le Coran, a souvent connu des modifications importantes, telles que l'abolition de la polygamie, de la répudiation unilatérale par le mari ; les tribunaux traditionnels de la *sharī'a* ont été remplacés ou contournés par la mise en place de tribunaux séculiers, incluant des tribunaux d'appel culminant en une cour suprême ; dans ces tribunaux, la procédure et la preuve sont le plus souvent dérivées de codes européens.

Pour effectuer ces changements, des fondements EN DROIT ont été invoqués par les modernistes pour légitimer, sur le plan religieux, les changements opérés sur le plan des faits. Les motifs invoqués ont été le droit traditionnellement reconnu aux gouvernants d'établir des règlements administratifs, et le recours à la libre recherche (*ijtihād*) pour donner une interprétation nouvelle du Coran et de la Tradition. Ces arguments religieux, invoqués pour légitimer des mesures inspirées par des préoccupations nettement séculières, n'ont pas toujours convaincu les chefs religieux et le sentiment populaire, si l'on en juge par les réactions récentes à ces réformes. Cela illustre ce qui s'est passé dans l'ensemble de la société : les faits ont précédé la pensée, cette dernière étant débordée par l'accélération du vécu.

À plus ou moins long terme, la modernisation se trouve conditionnée par la légitimation qu'on peut lui donner sur le plan religieux. Le déphasage entre la pensée et le vécu se traduit par une crise d'identité où le croyant moyen se sent tiraillé entre deux allégeances, entre deux modèles de société, sans pouvoir s'identifier complètement à aucun des deux. Ce sont ces deux modèles qui, peut-on penser, s'affrontent dans la montée actuelle de l'intégrisme islamiste face aux régimes politiques issus de l'héritage colonial.

Tiraillements entre deux allégeances

Dans le modèle SÉCULIER mis en place à la suite des succès du nationalisme comme force de libération politique, l'État-nation est le centre de gravité du projet de société. La souveraineté appartient au peuple, et le pouvoir législatif à ses représentants élus. L'État-nation est axé sur le bien-être ici-bas et se présente comme le lieu d'intégration des divers secteurs de la vie des citoyens ; dans cette optique, la religion est elle-même un facteur à intégrer à la vie collective plutôt qu'une force motrice et un centre de gravité de celle-ci.

Dans le modèle RELIGIEUX, l'islam représente une force de libération politique face aux régimes séculiers de type occidental et devient le centre de gravité du projet de société. Dans l'État islamique qui incarne ce modèle, la souveraineté appartient à Allah, et la *sharī'a* est la loi suprême qui régit les domaines législatif, exécutif et juridique. L'islam se veut l'inspiration et le lieu d'intégration des divers secteurs de la vie de la collectivité. L'État est au service de la religion, et ses dirigeants sont idéalement les croyants qui connaissent et pratiquent le mieux l'islam.

Le modèle religieux, resté jusque-là le lot de théoriciens plus ou moins marginaux[51], a fait une entrée fracassante sur la scène publique internationale lors de la « révolution islamique » iranienne de 1979. Ce qui explique

51. On peut penser au Pakistanais Abou al-Ala Mawdudi ou à l'Iranien Ali Shariati.

le succès de cette révolution et celui des mouvements islamistes qui ont suivi, ce sont, en grande partie, les déboires du modèle séculier sur la toile de fond de la crise de la modernité.

Crise de la modernité

Dans les décennies 1970 et 1980, le monde occidental a connu d'amères désillusions qui ont durement ébranlé la confiance aux idées et aux institutions modernes. La croyance au progrès et au développement illimités a dû céder le pas à l'instinct de conservation et de modération. Le conservatisme a fait des gains énormes aux dépens du progressisme. La crise du pétrole (1973) a mis à nu la fragilité du système économique occidental ; le krach des marchés boursiers (1987) a confirmé cette fragilité en l'assortissant d'un sentiment d'impuissance devant un phénomène incontrôlable. L'État-providence a dû reconnaître ses limites à l'égard de la pauvreté et du chômage. Sur le plan international, l'ONU s'est révélée de plus en plus incapable d'assurer le respect des droits de la personne, la justice étant asservie au pouvoir et à la force.

Devant cette crise de civilisation, des gens de diverses croyances ont cherché refuge dans la religion, considérant que cette situation chaotique dénotait clairement l'incapacité de l'humanité à édifier un bonheur terrestre sans compter sur un au-delà pour inspirer et orienter les valeurs et les institutions de la société. Dans bien des cas, ces croyants se tournent vers l'action politique pour combattre des mesures gouvernementales qui vont à l'encontre de ce qu'ils estiment être « les droits de Dieu ». Chez les radicaux, on passe de l'intolérance à la violence et le mélange religion-politique devient particulièrement explosif.

Retour de l'islam

Le contexte global de civilisation que nous venons d'évoquer affecte aussi le monde musulman. L'État-nation a déçu bien des espoirs qu'il avait suscités : la loyauté à la nation n'a pas su rallier les régionalismes culturels et politiques et résister aux menaces de morcellement territorial. Le changement de classes gouvernantes a déplacé sans les alléger les clivages socio-économiques entre les nantis et les classes pauvres.

Si les mouvements islamistes ont pu s'approcher du pouvoir, c'est qu'ils ont su canaliser sous la bannière de la religion le mécontentement et le désenchantement des classes populaires. Le rejet du modèle séculier s'accompagne habituellement du rejet de la société occidentale qui est à l'origine de ce modèle. Sur le plan politique, cela signifie qu'il faut renverser les gouvernements calqués sur les modèles occidentaux pour les remplacer par un « État islamique ». Fondé sur la volonté et la sagesse divines, cet État saura guérir les maux de la société et, croit-on aussi, ceux de l'humanité entière.

Quand on parle de « révolution islamique », de « renouveau islamique », de « retour de l'islam » et d'« islamisme », il faut faire des distinctions et se rendre compte que les musulmans sont loin de loger tous à la même enseigne. En effet, c'est une chose de se tourner vers la foi et la pratique religieuses pour y trouver un réconfort spirituel dans un monde agité qui se cherche, et c'en est une autre de se tourner vers la violence, d'utiliser le sentiment religieux à des fins politiques pour prendre le pouvoir et imposer un régime tyrannique travesti en Loi islamique. Comme beaucoup de croyants de diverses religions, bon nombre de musulmans redécouvrent l'importance des préoccupations spirituelles sans pour autant renier leurs responsabilités à l'égard de la société dans laquelle ils vivent. Ils entendent se conformer aux préceptes divins sans porter atteinte à la dignité humaine et aux droits de la personne. Parmi les musulmans, comme chez d'autres groupes, c'est une minorité infime mais très médiatisée qui tient des positions extrêmes et pour qui la fin justifie les moyens, quel qu'en soit le coût en vies humaines ou en oppression de groupes ciblés, comme les femmes et les non-musulmans.

Conclusion

Au cours des siècles, à travers le flux et le reflux des mouvements de pensée et d'action, l'instinct des croyants musulmans a toujours réussi à se dissocier des positions radicales, à rejeter les extrémismes pour trouver son chemin dans un juste milieu. Cet instinct d'équilibre qui caractérise la carrière historique de l'islam, il est permis de croire qu'il est encore à l'œuvre aujourd'hui. Si tant est que l'histoire se répète, on peut penser que les musulmans, au-delà des soubresauts qui secouent la planète en cette fin de millénaire, vont poursuivre leur démarche d'ajustement aux réalités historiques et faire émerger graduellement des façons nouvelles de traduire leur attachement au Coran et au Prophète.

Bibliographie

Encyclopédie de l'Islam (1913-1942). Leyden, Brill, 1re édition, 2e édition en cours.

ARBERRY, A.J. (1988). *Le soufisme. La mystique de l'Islam,* s.l., Éd. Le Mail.

COULSON, Noël J. (1995). *Histoire du droit islamique.* Traduit de l'anglais par Dominique Anvar. Paris, PUF.

DANIEL, Norman (1993). *Islam et Occident*, Paris, Cerf.

GARDET, Louis (1978). *L'Islam, Religion et Communauté*, Paris, Desclée.

GLASSÉ, Cyril (1991). *Dictionnaire encyclopédique de l'Islam*, Paris, Bordas.

LEWIS, Bernard (1985). *Le retour de l'Islam*, Paris, Gallimard.

LEWIS, Bernard (dir.) (1981). *L'Islam d'hier à aujourd'hui*, Paris, Elsevier.

MASSON, D. (trad.) (1980). *Le Coran*, Paris, Gallimard, 2 vol. (« Folio »).

MINCES, J. (1990). *La femme voilée*, Paris, Calmann-Lévy.

MILOT, Jean-René (1993). *L'Islam et les musulmans,* Montréal, Fides.

MILOT, Jean-René (1995). *Musulmans et chrétiens : des frères ennemis ?,* Montréal, Médiaspaul.

NAIM, Abd Allahi Ahmad an – (1990). *Toward an Islamic Reformation : Civil Liberties, Human Rights, and International Law,* Syracuse, Syracuse University Press.

POPOVIC, Alexandre et Gilles VEINSTEIN (dir.) (1996). *Les voies d'Allah : les ordres mystiques dans l'Islam, des origines à aujourd'hui,* Paris, Fayard.

RAHMAN, Fazlur (1966). *Islam*, Londres, Weidenfeld & Nicholson.

WATT, W.M. (1962). *Mahomet, prophète et homme d'État*, Paris, Payot.

cartographie

Frédéric Castel

De façon générale, l'extension mondiale des religions à vocation universelle est allée de pair avec celle des grandes civilisations et les déplacements de population qui les ont accompagnées. Le christianisme et l'islam se sont répandus dans le monde par les mêmes mécanismes que les religions universalisantes plus anciennes comme le bouddhisme et l'hindouisme (voir tome 1). Une chose a changé toutefois : ils bénéficièrent davantage de l'action menée par les États en leur faveur, une tendance qui ira en s'accentuant de l'Antiquité jusqu'à l'époque moderne.

Dans le monde chrétien, au-delà de l'action missionnaire qui fut importante dès l'origine, la conversion des souverains et des élites joua un rôle décisif dans la mesure où elle entraînait celle des populations. De plus, la conversion, encouragée sinon forcée, des peuples conquis visait à donner une plus grande cohésion politique au sein des États tant dans l'Europe médiévale que dans les colonies européennes de l'époque moderne.

Le rôle de l'État fut encore plus déterminant dans le monde musulman puisque le califat constituait un État théocratique mondial. Ainsi, l'extension originelle de l'espace islamisé suivra exactement celle de l'Empire. Plus tard, en périphérie des régions conquises, l'islam s'est propagé le long des grandes routes commerciales. En somme, la foi islamique doit son expansion dans le monde autant, sinon plus, aux conquêtes militaires qu'à l'action des lettrés, des prédicateurs et des commerçants.

Même si on a l'habitude d'associer les trois « religions monothéistes » dans une même filiation historico-religieuse, il reste que les dynamiques spatio-temporelles du christianisme et de l'islam sont sans rapport avec celle du judaïsme : la géographie actuelle des deux premières religions est la résultante de leur vocation universelle, alors que celle de la dernière n'est que le reflet d'une partie des pérégrinations des Juifs dans le monde.

Le judaïsme

Les premiers siècles de la Diaspora

Depuis l'Exil, Israël n'a pas cessé de tomber sous la coupe de plusieurs empires conquérants. Les Romains vassalisèrent le royaume en 64 avant l'ère chrétienne, puis l'anéantirent en 70. Interdits de séjour à Jérusalem, les Juifs furent nombreux à se disperser dans l'Empire romain, alors que d'autres s'installèrent à Babylone pour gagner, cinq siècles plus tard, la Perse, le Caucase, l'Asie centrale et l'Inde.

Les Juifs ashkénazes

La distinction entre ashkénazes et séfarades apparut au lendemain du partage de l'Empire carolingien. Jusqu'au XIIe siècle, les ashkénazes se concentraient autour du Rhin. À l'époque des croisades, les Juifs, persécutés en Allemagne et expulsés d'Angleterre et de France, se réfugièrent en Lituanie. Les persécutions qui sévissaient dans le Saint-Empire entre le XVe et le XVIIe siècle achevèrent de faire glisser le centre de gravité ashkénaze vers la Lituanie, la Pologne et l'Ukraine, alors en développement.

Dans les années 1880-1920, les pogroms de Russie incitèrent les Juifs à émigrer en masse vers la Grande-Bretagne et ses colonies, les États-Unis et l'Argentine. L'avènement de l'État soviétique constitua un temps d'accalmie pour les Juifs russes pour lesquels on tenta – sans succès – de créer un foyer national en Sibérie : le Birobidjan. Les massacres perpétrés en Ukraine (1917-1922), les persécutions en Pologne (1922-39) et la montée du nazisme en Allemagne poussèrent de nombreux Juifs à fuir vers la France et les Amériques.

Les Juifs séfarades

Après avoir connu leur heure de gloire, les Juifs ibériques furent expulsés de l'Espagne, par l'Inquisition, en 1492 et du Portugal en 1496. Ils se réfugièrent dans l'Empire ottoman (surtout en Grèce), en Hollande et au Maghreb. Les marranes (convertis au catholicisme) émigrèrent dans les colonies espagnoles et portugaises d'Amérique du Sud où certains renouèrent avec le judaïsme.

De la shoah *à la création de l'État d'Israël*

Pendant la Deuxième Guerre mondiale, le nazisme, en exterminant systématiquement six millions de Juifs, éradiqua la présence pluriséculaire du judaïsme de l'Europe de l'Est. Le drame de la *shoah* fut l'un des facteurs qui concoururent à la création en 1948 de l'État d'Israël, où furent attirés la plupart des survivants. La création du nouvel État et l'indépendance de plusieurs pays arabes autour des années 1960 provoquèrent l'émigration massive des Juifs des pays arabes vers Israël ou les pays occidentaux. Depuis les années 1990, les Juifs d'Union soviétique peuvent émigrer en Israël.

Les autres groupes

Malgré les distances religieuses créées par le temps et l'espace, les ashkhénazes, les séfarades, les Juifs d'Italie et d'Orient appartiennent tous au judaïsme rabbinique. En marge, on trouve des groupes qui en ont été coupés, comme les Bené Israël de l'Inde et les Béta Israël (ou Fellachas) d'Éthiopie. Signalés dans ces pays depuis l'Antiquité, ils ont commencé à émigrer en Israël, respectivement depuis les années 1950 et 1980. Les samaritains sont les descendants d'Israélites et d'autres peuples. Ils se disent israélites, mais ne sont pas reconnus comme juifs. La secte des kharaïtes, née en Iraq sans doute au VIIIe siècle, s'est détachée du judaïsme rabbinique.

LE CHRISTIANISME

De la Palestine à l'Europe

Suivant la trace des apôtres, le christianisme partit de Palestine pour se répandre dans tout l'Empire romain. Il atteignit d'abord l'Égypte, la Syrie, la Grèce, puis l'Italie. Dans la seconde moitié du IIIe siècle, la nouvelle foi toucha la péninsule ibérique et la Gaule par l'entremise des soldats et des commerçants étrangers. En 313, l'empereur Constantin (324-337) accorda la liberté de culte avant de se convertir deux ans plus tard. En 330, il fonda

Constantinople, la « Nouvelle Rome », qui devint la capitale chrétienne de son empire. Le christianisme devint la religion officielle en 380.

Le catholicisme au Moyen Âge

Après la dissolution de l'Empire romain d'Occident survenu en 476, les États francs qui se succédèrent dans le temps et dans l'espace (dynasties mérovingienne et carolingienne) offrirent, après le baptême du roi Clovis (482-511) vers 498, un cadre privilégié à la progression du christianisme en Europe occidentale. Sous Pépin le Bref (751-768), l'Empire carolingien (751-843), avec l'appui de Rome, se posa comme l'héritier de l'Empire romain d'Occident et protecteur de la Chrétienté. Charlemagne (768-814), sacré empereur par le pape en 800, imposa son autorité à l'Église et à la Chrétienté. Ce lien unissant la dynastie franque à la papauté ne manquera pas de creuser le fossé entre l'Occident latin catholique et l'Orient grec orthodoxe. Dans l'Empire, les conquêtes militaires s'accompagnèrent de conversions forcées et des missionnaires furent envoyés au-delà des frontières.

Des missionnaires du continent évangélisèrent l'Irlande au Ve siècle et l'Écosse au VIe siècle. Les Anglo-Saxons, qui envahirent l'actuelle Angleterre à partir de 450, se convertirent au début du VIIe siècle. Le nord de la Germanie fut évangélisé par les générations successives de missionnaires irlandais, anglo-saxons, francs et germains. Les Croates, peuple slave des marges de l'Empire carolingien, furent rejoints à la fin du VIIIe siècle.

Fondé en 962 par Otton 1er (936-973), le Saint-Empire pris le relais de l'Empire carolingien dans ses prétentions à reconstituer l'Empire romain d'Occident. Soucieux de consolider son empire, Otton envoya des missionnaires chez les peuples slaves voisins (Tchèques, Polonais) ainsi que chez les Magyars (Hongrois). De la même façon, les peuples scandinaves furent gagnés au christianisme autour de l'an mil.

Invariablement, Irlandais, Anglo-Saxons, Slaves, Hongrois et Scandinaves se christianisèrent à la suite de la conversion de leurs souverains, au moment même où s'ébauchaient leurs États modernes.

Les croisades

Encouragés par le pape, les chrétiens d'Occident voulurent libérer Jérusalem de l'emprise des Turcs seldjoukides, venir en aide aux chrétiens orientaux et en profiter pour unir la Chrétienté. Ainsi, de 1095 à 1270, on organisa huit croisades qui permirent la création d'États chrétiens au Levant, mais ceux-ci, de 1144 à 1291, finirent par tomber un après l'autre devant les assauts des armées musulmanes. C'est dans ce contexte que naquit au Liban, en 1181, l'Église maronite liée à Rome.

Byzance et l'Église orthodoxe

À l'instar de l'Empire carolingien en Occident, l'Empire byzantin (395-1453) prit naturellement le relais civilisateur de la partie orientale de l'Empire romain, restée de langue grecque. Porteuse de la civilisation gréco-byzantine, Constantinople s'imposa comme la protectrice de l'Orient chrétien. Après la chute de l'Empire romain, divers facteurs culturels et politiques amenèrent une lente distanciation religieuse entre Constantinople et Rome qui aboutit, en 1054, au schisme de l'Orient et de l'Occident chrétiens. Ainsi, le patriarcat de Constantinople donna naissance à l'Église orthodoxe.

Alors que l'Empire byzantin approchait de son apogée, Michel III (842-867) lança une vaste activité missionnaire visant à étendre la foi et la civilisation de Byzance aux voisins slaves des Balkans (Bulgares et Serbes). La Russie fut touchée au milieu du Xe siècle, avant que le prince Vladimir 1er (978-1015) se convertisse en 988. Alliée à Byzance et relevant du patriarcat de Constantinople, la Russie devint le bastion avancé de la Chrétienté face aux menaces des envahisseurs païens et musulmans venus d'Orient (Mongols, Turcs, etc.). Après la chute de Constantinople en 1453 sous les coups des Ottomans, Ivan III (1462-1505) proclama Moscou la « Troisième Rome ». La Roumanie, en contact avec le christianisme depuis la colonisation romaine, demeura dans l'aire orthodoxe après le Grand Schisme.

Les Églises préchaldoniciennes et orientales catholiques

À partir du Ve siècle, pour des raisons théologiques, une série d'Églises dites préchaldoniciennes naquirent dans le Proche-Orient chrétien de leur rupture avec Rome ou Constantinople. Les nestoriens virent leur doctrine déclarée hérétique au concile d'Éphèse en 431. Aujourd'hui, ils sont marginaux et essentiellement représentés par l'Église syrienne orientale (Iraq, Iran). Pour leur part, les Églises monophysites se coupèrent de Rome en maintenant une confession de foi antérieure au concile de Chalcédoine (451) auquel elles refusèrent de participer. De nos jours, leurs fidèles sont rassemblés dans les Églises arménienne, copte (Égypte), éthiopienne, syrienne occidentale (Proche-Orient) et syro-orthodoxe (Inde).

De plus en plus asphyxiés au sein de l'espace musulman, des membres des Églises préchaldoniciennes désirèrent sortir de leur isolement en se rapprochant, plus ou moins directement, de l'Église de Rome. À partir du XVIe siècle, ils fondèrent diverses Églises orientales catholiques auxquelles la grande majorité des chrétiens du Moyen-Orient se rallièrent. C'est ainsi que presque tous les nestoriens de la province indienne du Malayam joignirent l'Église du Malabar. Aux XVIe et XVIIe siècles, des Églises orientales catholiques virent aussi le jour dans l'Europe de l'Est orthodoxe et firent d'importantes percées en Ukraine et en Roumanie.

Au Caucase

La foi chrétienne pénétra en Arménie avant l'an 200 et fut largement adoptée à la fin du IIIe siècle avant de gagner la Géorgie. En 301, l'Arménie devint le premier pays du monde à adopter le christianisme comme religion d'État. Vers 506, le monophysisme séduisit le Caucase chrétien. Curieusement, dans les années 552-554 il fut rejeté par la Géorgie (qui resta proche de Byzance), alors qu'il devint religion officielle en Arménie.

L'Europe de la Renaissance et la Réforme

Grâce au soutien décisif des princes allemands – souvent motivés par des considérations politiques et économiques – le luthéranisme fut largement adopté dans les années 1531-1555 par la multitude de principautés septentrionales du Saint-Empire. Il devint très rapidement religion d'État dans les pays scandinaves, en Estonie et en Lettonie. Le calvinisme s'enracina en Suisse et triompha en Écosse (religion d'État en 1561) et dans les Pays-Bas espagnols dont la partie nord, calviniste, donna naissance en 1609 aux actuels Pays-Bas. Les Églises basées sur le calvinisme sont dites réformées aux Pays-Bas et presbytériennes en Écosse. En Angleterre, Henri VIII (1509-1547) fonda en 1534 l'Église anglicane dont il se proclama le chef suprême. L'Irlande, sous domination anglaise, demeura catholique et connut plusieurs soulèvements, la Couronne redistribuant des terres à des Anglais et à des Écossais protestants qui allaient prédominer en Ulster.

Au terme des guerres de religion qui ont secoué l'Europe, sa géographie confessionnelle s'est stabilisée et on peut dire aujourd'hui que le continent se divise en trois grandes aires religieuses ; une aire méditerranéenne, romane et catholique, une aire nordique, germanique et protestante et, enfin, une aire orientale, gréco-slave et orthodoxe.

Dans les Amériques et aux Caraïbes

À l'âge des découvertes, l'expansionnisme européen qui s'était déployé alla de pair avec un esprit missionnaire proche de la croisade. Les Espagnols, après avoir anéanti les grands empires des Aztèques (1521) et des Incas (1533), se rendirent maîtres de territoires allant de la Californie au Chili. Alors que les colons y apportèrent le catholicisme, une armada de missionnaires s'employa à convertir les autochtones. Au Brésil, les Portugais implantèrent le catholicisme.

Dans les Grandes Antilles, les Espagnols répandirent le catholicisme dès les années 1500. Dans les Petites Antilles, les Britanniques introduisirent diverses confessions protestantes et les Français, le catholicisme.

En Amérique du Nord, le catholicisme fut introduit par les Français dans les régions colonisées de la Nouvelle-France. Soucieux de consolider leur réseau d'alliances avec les Amérindiens, ils encouragèrent leur évangélisation. Si la colonisation britannique des futurs États-Unis et l'indépendance de ceux-ci signifièrent l'éradication des autochtones à l'est du Mississipi, la liberté religieuse prévalut chez les colons et favorisa le foisonnement de groupes religieux, d'abord calvinistes puis baptistes et méthodistes à partir de la fin du XVIIIe siècle. Dans les siècles qui suivirent, l'apparition incessante de nouvelles sectes a rendu le tableau religieux américain et anglo-canadien fort complexe.

En Afrique

Au IVe siècle, le christianisme byzantin toucha l'Éthiopie qui lui préféra, au VIe siècle, le monophysisme introduit par les missionnaires égyptiens. À la fin du XVe siècle, afin de faciliter les échanges commerciaux, les Portugais tentèrent de convertir les leaders politiques de leurs comptoirs. Toutefois, l'action missionnaire catholique et protestante ne se développa vraiment que dans la seconde moitié du XIXe siècle, au moment où les puissances impériales européennes s'emparèrent de l'intérieur du continent

(1880-1914). Les colons hollandais et huguenots transplantèrent le calvinisme en Afrique du Sud au XVIIe siècle et les Allemands le luthéranisme en Namibie à la fin du XIXe siècle. Au début du XXe siècle une série d'Églises africaines, dans lesquelles la culture africaine est plus prégnante, commencèrent à émerger.

Ailleurs dans le monde

Exception faite du triomphe du catholicisme dans la colonie espagnole des Philippines (conquise en 1571), le christianisme ne fit que de timides percées en Asie. Au début du XVIe siècle, les Portugais importèrent le catholicisme dans leurs colonies de Timor (Indonésie) et de Goa (Inde). Les missionnaires britanniques connurent quelques succès dans leur colonie indienne auprès des basses castes et au sein des peuples et des « tribus » non hindouisées. Au début du XXe siècle, le christianisme fit quelques gains en Chine avant que ses adeptes soient persécutés sous Mao Zedong. En Océanie, le christianisme fut introduit à la fin du XIXe siècle par les colonisateurs britanniques et français.

L'ISLAM

L'islam arabe

Partis du milieu bédouin autour de La Mecque, les cavaliers d'Allah (soldats-prédicateurs), au nom de la *jihād*, conquirent rapidement la péninsule arabique (634) puis la Mésopotamie, la Palestine et l'Égypte. Omar (634-644) s'attribua le titre de « commandeur des croyants » et instaura le califat. Sous la dynastie des Omeyyades (661-750), les cavaliers arabes édifièrent au fil de l'épée un immense empire qui s'étendait de l'Indus (713) au Maghreb (647-705). Le califat était l'un des plus vastes empires de l'histoire et sa puissance religieuse et politique était à son faîte. Du Maghreb à l'Iraq, l'islamisation fut suivie de l'arabisation des populations.

Sous la dynastie des Abbassides (750-1258), le califat atteignit son apogée politique au tout début du IXe siècle avant de connaître un déclin rapide, ébranlé par une suite de soulèvements religieux (660-975) et par la prolifération de dynasties locales qui entraînèrent le morcellement de l'empire.

Les écoles juridiques de l'islam sunnite

Au début de l'ère abbasside, dans les années 767-855, quatre grandes écoles de droit islamique se formèrent. Né en Iraq, le rite hanafite fut adopté par les nations non arabes de l'Asie, surtout turciques. Fondé au Caire, le rite chafiite s'étendit le long des routes maritimes empruntées par les Arabes, de la mer Rouge à l'Insulinde. Les écoles hanafite et chafiite furent conjointement adoptées dans les régions arabes sous domination ottomane (Égypte, Syrie, Palestine). Le rite hanbalite, originaire de Bagdad, prit racine en Arabie saoudite et au Yémen. Enfin, le rite malékite s'étendit en Afrique.

L'apparition des khâridjites et des chiites

Dès l'installation de la dynastie omeyyade, gardienne de la prétendue orthodoxie sunnite, le monde musulman fut secoué pendant trois siècles par des luttes pour le pouvoir, toujours au nom de l'orthodoxie. Aujourd'hui marginaux, les khâridjites se séparèrent en 660 et donnèrent naissance aux ibâdites qui s'établirent à Oman. Le chiisme apparut en 680 et se scinda en trois groupes principaux : les imamites (680) enracinés au sud de l'Iraq et surtout en Iran, les zaydites (700), fondateurs de l'État du Yémen en 860, et les ismaéliens aujourd'hui concentrés dans la province indienne du Gujerat. Les druzes et les alawites, apparus en Syrie dans les années 870-890, y sont restés très minoritaires.

L'islam persan

En 642-661, les cavaliers d'Allah conquirent la Perse (Iran) en balayant treize siècles de mazdéisme (religion zoroastrienne). Du VIIIe au Xe siècle, le leadership du califat abbasside passa des Arabes aux Perses qui firent rayonner une civilisation arabo-persane jusqu'en Inde. En Iran, la dynastie des Séfévides (1501-1722) imposa le chiisme imamite comme religion d'État, et celui-ci s'étendit aux contrées voisines alors sous contrôle iranien (Iraq, Azerbaïdjan, Afghanistan).

L'islam en Inde

La vallée de l'Indus (Pakistan) fut définitivement conquise par les forces islamiques à la fin du premier millénaire, la plaine du Gange dans les années 1192-1209 et l'actuel Bangladesh en 1352. Dès lors, des dynasties musulmanes étrangères gouvernèrent les différents États nominalement musulmans qui se succédèrent dans le nord de l'Inde. Le sultanat de Delhi (1206-1526) et l'Empire moghol (1526-1857) favorisèrent la diffusion de l'islam dans la plaine du Gange et le royaume du Nizam au centre-sud de l'Inde.

L'actuelle répartition des musulmans dans le subcontinent est calquée sur les anciennes frontières de ces États (voir tome I). Lorsque l'Inde acquit son indépendance en 1947, la méfiance de la minorité musulmane à l'égard de la majorité hindoue provoqua la naissance du Pakistan. L'enclave orientale du Pakistan acquit son indépendance en 1971 et prit le nom de Bangladesh.

L'islam turc en Asie centrale

Venus de l'Altaï, les peuples turciques déferlèrent sur l'Asie centrale au Xe siècle. Les Turkmènes adoptèrent l'islam à cette époque et les Kazakhs au XIIIe siècle. Les peuples turco-tatars de la Haute-Volga, relevant du khānat mongol de la Horde d'or puis de celui de Kazan, se convertirent en masse aux XIIIe et XIVe siècles. Leurs descendants sont titulaires des républiques russes du Tatarstan, du Bachkortostan et de Tchouvachie.

La route de la soie favorisa la diffusion de l'islam jusqu'en Chine. On y trouve aujourd'hui deux importants groupes culturels musulmans : les Ouïgours du Sin-Kiang (turcophones) et les Hui de la province de Ningxia (sinophones).

Les Turcs et l'Empire ottoman

Les Turcs seldjoukides, islamisés au Xe siècle et boutés hors de l'Asie centrale par les Mongols, s'installèrent au Moyen-Orient au siècle suivant. Au XIe siècle, les peuples turciques prirent le relais du leadership politique du monde islamique. Issus des Seldjoukides, les Turcs osmanlis fondèrent l'Empire ottoman vers 1300. Aux XIVe et XVe siècles, ils conquirent les Balkans pour finalement prendre Constantinople en 1453, ce qui sonna le glas pour l'Empire byzantin. Voilà pourquoi on retrouve aujourd'hui d'importantes minorités musulmanes en Bosnie-Herzégovine, en Albanie, au Kosovo et en Bulgarie. Les Bosniaques sont d'anciens bogomiles (chrétiens persécutés par l'Église catholique pour hérésie) qui devinrent musulmans au XVe siècle. L'Empire ottoman connut une expansion tricontinentale qui le posa comme la plus grande puissance du Proche-Orient. Le Caucase fut conquis au XVIe siècle, entraînant l'islamisation de plusieurs peuples comme les Abkhazes de Géorgie. Les Tchétchènes, luttant contre l'impérialisme russe, passèrent à l'islam vers 1790.

L'islam indonésien

Contrairement à ce qui s'est passé en Asie continentale, l'Indonésie connut une islamisation « tranquille ». Les marchands arabes et gujeratis qui empruntaient la route des épices introduisirent l'islam à Sumatra à la fin du XIIIe siècle et à Java au début du siècle suivant, ce qui entraîna la chute de l'Empire hindou de Majahapit en 1520 (voir tome I). Malakka (Malaysia), devenue au XVe siècle le carrefour commercial de l'Extrême-Orient, devint le centre de diffusion de l'islam en Malaisie pour les siècles suivants.

L'islam en Afrique noire

La pénétration de l'islam en Afrique subsaharienne fut favorisée par les liens commerciaux qui la reliaient dès le VIIe siècle au monde arabo-berbère. Après avoir minorisé le christianisme copte en Égypte, l'islam progressa lentement au Soudan avant d'emporter complètement le nord du pays au XVIe siècle. La domination du nord arabe et musulman sur le sud noir et chrétien est à l'origine de la guerre civile qui sévit actuellement dans ce pays. Dans la Corne de l'Afrique, l'islamisation apparut sur la côte au IXe siècle avant d'engendrer sept siècles de conflits avec l'Éthiopie chrétienne.

En Afrique noire, la constitution entre le XIe et le XVe siècle d'une chaîne de royaumes islamisés qui s'étendaient du Sénégal au Tchad facilita le rayonnement d'une civilisation islamo-soudanaise. L'islam parvint à une extension maximale aux XVIIIe et XIXe siècles, au temps de l'hégémonie des Peuls et de leurs diverses *jihād*. Sur la côte orientale, du Kenya au Mozambique, les colonies marchandes arabes qui se greffèrent au XIe siècle entraînèrent l'éclosion d'une culture islamo-swahili favorisée par la domination des sultanats omanites à partir du XVIIe siècle.

Ailleurs dans le monde

La religion musulmane est apparue ailleurs dans le monde par le truchement de l'immigration indo-pakistanaise à l'intérieur de l'Empire britannique. De la même façon, les musulmans du Surinam et les Malais du Cap d'Afrique du Sud sont les descendants de la main-d'œuvre que les Néerlandais transplantèrent de leur colonie indonésienne à leurs deux autres.

Les Juifs dans le monde

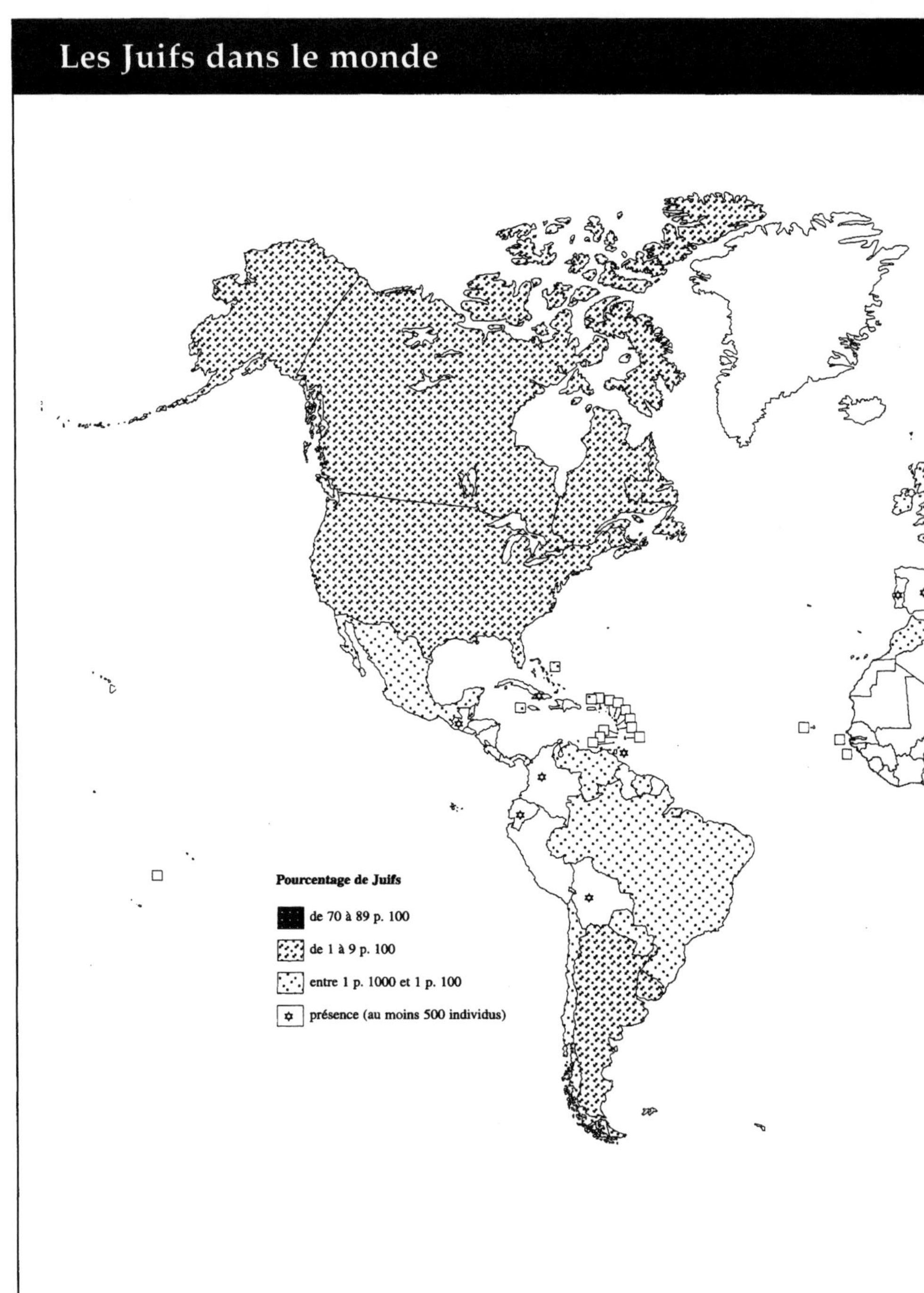

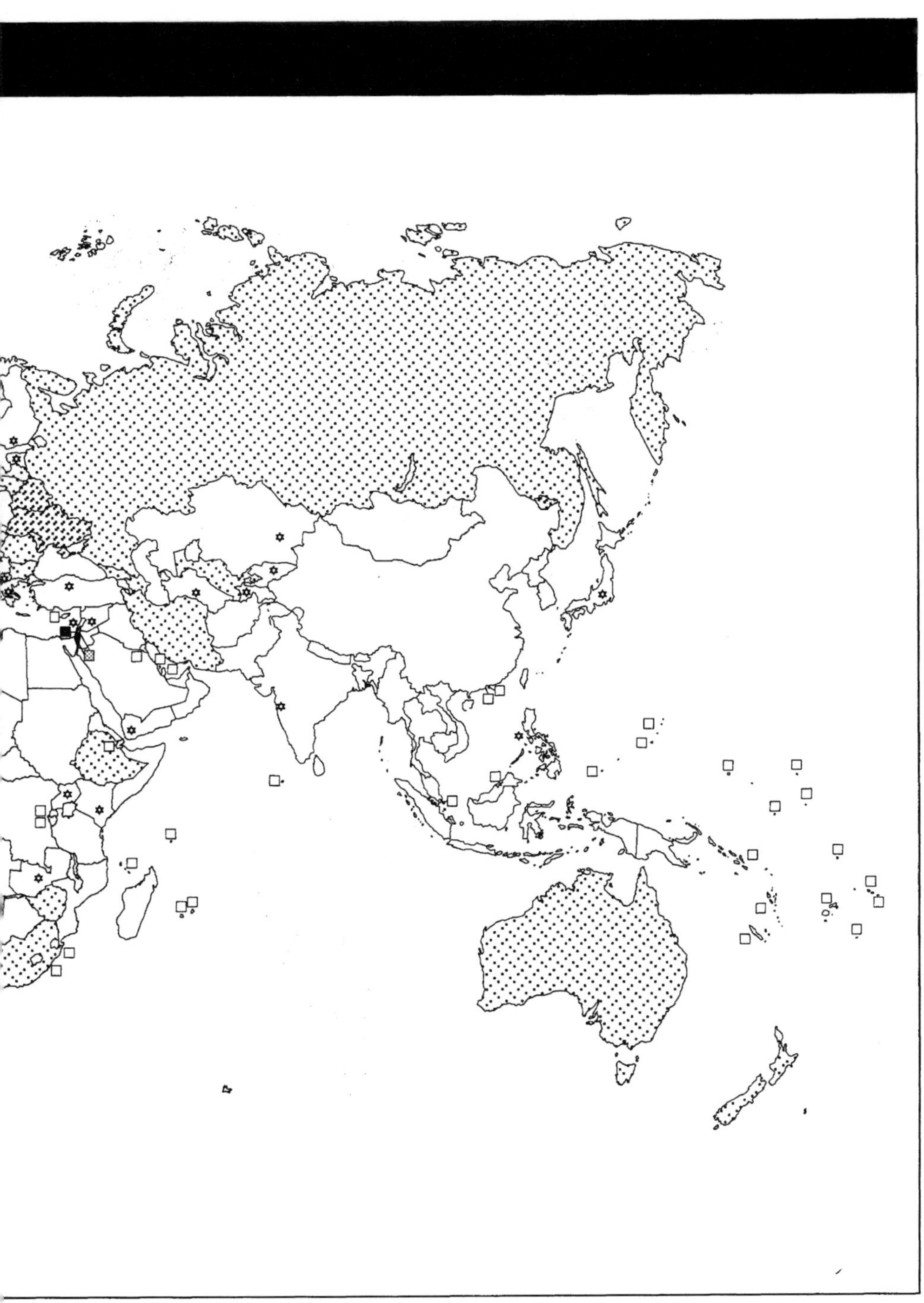

Les chrétiens dans le monde

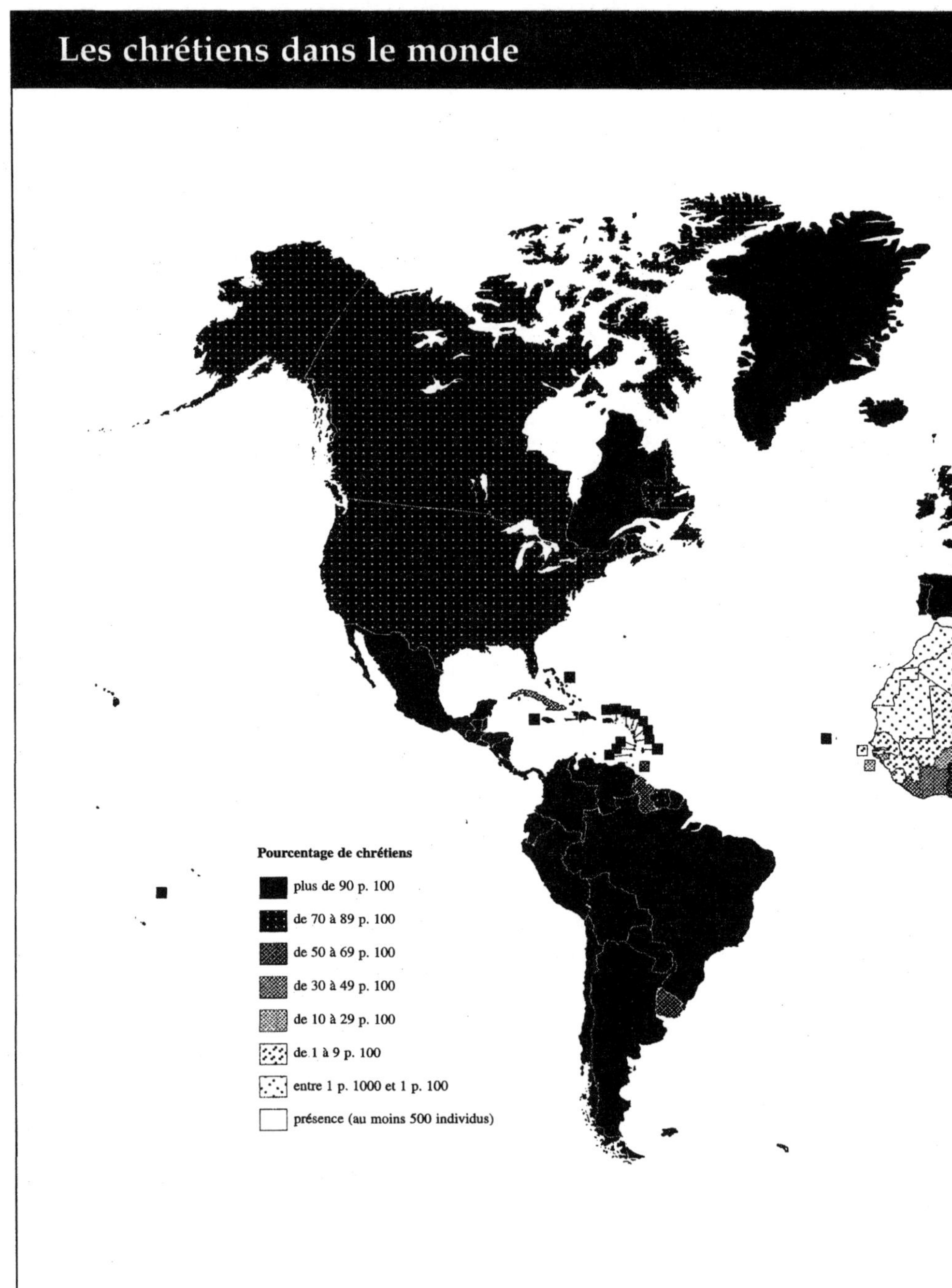

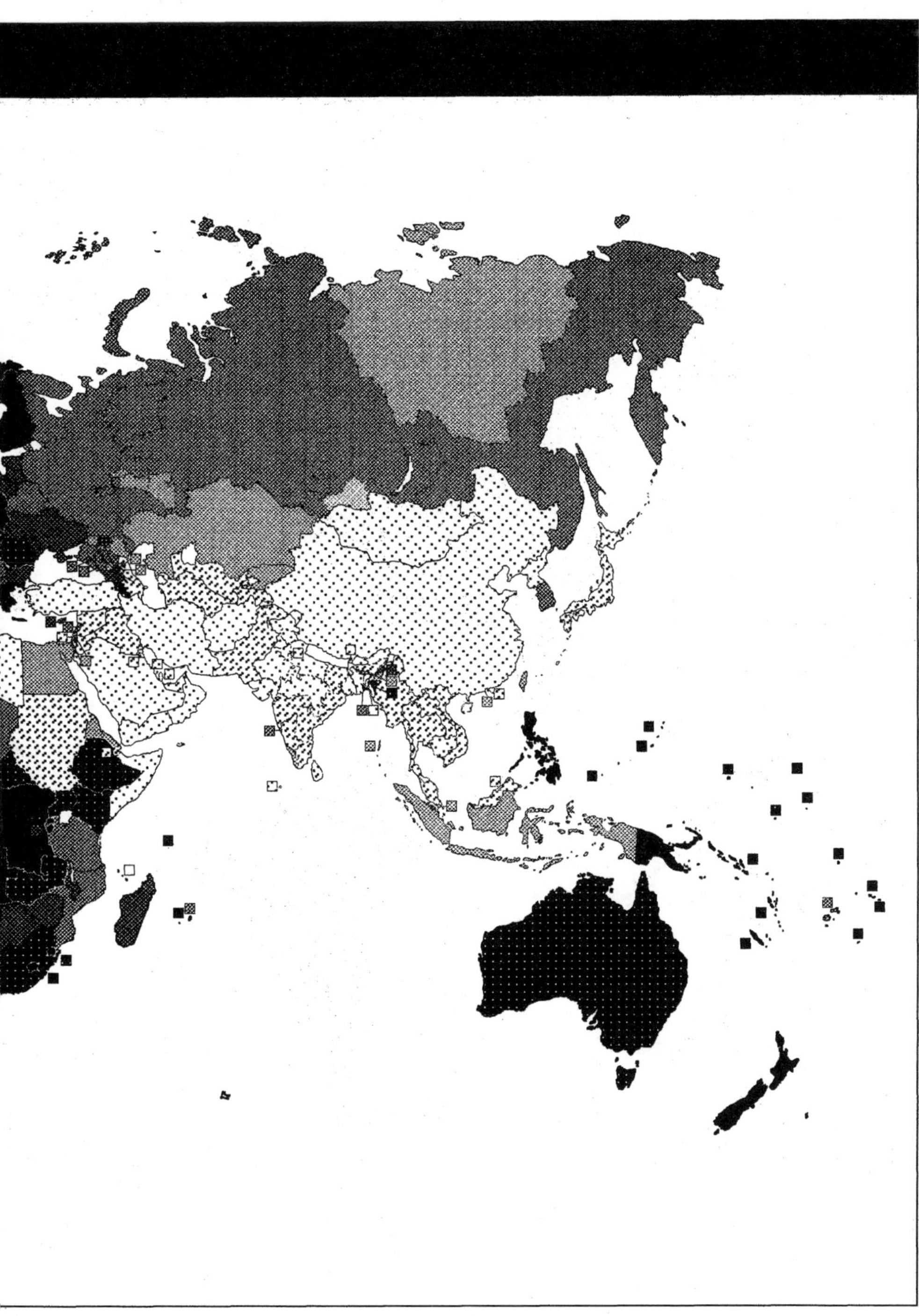

Les Églises du christianisme

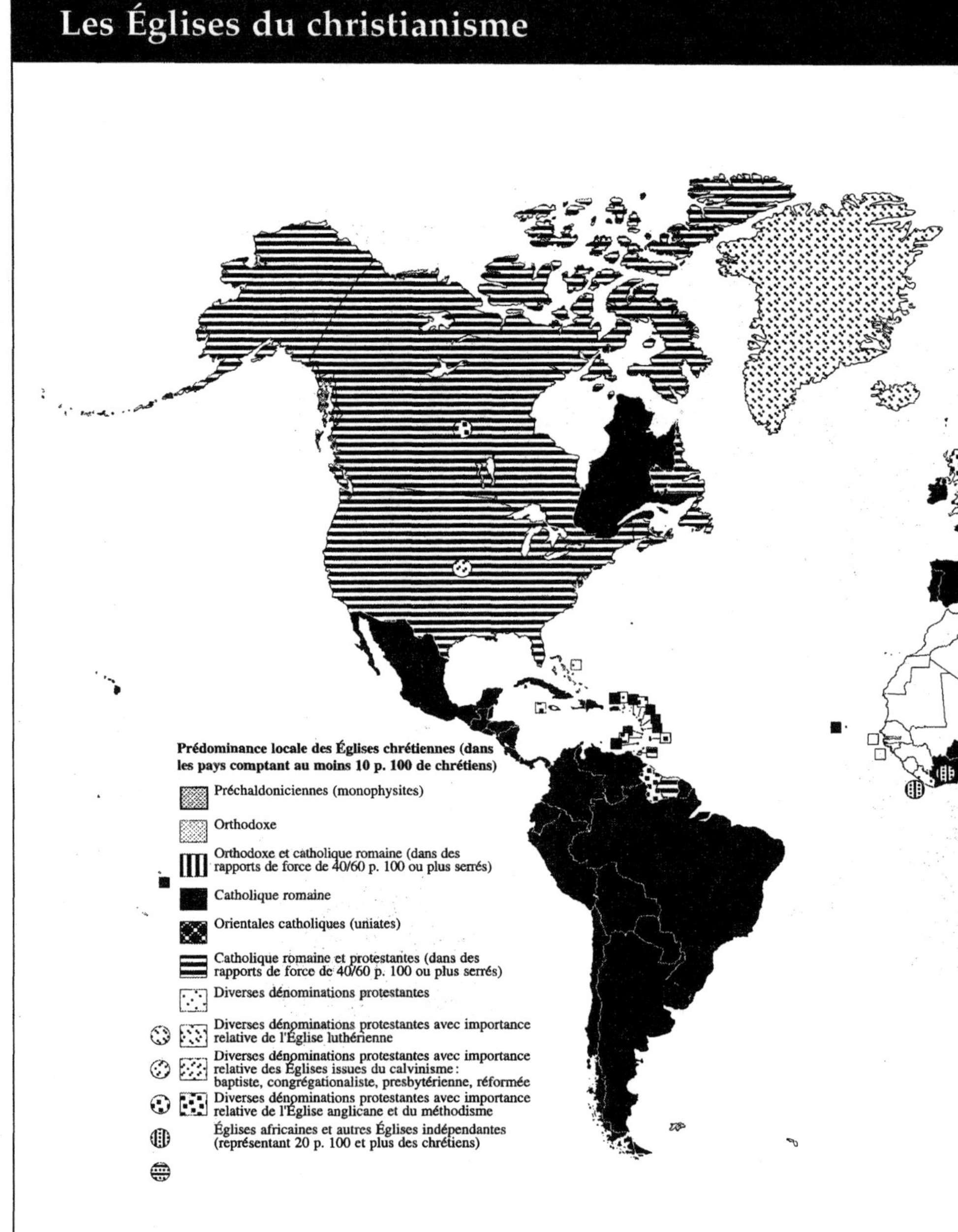

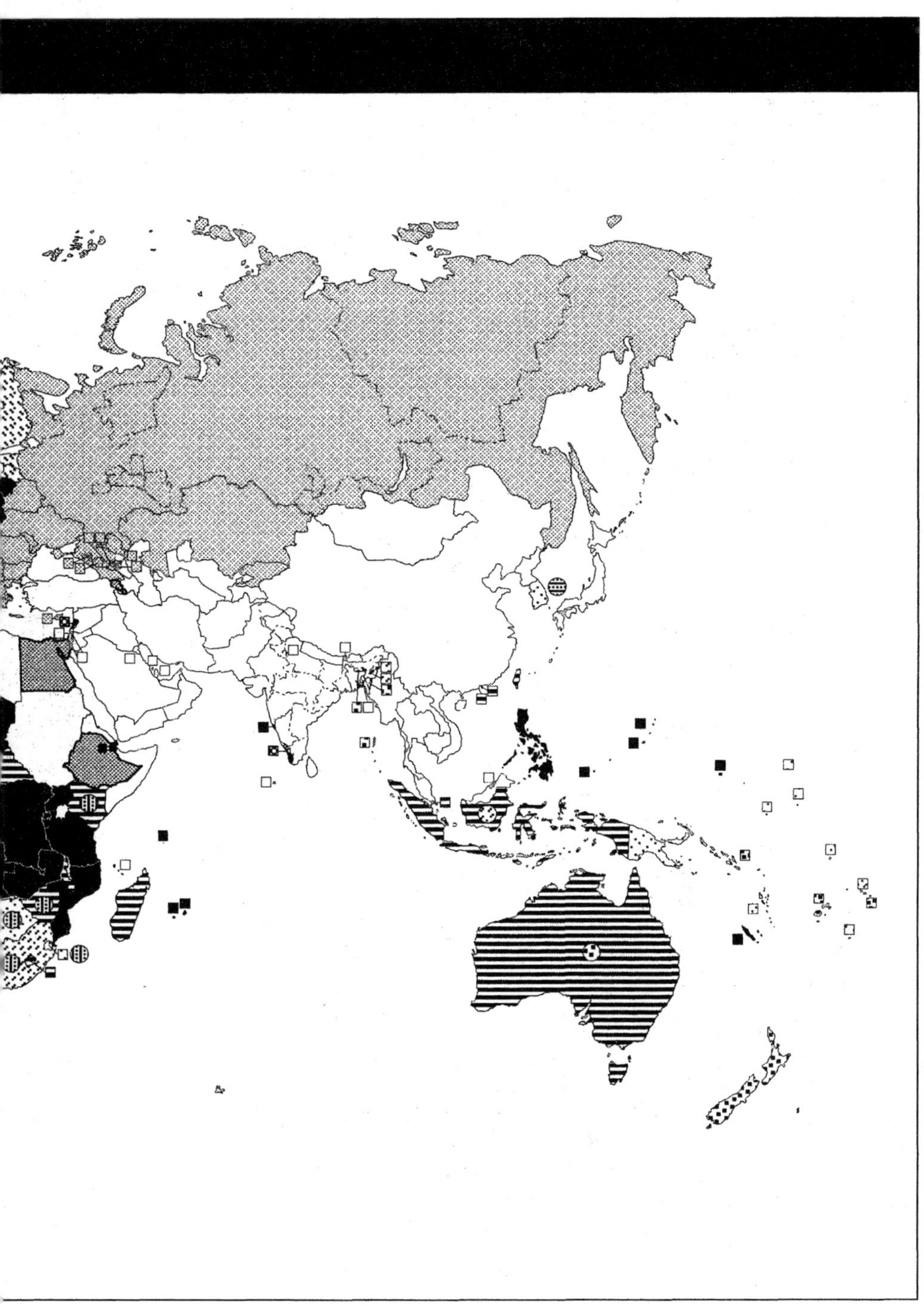

Les musulmans dans le monde

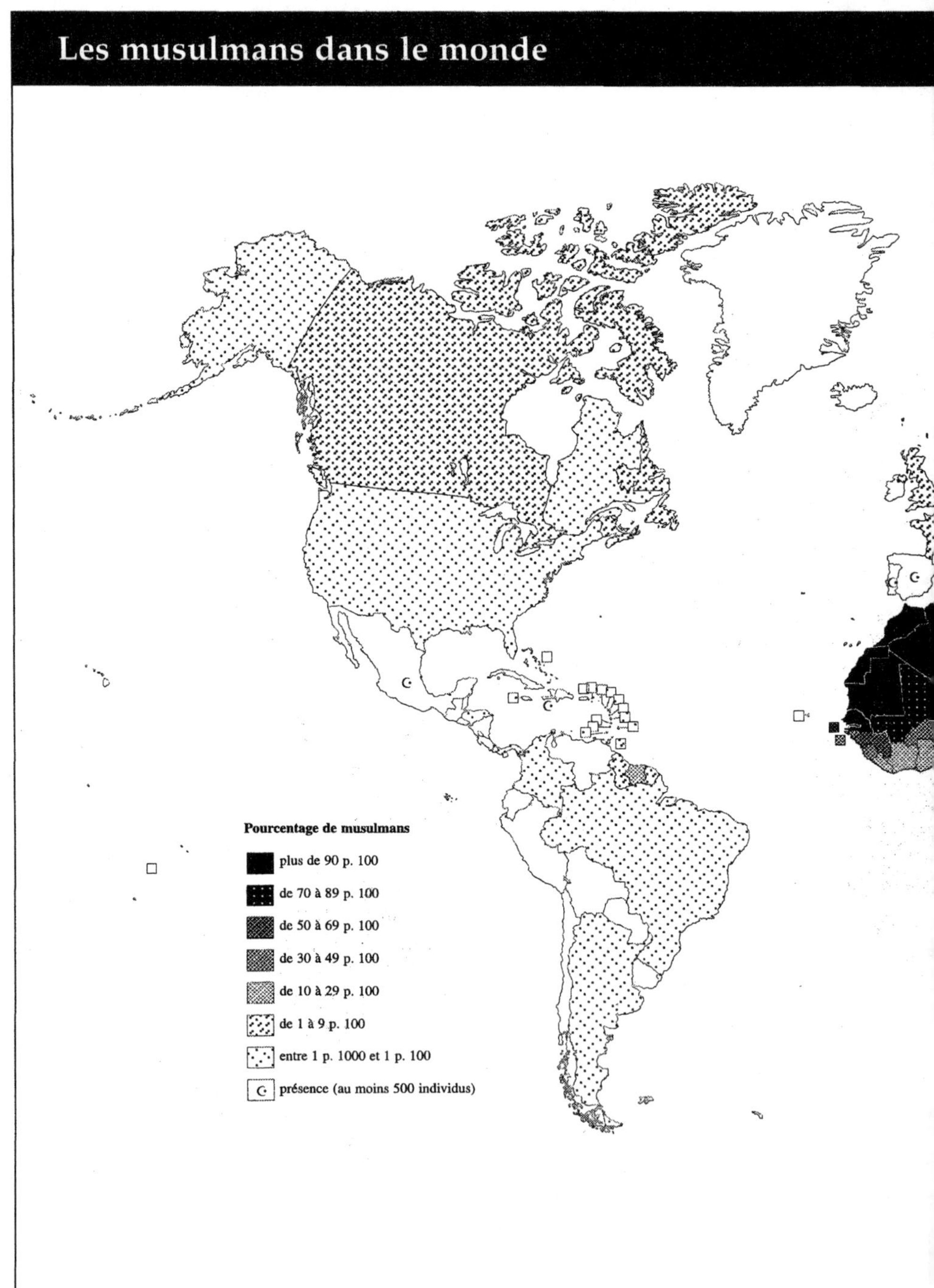

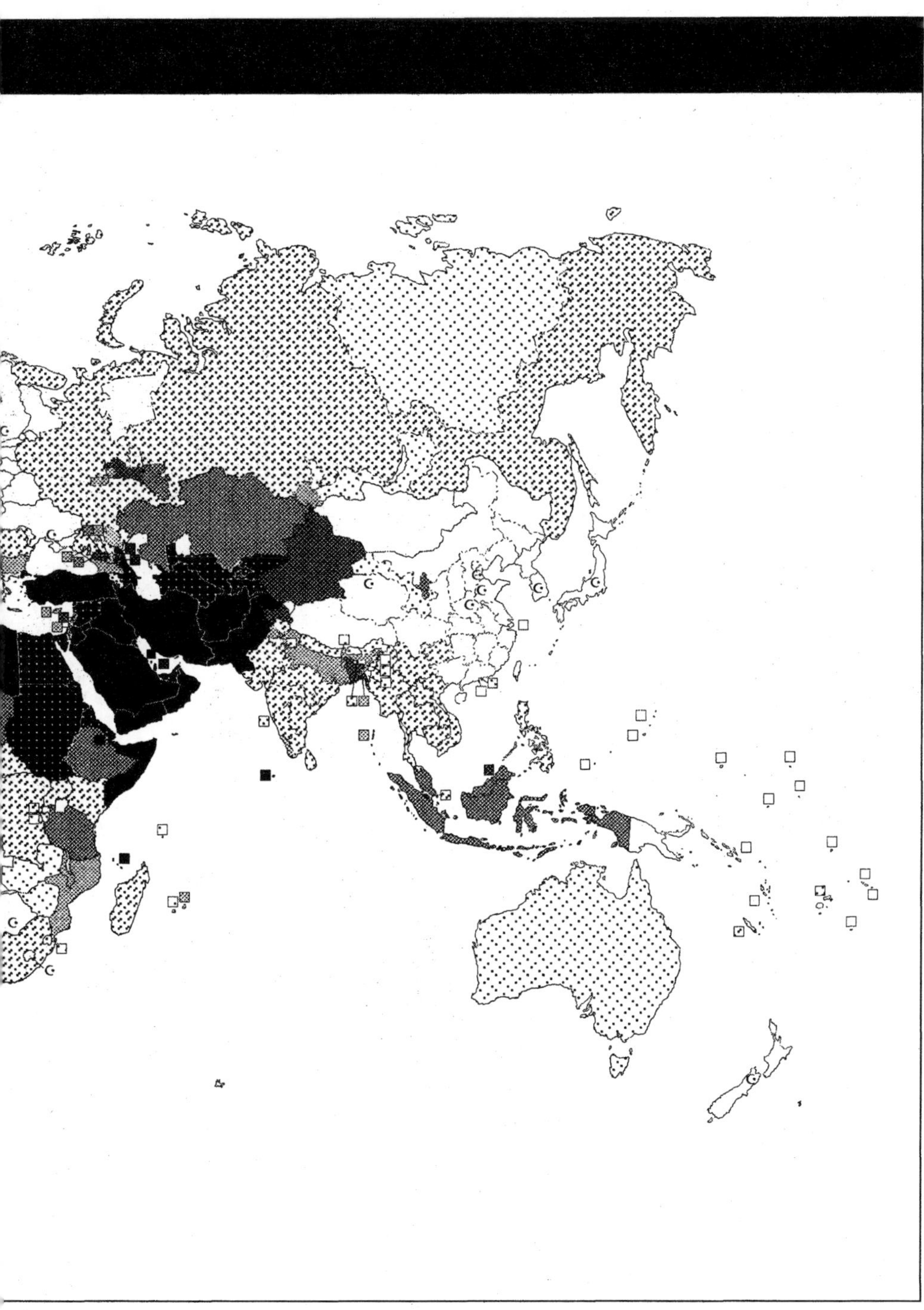

Les branches de l'islam

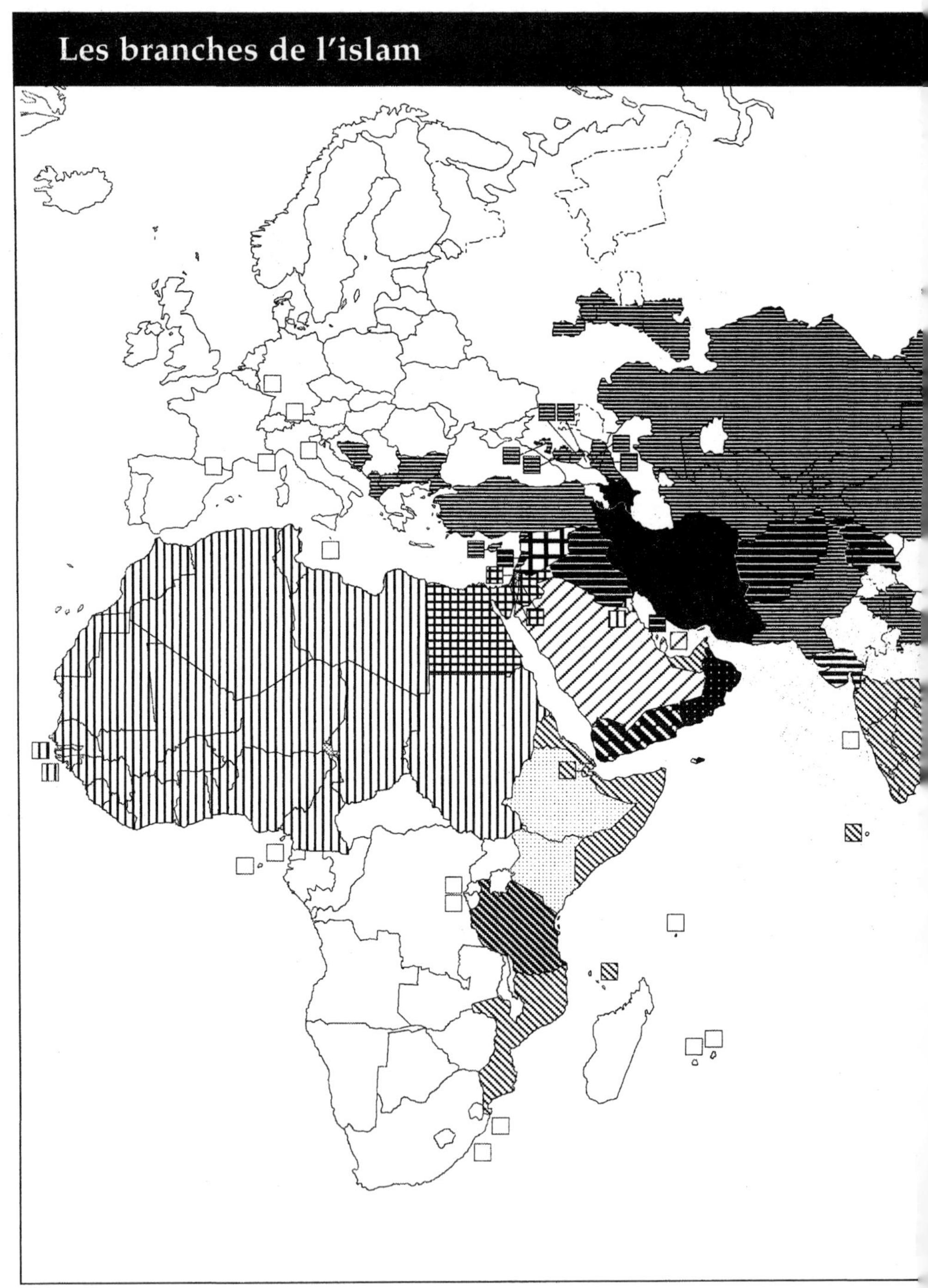

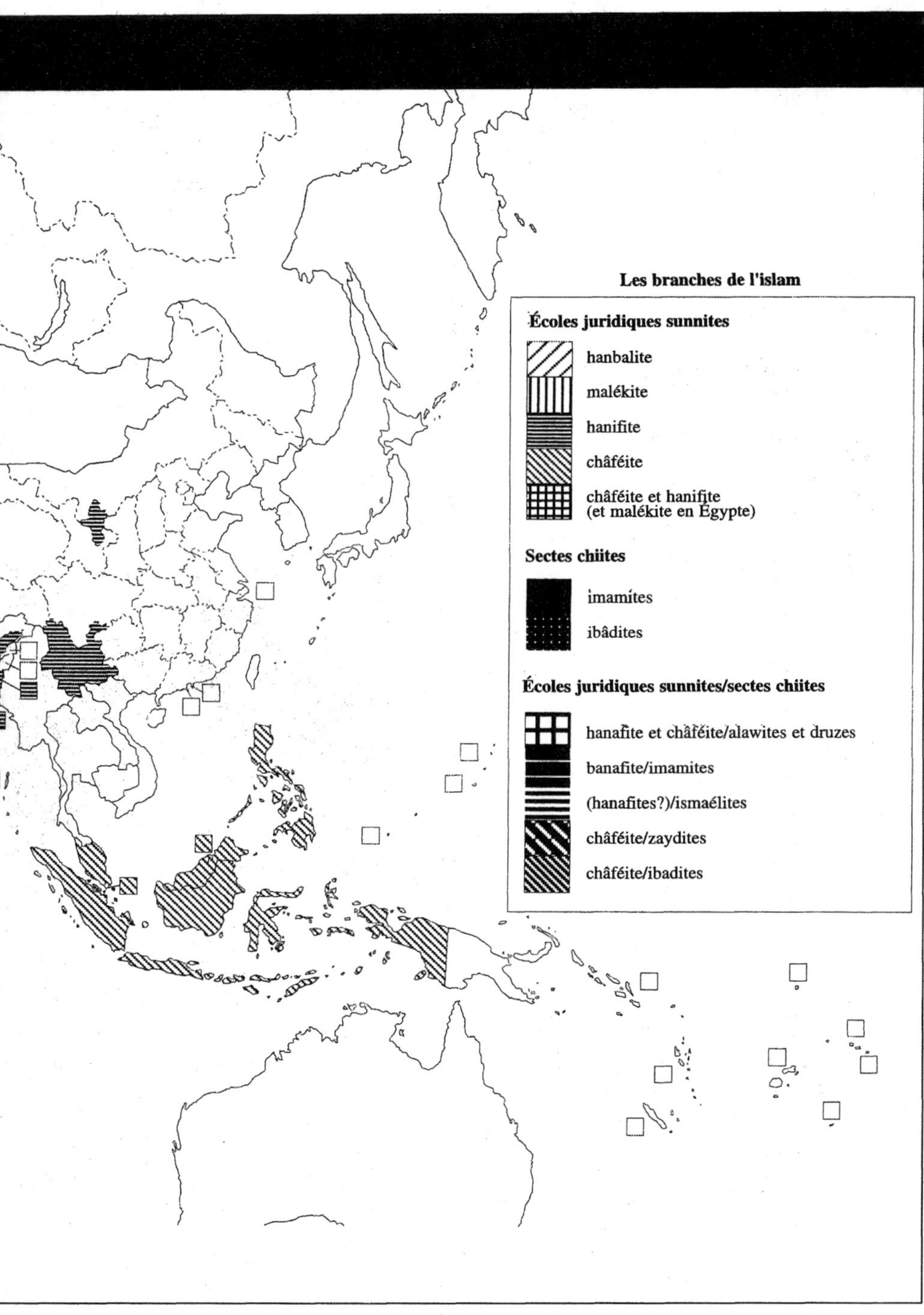
Les branches de l'islam
Écoles juridiques sunnites
hanbalite
malékite
hanifite
châféite
châféite et hanifite
(et malékite en Égypte)
Sectes chiites
imamites
ibâdites
Écoles juridiques sunnites/sectes chiites
hanafite et châféite/alawites et druzes
banafite/imamites
(hanafites?)/ismaélites
châféite/zaydites
châféite/ibadites

La loi islamique

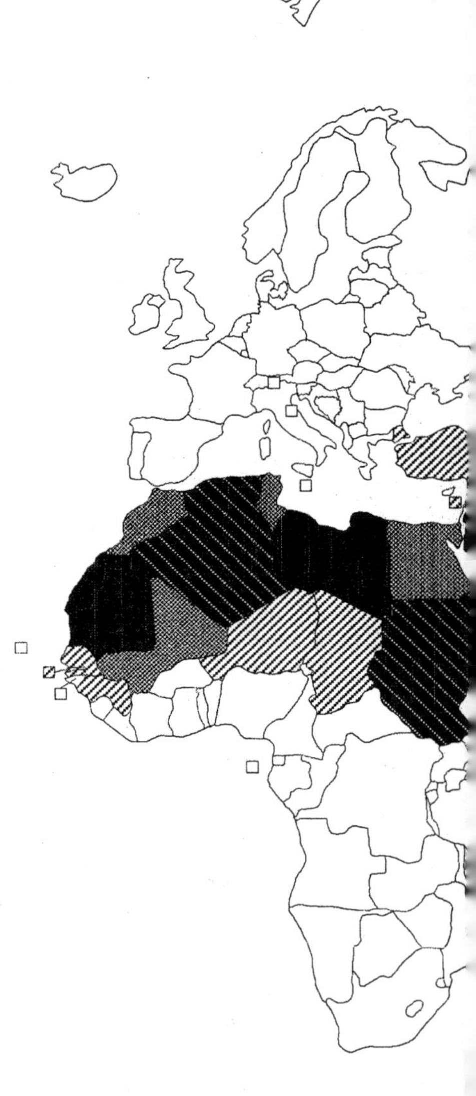

Importance de la charia dans le système légal et judiciaire

- Loi islamique exclusivement
- Développement possible ou probable en faveur de la seule loi islamique
- Lois islamique et séculière combinées ou coexistantes
- Loi séculière seulement
- Situation inconnue

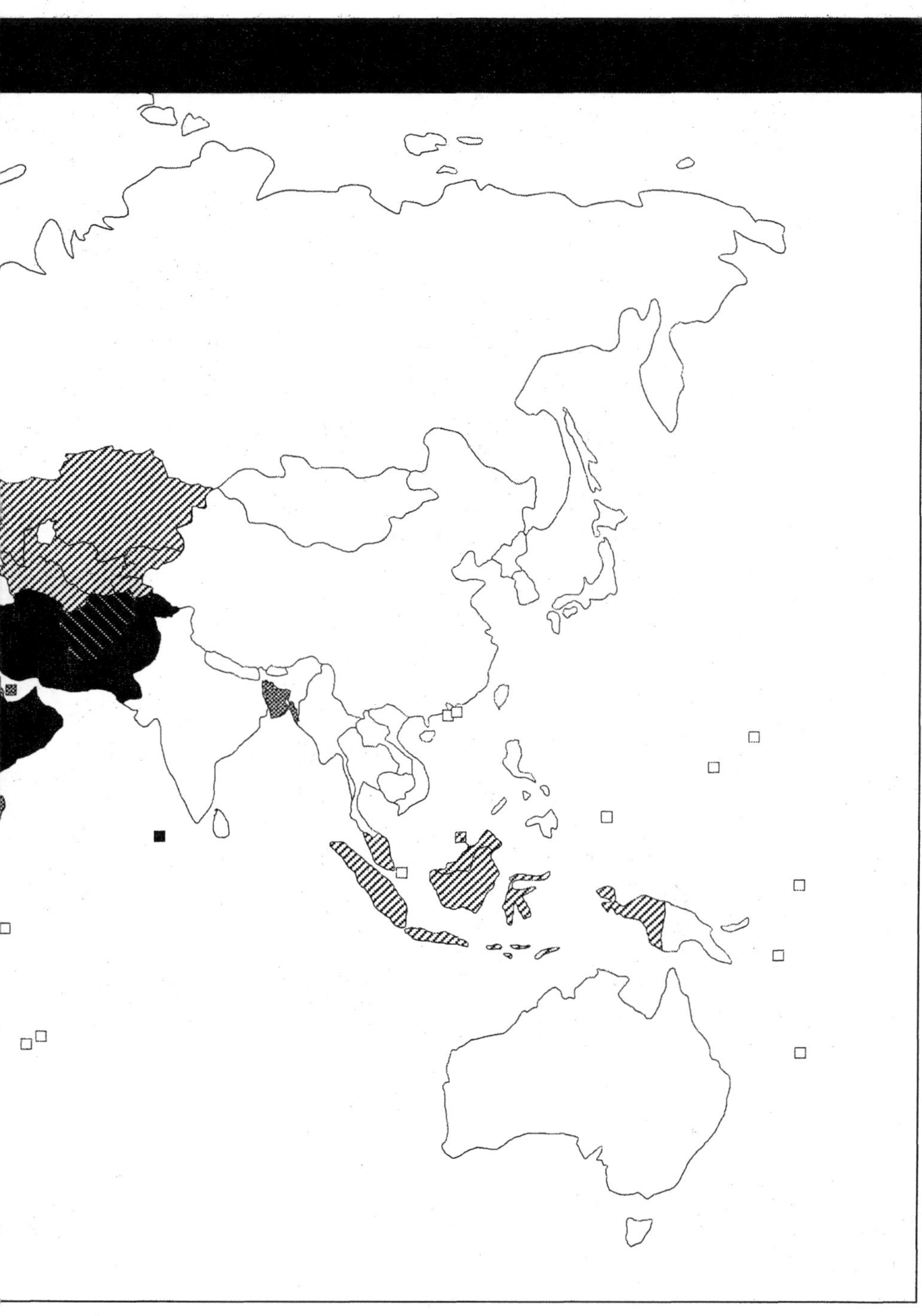

Agnostiques, athées ou sans affiliation religieuse

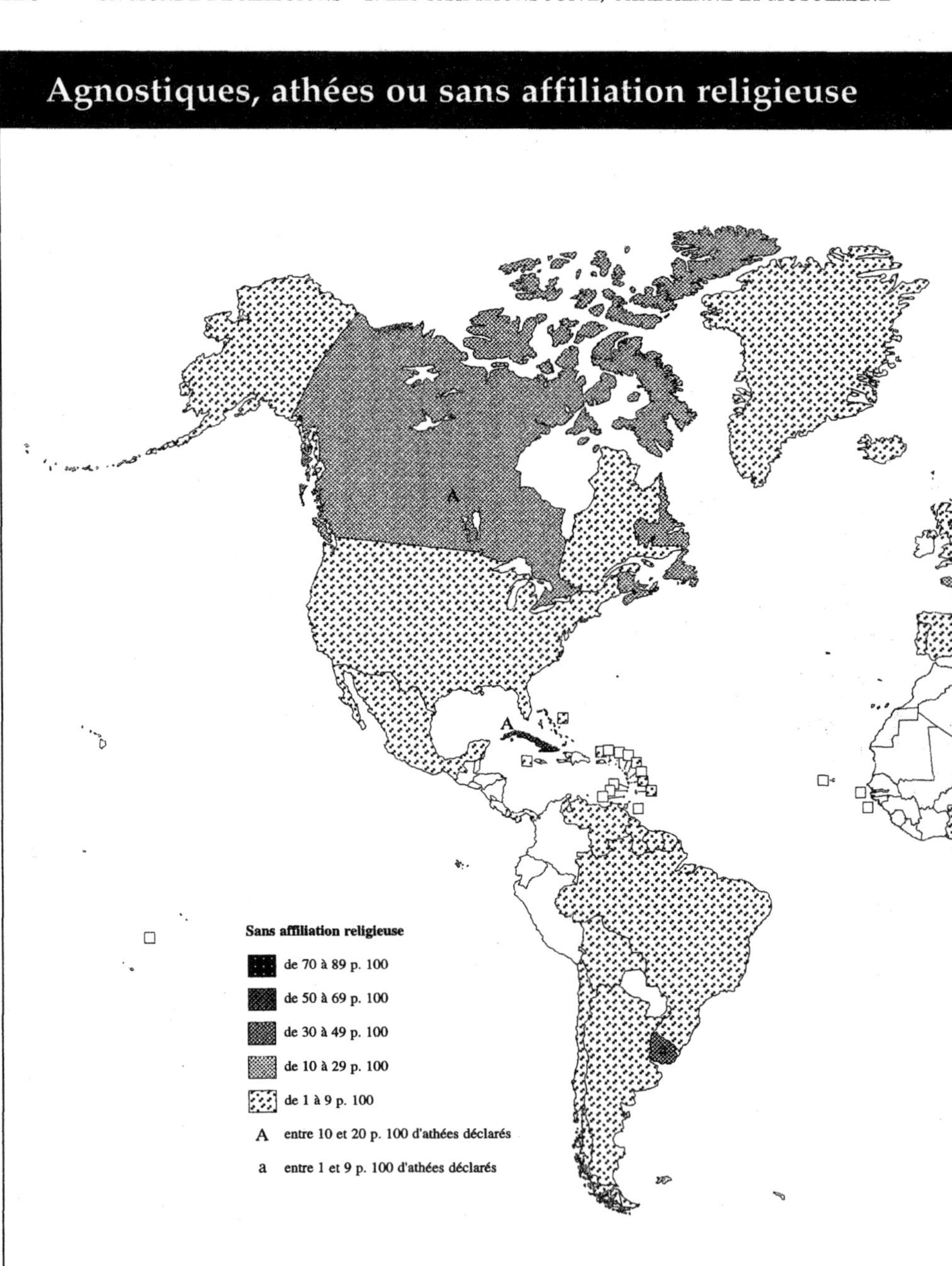

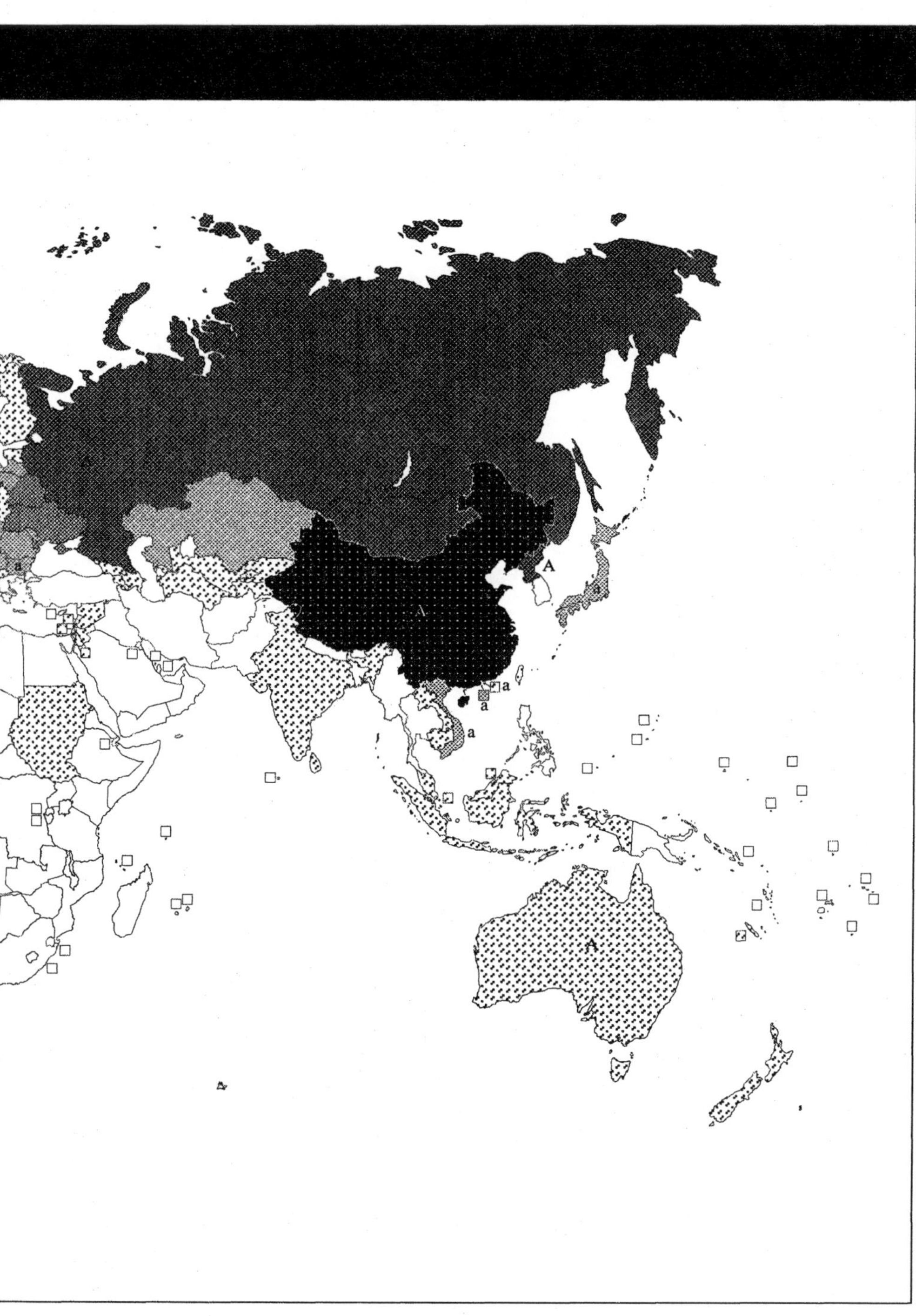
a
A
a
A
a
a
a
A

notes biographiques sur les auteurs

MATHIEU BOISVERT, spécialiste du bouddhisme, est l'actuel directeur des études de cycles supérieurs en sciences des religions de l'Université du Québec à Montréal. Il possède un baccalauréat en sciences religieuses, un diplôme en pali de l'Université de Mumbaï, une maîtrise en études sud-asiatiques de l'Université de Toronto ainsi qu'un doctorat en études religieuses de l'Université McGill.

FRÉDÉRIC CASTEL est un géographe qui s'intéresse à la spatialisation historique de certains phénomènes ethno-culturels et religieux. Il a collaboré à l'*Atlas historique du Canada*, volume II et à l'*Atlas des pratiques religieuses*.

MARIE GRATTON s'interroge depuis fort longtemps sur les rapports entre femme et christianisme et s'intéresse à l'éthique biomédicale. Elle a été professeure à la Faculté de théologie, d'éthique et de philosophie de l'Université de Sherbrooke, et enseigne toujours au programme de formation continue des personnes aînées à la même institution.

JACK LIGHTSTONE, spécialiste de la tradition juive, est actuellement vice-recteur aux affaires académiques de l'Université Concordia tout en demeurant professeur au département de religion de cette institution. Il détient un baccalauréat en sociologie de la religion de l'Université Carleton ainsi qu'une maîtrise et un doctorat en histoire des religions de l'Université Brown (Rhode Island).

JEAN-RENÉ MILOT, spécialiste de l'islam, détient un baccalauréat en théologie de l'Université de Montréal, une maîtrise, un doctorat de l'Institut d'études islamiques de l'Université McGill et un certificat en droit de l'Université de Montréal. Il est présentement chargé de cours au Département des sciences religieuses de l'Université du Québec à Montréal.

GÉRARD ROCHAIS, exégète du Nouveau Testament et spécialiste du christianisme des premiers siècles, est professeur au Département de sciences religieuses de l'Université du Québec à Montréal. Il détient un baccalauréat spécialisé en philosophie de l'Institut catholique de Paris et la Sorbonne, une licence en théologie de l'Université Grégorienne (Rome), une licence en Écriture sainte, délivrée par l'Institut biblique de Rome, un diplôme de l'École biblique et archéologique française de Jérusalem, de même qu'un doctorat en Études bibliques de l'Université de Montréal.